前　言

郭　熙

一直以来，汉语教学被简单地两分：一是国内的语文教学，二是对外国或外族人的第二语言教学。近年来，华文教学被逐步地单列出来，无论是教学还是研究方面都取得了不小的进展。华文教学以华侨华人子女为对象，以语言文化传承教育为目标，旨在比较全面地培养这些“祖语生”使用母语文的能力。在世界各地非母语环境下开展母语教学，有各自的特殊情况，因此，华文工作者在勤力教学的同时，也围绕华文教学开展了大量的研究工作，发表了一大批研究成果。这些成果内容丰富，涵盖面广，它们源于不同的华语区，也发表在不同的华语区，表现出不同的风格和特点。它们有的重在理论，有的重在实践，针对性、目的性很强。

另一方面，随着华文教学事业的发展和队伍的扩大，对华文教学研究成果的借鉴和吸收也成了华文教学工作者的迫切需求。但是这些文章发表在不同时期和地点，查找起来比较困难。我们觉得有必要把相关的文献搜集起来，进行编辑整理，于是就有了这套《华文教学研究》丛书。

这套丛书共10册，分别为：《华文教学理论研究》《世界华文教育现状研究》《华文教学方法研究》《华文听说教学研究》《华文读写教学研究》《中华文化教学研究》《华文教师培养与培训研究》《华文教材编写研究》《华语习得研究》《华文测试与教学评估研究》。

这次编选的总体思路是将相关论文的主要观点、研究方法、材料和结论集中起来，并尽可能地形成一定的框架，篇幅上则对原作尽量压缩，以便多选录一些。为了使读者对各册所涉领域的研究有一个总体的认识，我们请各册的主编分别进行了综述，希望这些综述能够反映该领域的实际。

选文尽可能考虑了不同观点的吸纳，但种种原因，未必能都照顾到，盼读者和作者谅解。

文献来自各个华语区，术语、行文风格和语言习惯都有差异。考虑到反映各地的实际面貌，除了一些技术性更动，语言方面大体保持原貌，必要时也加了一些注释。

这是我们第一次对世界各地华文教学研究进行梳理和总结，加之经验不足，时间紧迫，材料搜集困难，丛书一定有许多问题和不足。我们期待着读者的批评指正，更期待着更多的人关心华文教学研究。

华文教学研究丛书

总主编 郭 熙
副总主编 李嘉郁

华语习得研究

主编 盛继艳 副主编 刘燕君

商务印书馆

总主编　郭　熙

副总主编　李嘉郁

主　编　盛继艳

副主编　刘燕君

编　者　盛继艳　刘燕君　付　钢
张　宠　陈雯雯　梁　婷
张江丽

作　者　（按音序排列）

安　然　毕艳霞　陈延河
何子铨　李红印　李嘉郁
李晓蓉　林明贤　刘燕君
刘正文　倪伟曼　亓海峰
单韵鸣　史中琦　孙玉卿
唐　玲　王爱平　王功平
王建勤　王魁京　王茂林
王文艺　王燕燕　闻　静
闻　亭　尉万传　吴星云
吴英成　肖　峰　张金桥
朱雯静　朱志平　庄晓龄

目　　录

综　　述

盛继艳

进入20世纪90年代，海外华裔学生的华语习得特点逐渐引起了学者的关注，针对华裔学生华语习得情况进行的研究成果日益丰硕起来。我们对近20年来的相关研究成果进行了梳理，甄选出部分成果辑录成册，以求为华语习得的进一步研究提供参考。

一　华语习得研究的现状

与对外汉语教学领域的汉语习得研究相似，华语习得研究也可大体分成两条主线：一是关于华裔学生华语习得本身的研究，具体内容涉及语言系统的偏误分析、中介语系统分析、华语认知分析等；二是关于华语习得的相关因素研究，具体包括语言与文化背景调查、影响华语习得的外部因素分析、华裔与非华裔学生的华语态度及动机对比、学习策略研究、华裔学生华语学习特点考察、文化适应性及语言与文化的认同分析等。

（一）华语习得的相关因素研究

华语习得从某种意义上来说不是典型的二语习得，它在不同的学习者身上呈现出不同程度的母语习得性质，也有学者把此类语言习得定义为“继承语”习得。在这种兼具二语和母语习得特点的语言习得过程中，学习者所受到的影响因素更加复杂。

从目前我们所掌握的文献来看，华语习得的相关因素研究包括两部分内容，一部分是个体差异因素研究，另一部分是华裔群体特点分析。

1.影响华裔学习者个体差异因素的研究。

目前成果中，影响华裔学习者个体差异的研究大体上可分为三类：语言文化背景调查、环境因素及社会文化心理分析。卢伟（1995）、吴建玲（1996）是较早对华裔学生的语言文化背景进行调查的成果，问卷涉及基本情况、语言环境、语言使用情况、思维方式、文化背景、汉语状况和学习目的等多项内容。另外，王爱平（2001，2002）曾先后就华裔学生语言文化背景调查研究的必要性和意义、调查的内容以及研究方法等问题展开过讨论。①

在华裔学生习得华语的过程中，诸如家庭、学校、华人社团、华语媒介等环境因素的影响十分重要，尤其是家庭。李嘉郁（2011）在对海外华语教学状况细致考察的基础上，对家长在华文教学中的角色与作用进行了总结和探讨。②

---

① 卢伟《菲律宾华裔青少年华语教育个案调查与分析》，《世界汉语教学》1995年第2期；吴建玲《对一百名华裔学生语言文化情况的调查报告》，《语言教学与研究》1996年第4期；王爱平《东南亚华裔学生语言与文化背景调查刍议》，《华侨大学学报》（人文社会科学版）2001年第3期；王爱平《东南亚华裔学生语言与文化背景调查研究方法述论》，《华侨大学学报》（人文社会科学版）2002年第1期。

② 李嘉郁《家长在华文教学中的角色与作用——对周末中文学校有关状况的思考》，《世界华文教育》2011年第4期。

华裔学生的社会文化心理分析是整个华语习得研究领域中的一个热点，具体的研究内容包括文化适应性、态度与动机、对华语社团的认同。文峰(2007)曾就来华学习动机、中华文化知识、对住宿条件与教学环境的满意度、人际关系与社交等内容，对华裔留学生的文化适应性进行了调查，结果发现，华裔留学生的文化适应性呈现出“多样性”的特点。闻亭(2007)以华裔与非华裔对比分析的方式，对影响二者华语习得的态度与动机进行了调查研究，认为华裔对华语社团的总体态度虽优于非华裔，但差异并不大；华裔学生的学习动机明显倾向于工具型，而融合型动机与非华裔之间不存在显著差异。关于学习动机，王爱平(2000)也曾做过调查分析，认为基于华人身份认同和对中华文化的认同而产生的学习动机是华裔学生学习汉语的最重要的动机之一。①

就华语习得而言，所谓的“认同”问题既包括华裔学生自我身份的认同，也包括华裔学生对华语社团成员、语言、文化、政治、经济、思维方式等多方面的认同。陈志明(1999)是较早讨论华裔族群身份认同的成果。王爱平(2000，2004，2006)多次从华语能力与使用情况、中华文化与宗教民俗、华语态度与学习动机等角度，来探讨印尼华裔学生关于华语社团的认同心理。相关成果中调查论述较为全面的当是朱雯静、王建勤

---

① 文峰《多样性文化适应：对华裔学生来华留学的调查与分析》,《东南亚研究》2007年第6期；闻亭《华裔与非华裔汉语学习者对待目的语群体态度及习得动机比较研究》,《第五届全国语言文字应用学术研讨会论文集》,2007年；王爱平《东南亚华裔学生的文化认同与汉语学习动机》,《华侨大学学报》(人文社会科学版)2000年第3期。

(2012)一文。文章采用比较研究的方法，考察了美国和东南亚地区华裔及非华裔华语学习者对目的语社团语言认同、文化认同、族群认同与价值观认同的现状，结果发现，华裔和非华裔汉语学习者在对目的语社团的认同上显现出不同的特点。①

2.华裔学习者华语习得群体特点分析。

一般来说，海外华裔通常会或早或晚或多或少地从家庭、华人社团、华文学校等环境，以及通过华语歌曲、华语影视等传播媒介习得一定程度的华语，即便是那些华语基础近乎于“零”的华裔学生，较非华裔还是会多一些华语及中华文化的感知经验，这些或隐或显的基础，将华裔与非华裔区别开来。

何子铨(1995)、金宁(1998)较早且较宏观地考察了华裔学生的华语习得特点。前者考察的是整个华裔群体，从华语接受能力、性格和学习方法对学习效果的影响、文化的吸收、学习的目的性等方面来讨论华裔学生华语习得特点；而后者考察的是东南亚的华裔儿童，重点描述考察对象对待华语学习的个人态度与语言环境。客观地讲，华裔群体在华语习得过程中所呈现的某些特征，有的表现为优势，有的则表现为劣势。对此，朱志平(2009)在掌握大量资料的基础上，对美国华裔学生在华语课

① 陈志明《华裔族群：语言、国籍与认同》，《广西民族学院学报》(哲学社会科学版)1999年第4期；王爱平《东南亚华裔学生的文化认同与汉语学习动机》，《华侨大学学报》(人文社会科学版)2000年第3期；王爱平《印尼华裔青少年语言与认同的个案分析——华侨大学华文学院印尼华裔学生的调查研究》，《华侨华人研究》2004年第4期；王爱平《汉语言使用与华人身份认同——对400余名印尼华裔学生的调查研究》，《福州大学学报》(哲学社会科学版)2006年第4期；朱雯静、王建勤《跨文化族群的认同比较研究与汉语传播策略》，《云南师范大学学报》(对外汉语教学与研究版)2012年第3期。

堂上所表现出来的优势及问题进行了全面总结与概括。深入讨论美国华裔习得特点的还有吴星云(2010),她运用语言标记理论,从中文声调、句法、语言能力、学习目标等角度对华裔与非华裔进行了对比分析。除上述视角外,单韵鸣、安然(2010)还专门就华裔学生的汉字书写过程与非华裔进行了对比分析。[①]

(二) 华语偏误研究

华语偏误研究是华语习得研究中成果最为丰硕的一个领域,尤其是语音方面。

1.语音偏误。

目前华语语音偏误研究大多是针对印尼华裔进行的,研究方法也基本相同,皆属于语料分析法,不同的是在分析语料的具体操作上,一类采用了听辨分析法,一类是实验法。

从"声、韵、调"三方面对被试的华语习得偏误进行全面考察的是倪伟曼、林明贤(2000),通过对被试语料所进行的听辨分析,归纳出印尼华裔学生在华语语音上存在的主要问题,并得出印尼华裔学生上声偏误率最高的结论。声母方面,林奕高、王功平(2005),王功平(2011)采用实验分析法,先后对印尼留学生习得塞音和塞擦音、舌尖前音和舌尖后音等偏误情况进行了考察。韵母方面,王茂林、孙玉卿(2007)也采用语音实验的方法,分析

---

① 何子铨《华裔学生学习汉语特点浅析》,《海外华文教育文集》,暨南大学出版社,1995年;金宁《东南亚地区华裔儿童学习汉语的特点及其教学对策》,《华侨大学学报》(人文社会科学版)1998年第1期;朱志平《美国华裔学生在汉语课堂中的优势和问题》,《北京师范大学学报》(社会科学版)2009年第6期;吴星云《美国大学华裔与非华裔学生中文习得差异及教学法探索》,《华文教学与研究》2010年第3期;单韵鸣、安然《华裔学生汉字书写特征的个案研究——基于与非汉字圈学生的比较》,《华文教学与研究》2010年第2期。

了印尼华裔学生三合元音的偏误问题。声调方面，王功平(2004)通过语音实验的方法对印尼华裔学生的上声偏误做了进一步研究；王茂林(2006)通过语音实验对比，验证了印尼华裔学生四声习得由易到难的顺序是“阴平、去声、阳平、上声”，并指出绝大多数印尼华裔学生的强势语言已不再是汉语方言而是当地的印尼语，由于他们大多会讲英语，其语调偏误与母语为英语的汉语学习者是一样的。①

除了印尼，现有成果中还有一些关于泰国、菲律宾的研究，如：李红印(1995)关于泰国学生语音偏误的考察；王燕燕(1997)对菲律宾华裔学生语音习得情况的调查分析。王燕燕在调查分析基础上，证实了赵元任先生关于“调域而不是调型造成了外国学生学习汉语声调的困难”的观点。②

2.词汇偏误。

专门讨论华裔学生汉语词汇习得的成果并不多。张翠翠(2009)关于东南亚华裔学生常用单音动词使用情况的考察是主要成果之一。该文认为东南亚华裔学生使用单音动词时正确率较高，偏误大部分与义项义相关，偏误的义项都是单音词的常用义项。干红梅(2009)在分析语义透明度对中级学生词汇习得的

---

① 倪伟曼、林明贤《关于印尼华裔学生汉语语音的调查及相应的教学对策》，《华侨大学学报》(人文社会科学版)2000年第2期；林奕高、王功平《印尼留学生习得汉语塞音和塞擦音实验研究》，《语言教学与研究》2005年第4期；王功平《印尼留学生普通话舌尖前/后辅音发音偏误实验》，《华文教学与研究》2011年第2期；王茂林、孙玉卿《印尼华裔留学生汉语三合元音韵母偏误分析》，《世界汉语教学》2007年第1期；王功平《印尼华裔留学生汉语普通话双音节上上连读调偏误实验研究》，《暨南大学华文学院学报》2004年第4期；王茂林《印尼华裔留学生汉语声调习得分析》，《暨南大学华文学院学报》2006年第2期。

② 李红印《泰国学生汉语学习的语音偏误》，《世界汉语教学》1995年第2期；王燕燕《菲律宾华裔学生汉语语音的调查与分析》，《世界汉语教学》1997年第3期。

影响时，选择日韩、欧美、华裔三组被试进行实验对比分析，得出的结论认为华裔学生汉语词汇习得受语义透明度影响大于日韩学生小于欧美学生。①

3.语法偏误。

语序不当、句法成分的遗漏与多余是语法偏误的常见形式。王文艺(2010)对菲律宾华校35名学生的140篇作文中所出现的语法偏误进行了穷尽式调查，认为“语序不当”和“多余与遗漏”是被试语法偏误的两大类型。陈延河(2002)专门就语序问题对印尼华裔学生的偏误情况进行了深入探讨。也有具体讨论某一语法项目的研究。闻静(2012)考察分析了初级阶段印尼华裔学生的“把”字句偏误情况。杨海明(2005)探讨了东南亚华裔留学生使用“了”时的主要偏误类型。②

4.汉字偏误。

通过对汉字习得偏误的考察与量化分析来归纳华裔学生汉字习得特点是现有成果的主要研究方式。吴英成(1990)以一篇130字的短文作为实验导引刺激物，通过听写的方式对新加坡华中的30名高一学生进行了汉字习得实验。结果显示：从汉字结构看，偏误率最高的是形声字(79.6%)，其次是独体字

---

① 张翠翠《东南亚华裔学生常用单音动词使用情况考察——常用单音动词的分析为例》，北京语言大学硕士学位论文，2009年；干红梅《语义透明度对中级汉语阅读中词汇学习的影响》，《语言文字应用》2008年第1期。

② 王文艺《从语法偏误看华语教学中应注意的问题——以菲律宾华校学生作文为例》，《浙江师范大学学报》(社会科学版)2010年第6期；陈延河《印尼语、汉语语序对比及印尼学生汉语学习中常见语序偏误分析》，《暨南大学华文学院学报》2002年第1期；闻静《初级阶段印尼学生“把”字句习得偏误分析》，《云南师范大学学报》(对外汉语教学与研究版)2012年第3期；杨海明《对外汉语语法教学的定位与“管用、精当、易学”——以东南亚华裔留学生“了”教学为例》，《第四届全国语言文字应用学术研讨会论文集》，四川大学出版社2007年版。

(17.1%),再次是会意字(3.3%);从偏误性质看,别字高达88%。另外,吴文还对偏误发生的表面策略进行了归纳,认为偏误是由被试在旧有经验的基础上对汉字进行有原则却过度泛化所致,属于"语内偏误"。尉万传(2007)从共时和历时两个角度,采用定性和定量分析相结合的方法,对东南亚华裔留学生(包括9个国家518人)的汉字偏误进行系统考察,将其偏误划分为错字、别字、不规范字三大类及诸多小类,经量化分析,认为东南亚华裔留学生汉字偏误较欧美、日韩留学生偏误类型更加复杂多样,分布呈现较大的差异性和不平衡性。李嘉郁(2006)对华裔学生的301个错别字进行统计分析,认为华裔学生的汉字认知规律不同于其他外国学生,而类似于中国国内的小学生。①

5.语用偏误。

专门讨论华裔学生华语语用偏误的成果不多,这里重点介绍两篇。一篇是对被试言语行为整体情况进行考察的《华语教学的语用学思考》(刘正文,1998),一篇是单从拒绝言语行为的角度考察东南亚华裔学生汉语习得情况的《汉语拒绝言语行为及东南亚华裔留学生习得情况分析》(唐玲,2004)。前者主要对东南亚华裔学生在初级阶段口语学习中所出现的语用问题进行观察和分析,将偏误类型归纳为误用礼貌性原则、误用语用前提、违反表达的简洁性原则三类,并从语用学角度提出了解决对策。后者采用了问卷的形式,从愿望维度和语言表现维度对中

---

① 吴英成《学生汉字偏误与其学习策略的关系》,《第三届国际汉语教学讨论会论文选》,1991年;尉万传、毕艳霞《东南亚华裔留学生汉字偏误考察报告》,《云南师范大学学报》(对外汉语教学与研究版)2007年第6期;李嘉郁《谈华裔学生汉字习得特点》,《海外华文教育》2006年第1期。

国人与华裔学生的拒绝言语行为进行对比,结果显示留学生的委婉拒绝率略低于中国人(相差6%),而直接拒绝比例远远高于中国人(近20%)。另外,该文还指出东南亚华裔学生实施拒绝言语行为时存在两个方面的问题:一是语言表达过于简单、过于复杂、不会表达;二是语用失误。①

(三) 华语中介语研究

华语是以普通话为核心的全球华人的共同语。华语既体现为现代汉语的标准语,也包含了现代汉语标准语的域外变体。也就是说,受多种因素的影响,海外华裔所习得的华语系统在某些方面会不同于现代汉语的标准语,从某种意义上我们可以把它理解为学习者的一种近似标准语的中介语系统。

目前相关研究不多,而且除了董琳莉(1997)是从语音的角度对印尼华裔学生的中介语系统进行全面描述外,其他成果皆为中介语语用系统分析。亓海峰与李晓蓉(2011)、肖峰与史中琦(2014)分别就应答称赞的语用策略、商业性场景中协商策略两个角度考察了美国华裔学生的华语语用能力。②

庄晓龄(2010)非常值得关注。所谓"语码混合",是一种洋泾浜(Learner Pidgin),是"已经达到一定的语言水平但是还没有完全掌握目的语基本语言规则的学习者在实际交流中由于注

---

① 刘正文《华语教学的语用学思考》,《暨南学报》(人文科学与社会科学版)1998年第4期;唐玲《汉语拒绝言语行为及东南亚华裔留学生习得情况分析》,《暨南大学华文学院学报》2004年第2期。

② 董琳莉《印尼华裔学生学习普通话语音的难点及其克服办法》,《汕头大学学报》(人文社会科学版)1997年第2期;亓海峰、李晓蓉《汉语作为第二语言语用习得的调查与分析》,《云南师范大学学报》(对外汉语教学与研究版)2011年第1期;肖峰、史中琦《目的语环境中语用能力的发展:美国华裔与非华裔学生在服务性场景中汉语协商策略的比较》,《世界华文教育》2014年第2期。

重交际内容而非目的语形式而产生的言语”①。这种言语行为，既可能是学习者的动态中介语系统在特定时间的定型产物，也可能是学习者华语中介语系统僵化(fossilization)的、变异的现象。语码混合行为多出现在双语或多语者身上，从华语教学的角度该如何看待、如何施教，是非常值得探讨的。②

(四)华语认知研究

随着认知心理学的兴起，许多学者开始从认知的视角来研究二语习得过程。他们把二语习得过程看作一个认知过程，并主要运用信息加工理论框架来描述和阐释第二语言学习者语言加工的心理过程。目前，汉语认知研究已成为汉语作为第二语言习得研究的特色领域，成果也是极为丰硕，而相比之下，华语认知研究却十分薄弱。

王功平(2008)认为“语音感知既是言语交际的基础，也是二语习得的首要环节”。为此，王文以印尼留学生为被试，在通过感知实验得出他们感知汉语单音节声母的偏误规律的基础上，分析了产生这些偏误的主要原因，并提出了针对印尼留学生的声母听辨教学对策。王魁京(2006)从言语输出的角度，通过对被试做汉语书面表达时所出现的只会拼音的字、同音别字、非同音别字等现象的分析，对海外华裔与非华裔留学生的汉语心理词典的差异及形成的原因进行了探讨。张金桥(2006)采用句子—图形验证任务技术，探讨不同汉语水平的印尼留学生理解汉语主动句、被动句所形成的命题表征中的项目顺序特点。汉

---

① 王建勤主编《第二语言习得研究》，商务印书馆，2010年。

② 庄晓龄《马来西亚华裔大学生语码混合行为及态度》，《中国社会语言学》2010年第1期。

字正字法意识的形成与发展是汉字认知研究的一个主要方面，也是体现汉字习得研究特色的领域之一。张金桥(2008)采用词汇判断任务探讨印尼华裔留学生汉字正字法意识的形成与发展，并指出印尼华裔留学生正字法意识的形成要早些，其原因可能与印尼华裔留学生非正式的汉语学习经历有关。①

二 当前研究存在的问题

从前文所进行的梳理情况来看，关于华裔学生的汉语习得研究可谓喜忧参半。喜的是，近些年论著数量大幅增多，表明华裔学生汉语习得研究越来越受到关注；忧的是，研究领域分布、研究维度以及研究方法的科学性等方面，均尚存不足。

第一，目前成果数量信息层面显示，该领域研究存在严重的不平衡性。就研究内容而言，成果相对丰硕的语音习得研究有十几篇，而其他各方面的研究不过三四篇，如此大的差距可能与作为语言物质外壳的语音更易于被感知且能够做穷尽研究有关；从研究对象的国别和区域来源看，绝大部分研究是针对东南亚华裔群体的，尤其是印尼。相比之下，对于欧美、日本等其他区域华裔学生各方面的研究都十分薄弱，亟待全面展开研究。

第二，现有成果虽然涉及华语习得研究的各领域，但较零散，不系统，基于现有研究很难全面了解华语习得的总体情况。就华语习得本身的研究来讲，现有成果多是偏误分析，而且大多

① 王功平《印尼留学生汉语声母感知实验研究》，《语言教学与研究》2008 年第 5 期；王魁京《海外华人学生汉语心理词典的特点与成因》，《语言教学与研究》2006 年第 4 期；张金桥《印尼留学生汉语主动句被动句命题表征项目顺序》，《心理学探新》2006 年第 2 期；张金桥《印尼华裔留学生汉字正字法意识形成与发展》，《语言文字应用》2008 年第 2 期。

止于语言要素层面的微观考察与描述，缺少对华裔学生汉语习得水平、习得发展过程、习得顺序、习得策略等方面的探讨。就华语习得相关因素而言，虽说成果相对丰硕，但关于移民年限、家庭环境、社会身份、华语媒介等因素对汉语习得所产生的影响讨论甚少，而这些恰恰在很大程度上影响着海外华裔的华语习得。

第三，目前成果在研究方法上存在“被试选择无控制”现象。[①] 具体表现为：被试数量普遍太少，对被试的语言背景、个体差异缺乏考虑等。目前成果多属于定量分析，要是被试数量达不到一定规模，其结论在科学性和信度上都会大打折扣。另外，华裔学生的汉语背景极其复杂，不但不同区域学生的汉语水平不同，即便是同一区域的差异也很大。因此在选择调查对象时，除了要考虑被试的数量，还应该尽量把被试的区域来源、语言背景、移民年限、年龄身份等因素考虑进去，使研究结论更具准确性和科学性。

三 进一步研究的空间

（一）华语中介语研究

前文我们提到过，华语是由现代汉语的标准语及其海外变体共同构成的。不同地区的华语有着不同的特点，它们之间的差异即便是非常微小的，不足以影响交际，但也是不可忽略的。华语习得研究是华语教学研究与开展的基础，对华语规范、华语传播等课题的研究有着重要的意义。我们研究华语习得，我们

---

① 王建勤《汉语作为第二语言学习者习得过程研究评述》，《北京师范大学学报》（人文社会科学版）2006 年第 3 期。

搞华语教学、华语传播，首要的就是弄清楚华语的真实全貌，也就是海外某个区域华语的语音系统、词汇系统、语法系统、语用形式、语言发展水平等方面的具体情况。我们要获取这些内容，一个有效方式就是对华裔学习者的中介语系统进行考察。可以说华语中介语研究是华语习得研究的重中之重。

（二）华语习得发展过程研究

施家炜(2006)曾对汉语习得的发展过程从广义和狭义两个角度分别加以界定，并强调所有学习者都会经历基础句法、变异词序、词法发展与复杂句子结构四个渐进发展阶段，这些发展阶段是有序且定序的，可能因某种因素而中止，却不能颠倒或超越。[①] 那么，是否所有的华裔学生在习得华语的过程也都会经历这四个阶段？符合这一习得规律的华裔学生的阶段表现与非华裔又会有哪些差异？来华留学的华裔学生真正零起点的很少，甚至有一些新生可直接进入初级下或中高级学习。另外，华裔学生“跳级”现象较为多见，而且适应起来并未显得特别吃力，这对于非华裔背景的学生来说几乎是不可能的，哪怕是同属汉字圈的日韩学生。这些现象某种程度上说明，华裔学生的华语习得发展过程可能更具多样性、更富于变化。

（三）华语习得顺序研究

谈到习得顺序，大家很容易想到语法习得顺序。语法习得顺序研究的内容大致可分为两类：一类是特定的汉语语法项目发展过程研究；另一类是不同的汉语规则习得顺序研究。[②] 在国内的华文教学中我们发现，华裔学生对于某些语法项目的理

---

① 施家炜《国内汉语第二语言习得研究二十年》，《语言教学与研究》2006年第1期。

② 王建勤主编《第二语言习得研究》，商务印书馆，2010年。

解能力和应用准确性要远远优于非华裔，甚至“无师自通”。这让我们不得不反思国内华文教学中至今仍在套用的对外汉语教学语法体系是否符合华裔的汉语发展模式？我们的语法教学是否存在“过度讲解”，以至“事倍功半”的情况？若要解答这些疑惑，就很有必要对华裔学生的汉语语法习得顺序进行全面而深入的研究，搞清楚是否存有一定的习得顺序，该顺序与母语为汉语者和非华裔汉语学习者有何异同，能够有效影响该顺序的因素有哪些等问题。

关于习得顺序，除了语法，语音、词汇等方面也存在探讨空间。就词汇而言，华语词汇与对外汉语词汇的等级序列不同，比如一些亲属词、民俗词海外华裔可能很小就习得了，而对于非华裔来说，要在有了一定基础之后再引入教学。另外，华裔与非华裔学习者的词汇习得顺序的差异体现在词汇系统的哪一范畴也是很值得探讨的，这可能会很好地解释为什么华裔学生在华语学习的初级阶段优势明显，而这种优势到了中高级阶段会减弱，甚至原有的基础可能还会成为限制水平提高的桎梏。

（四）华语习得的共性与个体差异性研究

现有研究在选择被试上大多只考虑到其华裔身份，以区别于非华裔，如此进行研究应该说有失严谨。对华裔的汉语习得情况进行研究，除了要考虑年龄、性格、学习态度、学习动机、认知方式及语言能力等影响第二语言习得的普遍因素外，还应充分考虑他们的区域来源、汉语方言背景、华语背景、语言学习经历、移民背景、学习目的和需求、文化适应性等华裔的特质因素。应该说这些因素一方面促进了华裔群体汉语习得共性的形成，另一方面也催生了华裔个体之间十分显著的差异性，对华裔学生习得汉语产生了非常大的影响。

共性之于个体的汉语习得往往表现为优势，而存在于共性下的个体差异却给我们的传统教学带来了不小的挑战。比如华裔学生很少真正的零起点，这是华裔群体十分鲜明的共性特征。应该说华裔学生所具有的这或多或少的汉语基础，使他们的汉语习得水平往往要优于非华裔，这一优势尤其体现在汉语学习的初级阶段。然而正是这或多或少的汉语基础对分班、课程设置、教材选编、进度制定等教学安排工作提出了更高、更复杂的要求。有学者介绍华文教学大纲的编制情况时曾指出：目前还没有一部真正意义上的华文教学大纲，国内华文教学基本上都在套用对外汉语教学的大纲，这主要是由于华文教学对象背景的特殊性、差异性加大了华文教学大纲的编写工作的复杂性和难度。[①] 由此看来，华裔学生汉语习得的共性及个体差异性研究，对推进国内华文教学大纲的编制，乃至整个华文教学体系的建立意义重大。

总之，华语习得研究是华语教学研究的基础性研究，是华语教学的重要组成部分。基于目前相关研究成果的梳理，我们认为，由于在华语习得上华裔与非华裔学习者存在诸多差异，华语习得研究在借鉴对外汉语教学领域的相关经验的同时，还应从中跳出来，寻求能够真正探明华裔学习者华语习得过程本质及其特点的视角、方法乃至理论，以便推进华文教学研究向前发展。

---

① 郭熙主编《华文教学概论》，商务印书馆，2007年。

第一章

华语习得相关因素研究

第一节　语言与文化背景调查的必要性[①]

从2000年上半年开始，我们逐步对来华侨大学集美华文学院学习汉语的东南亚华裔学生语言和文化背景情况进行调查。为什么进行这样的调查？需要调查些什么内容？这样的调查有何意义，有何必要？这些是我们在确定调查之时以及在调查的过程中不断思考、探讨的问题。

一　从对外汉语教学学科理论研究的发展看对东南亚华裔学生调查研究的必要性

国内面向海外华裔学生的汉语教学（华文教学）是中国对外汉语教学的重要组成部分。对外汉语教学学科研究的是"作为第二语言或外语的汉语的学习和教学，即研究外国人学习和习得汉语的规律和相应的教学规律。研究的内容则是作为第二语言或外语的汉语的学习和教学的全过程"[②]。一般认为，对外汉

---

① 本部分选自王爱平《东南亚华裔学生语言与文化背景调查刍议》，《华侨大学学报》（人文社会科学版）2001年第3期。

② 中国对外汉语教学学会等《对外汉语教学的定性、定位、定量问题座谈会纪要》，《语言教学与研究》1995第1期。

语教学学科的基础理论，除汉语言理论以外，包括语言教学理论和语言学习理论两大部分。这两大理论的研究都是很重视对学生的调查研究的。

作为中国对外汉语教学学科研究的传统领域——语言教学理论研究，从理论上讲很重视对学生的研究。学生在教学理论研究中被称为教学对象。吕必松在谈到第二语言教学总体设计程序时，总是把分析教学对象的特点放在首位，并具体指出，“教学对象的特点包括自然特征、学习目的、学习的起点和学习时限等方面的内容”，“自然特征包括年龄、文化程度、第一语言和第一文化同目的语和目的语文化的关系”等，还特别强调，了解教学对象的特点“对确定教学内容、教学原则和教学方法等有决定性的作用”。[①] 但是，长期以来人们对“教”的研究较多，对“学”的研究存在事实上的忽略，对教学对象的研究非常薄弱。

20 世纪 90 年代以来，我国对外汉语教学研究开始并越来越重视语言学习理论的研究。在 1992 年《世界汉语教学》《语言文字应用》《语言教学与研究》三家期刊编辑部联合主办的座谈会上，学者们呼吁，为解决教学效果不尽如人意的问题，“仅仅从教学方面下功夫是远远不够的，关键是我们对学的方面还知之甚少。教学法理论的研究必须以学习理论的研究为坚实基础，否则只能是盲目的摸索；教学法固然可以几年一变花样翻新，但对实际教学效果的提高并无太大的意义”[②]。因此，近十几年来

① 吕必松《对外汉语教学概论（讲义）》，国家教委对外汉语教师资格审查委员会办公室，1996 年，第 87 页。

② 刘珣《语言学习理论的研究与对外汉语教学》，《语言学习理论研究》，北京语言学院出版社，1994 年。

对外汉语教学研究的重点逐渐从集中于“教”的方面转向“学”的方面。这是我国对外汉语教学研究的重大进展，也正与世界语言教学理论发展的总趋势相一致。

这一研究重点的转变是由于人们认识的转变，是认知心理学、教育心理学、心理语言学的发展和语言习得研究的进展及其研究成果改变了人们的许多传统看法。在语言学习理论研究中，学生被称为语言学习者。人们逐渐认识到，由于语言学习活动必须通过学习者来实现，“教”的成功与否，决定性因素还在于“学”的方面，所以学习者是语言学习的决定性因素，学习者是语言学习的主体，对“学”的研究应是对“教”的研究的基础和前提。

我国对外汉语教学界近几年对语言学习理论的研究主要集中于汉语习得方面：从对学生的汉语病句分析到以中介语理论为指导进行汉语偏误分析，现在又进一步发展到对汉语习得顺序和习得过程的实证性研究。这些研究已取得了可喜的成就，对揭示汉语作为第二语言习得/学习的规律具有重要的意义。

但是，这些研究仅仅是语言学习理论研究的一个方面。我国的语言学习理论研究起步较晚，还有许多方面的问题，如语言学习环境对语言学习的作用、影响，作为语言学习主体的学习者自身的因素对第二语言学习的影响等，都有待我们去探索、去研究。学习者自身的因素不仅包括性别、年龄、性格、文化程度、家庭背景、社会阅历，以及在学习过程中所表现出来的学习能力、学习策略、学习动机、学习风格等个体因素，还包括来自不同国家、区域，不同民族或种族学生的不同群体特征。这些问题都是我们过去一向不够重视、今后应加强研究的，而真正的研究必须从最基本的调查——发掘事实、描述事实入手。

东南亚华裔学生是学习汉语留学生中的重要群体，作为语言教学的“教学对象”，他们有其明显的特殊性；作为语言的“学习者”，他们有鲜明的群体特征。选择以语言与文化背景为突破口，对东南亚华裔学生的各方面特点进行调查研究，这对于语言教学理论和语言学习理论研究的深入，对于解决第二语言教学的针对性、提高教学效率都是很有意义的。

二 从华文教学实践和研究的现状看对东南亚华裔学生调查的必要性

东南亚华裔学生在华侨大学集美华文学院学生中居大多数，在教学过程中，我们看到和感觉到他们不仅与非华裔学生大不相同，而且也明显不同于其他国家、地区的华裔学生，具有很突出的群体特征。首先，他们的年龄、文化程度等自然特征与非华裔学生有所不同，常常会有相当多的年龄较小、文化程度较低的学生来学习，他们还是“孩子”，十来岁的小学生，爸爸妈妈或爷爷奶奶送他们来，往往要陪他们住一段时间，这种情况在非华裔学生中几乎是见不到的。他们在学习汉语的过程中，从发音、语感、汉字的书写到词汇学习、课文理解等都有自己的特点，对语言材料中体现出来的中国人的习俗、观念、人际关系、思维方式、行为方式以及亲属称谓等，明显比其他学生更能够理解。

要让欧美学生了解掌握“堂兄弟、表姐妹、姑父、舅妈、外甥、外孙”等亲属关系、称谓的词汇，可能老师讲得满头大汗，他还是一头雾水；怎么一个“uncle”，中国人能分成“叔叔、伯伯、舅舅、姨父、姑父”五个词？但对东南亚华裔学生来说，即使是十来岁的小学生，这也不成问题，他们往往是表兄妹、堂兄弟结伴而来学习，对亲属关系以及之间的称谓一清二楚。

学习者的群体特征是由于居住不同国家地区、不同的民族传统、不同的语言文化背景而形成的。东南亚是海外华人最集中的地区，华侨华人的人数占全世界华侨华人总数的82.4%，[①]而且华人移居东南亚的时间最早、历史最久。海外华文教育也起始于东南亚。这些背景造就了东南亚华裔学生语言与文化方面显而易见的群体特征，直接影响着他们的汉语学习，也直接关系到对他们进行汉语教学(华文教学)的一系列问题。

对此，学界曾进行过多方面的探讨。从事华文教学的教师大都注意到了东南亚华裔学生的特点，在多次海外华文教育学术研讨会上，从事教学的研究者们都谈到了这些问题，也谈到如何在教学中实施相应的对策等。

但是，关于东南亚地区的华文教学(也包括我们对东南亚华裔学生的汉语教学)，还有一系列理论与实际问题亟待深入探讨并加以解决。例如，东南亚地区的华文教学究竟是第一语言教学还是第二语言教学？抑或是其他？此问题即华文教学的定性、定位问题，准确地把握这一点是华文教学必须解决的首要问题，也是解决好其他具体问题(如教学内容、教材编写、教学方法、师资培训等)的先决条件。

要解决华文教学的定性、定位问题，必须对这种“不同之处”认真加以研究，首先需要弄清不同之处表现在哪些方面，进而明确“不同之处”究竟是什么性质，判断这个“不同之处”的影响究竟是大还是小。换一个角度来看，华文教学与一般第二语言教

① 周南京主编《世界华侨华人词典》，北京大学出版社，1993年，第936—937页。

学的不同之处实际上是华裔学生与非华裔学生的不同之处；华文教学是第一语言教学还是第二语言教学的问题，实际上也就是汉语（东南亚华人习惯称作“华语”）究竟是华裔学生的第一语言还是第二语言的问题。这就需要对东南亚华裔学生有关情况进行比较具体而全面的调查研究。

20 世纪 90 年代以来，国内外华文教学界相继做了这类调查，为探讨华文教学的定性定位及其他问题提供了不少很有价值的材料。菲律宾华文教育中心廖赤阳等 1991 年底在华人聚居的包括马尼拉市在内的大岷区华校中，对 143 名 12—19 岁中学一年级至四年级学生进行了“菲律宾华人学生文化背景与认同意识的调查”①，为菲律宾华文教学的改革，由第一语言教学向第二语言教学的转向提供了依据。国内学者也对来大陆学习的华裔青少年做过调查，如厦门大学海外教育学院卢伟对菲律宾青少年短期进修团两期 51 位学员的调查，北京语言文化大学吴建玲对 100 名华裔学生的调查，等等。

但是这些调查还远远不够，要很好地解决华文教学的定性定位等一系列理论问题，需要有一定数量的令人信服的、可靠的调查材料的支持，研究工作必须建立在对一定数量的华裔学生的有关情况进行具体详细的、尽可能全面的调查基础之上。

三　从语言与文化的关系看调查语言与文化背景的必要性

对东南亚华裔学生的调查，为什么要把语言与文化的背景

---

①　廖赤阳等《菲律宾华人学生文化背景与认同意识的调查》，《菲律宾华校华语教学研讨会资料汇编》，菲律宾华文教育研究中心，1994 年，第 62—73 页。

情况作为调查内容？为什么不仅仅调查语言学习、使用的情况，还要调查学生的文化背景？需要具体调查哪些方面的文化背景情况？调查这些内容有何意义、有何必要？下面从语言与文化的关系来讨论这些方面的问题。

语言与文化的关系是对外汉语教学及研究中时时面临的问题。语言是文化的载体，又是文化的重要组成部分，文化制约着语言。人们跟自己的语言认同，也跟自己的文化认同。一般来说，学习第二语言，必须同时学习第二文化。人们在习得第一语言的过程中，已经形成了一种自我认同。这种自我认同也就是以自我为中心的情感系统，包括内在的（如个性）和外在的情感（如文化）。这种自我认同跟第一语言息息相关，在学习第二语言时，原有的自我语言文化的认同会形成一种自我疆界。① 欲使第二语言学习获得成功，就必须超越这种自我疆界。语言文化背景的差异无疑会给语言学习带来多方面的影响。

影响第二语言学习的学习者的性格、情感、兴趣、学习动机、学习策略等各种个体因素，均与学习者的文化背景有着密切的关系。我们在研究学习者学习过程时，必须关注学习者身后的文化背景，或者说隐含在学习者语言、行为之中的深层文化因素。目前学界比较重视汉语习得过程和习得顺序的探讨，对学习者语言文化背景的调查研究可以为此提供更广阔的视角。

值得一提的是，虽然 20 世纪 80 年代以来对外汉语教学界即很重视对外汉语教学的文化问题，重视文化因素的研究，但是比较多的是从“教”的立场出发进行的研究，研究的多是教给学

① 盛言《语言教学原理》，重庆出版社，1990 年，第 83—89 页。

生什么样的"文化",而从"学习者"角度研究的较少,对学生自身的文化因素(包括个体的和群体的)以及学生对文化学习的不同需求了解研究还很不够。

前面还曾谈到影响第二语言学习的学习者的群体特征问题。群体特征的形成归根结底是不同的文化造成的,不同的国家、地区,不同的母语等,都是表面的、形式上的原因,深层的原因则是文化的不同。要研究学习者学习汉语时的群体特征,就必须了解学生不同群体的不同文化背景和文化特征。即以东南亚华人为例,在几个国家中,汉语(华语)不仅仅是一种语言、一种交际的工具,更是一种民族与文化的象征、一种标志。在某些场合,华人必须讲汉语。即使平时讲的居住国语言也是含有大量汉语借词的"华人语"。正如印尼原住民学者迪德·吴托摩(2000)指出的,印尼语和马来语中都有大量的汉语借词,"这些借词集中在与中华文化相关的数字、交际角色、事物概念和各种行为上。……这些汉语借词的使用表明华人仍坚持着某种华人特性"①。在东南亚华人的生活中,语言是文化的一部分,语言就是文化,这是"外人"难以体察到的。

再从东南亚华人的语言环境来说,应该看到,东南亚华人在居住国仍有一个汉语使用的环境。比如,支撑东南亚华人社会长期存在的三大支柱——华文教育、华文报刊和华人社团,前两者明显与汉语的使用、学习有关,那么华人社团呢?从表面上看它是社会组织,与语言研究似乎不搭界,但实际上它却是汉语方言得以使用、传播的重要场所。东南亚华人社会的存在不仅是

① 迪德·吴托摩《印尼华人的多元语言及其特征》,李如龙主编《东南亚华人语言研究》,北京语言文化大学出版社,2000年,第158页。

一个社会背景，而且也是语言与文化的背景。可以说，它的存在及特点是东南亚华裔学生群体特征形成的根本原因。所以，想要了解、掌握东南亚华裔学生的语言背景，也就很有必要调查了解他们的文化背景、社会背景等。

对东南亚华裔学生的调查，不仅需要文化背景与语言背景并重，还应该进一步明确：把汉语及中华文化在他们身上的留存、积淀和濡染、影响的情况作为中心内容进行重点调查。

东南亚华裔学生在学习汉语时究竟有哪些特点？有哪些与其他留学生的不同之处？归根结底，最大、最根本的不同就是汉语言及中华文化在他们身上还有留存和影响——即使他们在居住国已经生活四五代了，即使他们连一句汉语普通话也不会说，即使有些影响甚至他们自己都没有意识到。

显然，这样最根本的"不同之处"是我们最需要了解清楚的。弄清楚汉语及中华文化在他们身上的留存、影响，比较全面而准确地把握这方面的情况，是解决华文教学一系列理论与实际问题的重要前提。要使华文教学有针对性、提高教学效率，要解决华文教学的定性、定位问题，掌握华文教学的特点，都有赖于对这根本"不同之处"的了解和把握。

调查了解汉语及中华文化的影响，可以抓住"与汉语有关"这个中心点，从以下几个方面着手：第一，东南亚华裔学生的汉语背景。其中重点了解汉语在他们的语言生活中究竟占何地位，汉语究竟是他们的第一语言还是第二语言，抑或是其他。第二，华裔学生来中国学习前、后对汉语的使用、掌握的情况，汉语学习的情况，汉语（汉字）对其影响，以及他们所处的整个语言环境状况。第三，中华文化在华裔学生身上的表现、积淀和影响，从两个方面考察：一是与汉语直接有关系的文化表现，二是中华文化其他方面的影响。第四，华裔学生对居住国语言、文化和对汉语、中国文化的态度、看法及认同情况。

实际上，对外汉语教学（华文教学）的任何理论都取决于对语言本质的看法，取决于对"什么是语言"的理解，语言与文化的关系问题实质上是对语言本质理解和认识的重要方面。对外汉语教学学科之所以是一门跨学科的综合性学科，有着广泛的边缘性和鲜明的交叉融合性，也是由语言、语言教学的特点以及语言与文化的关系所决定的。"语言是人类最重要的信息载体，它具有交际、思维和文化三大功能，这就决定了语言教学与研究必然要有相近、相关学科的支撑和参与。"①已有学者明确提出了"对外汉语教育学"这一名称，把社会学、人类学等学科同语言学、教育学、心理学一并作为对外汉语教育学科的理论基础（或者叫作支撑理论），认为这些学科可以为之提供理论养料甚至理论依据。② 因此我们重视对东南亚华裔学生的语言和文化背景的调查研究，可以从对外汉语教学学科的理论基础（支撑理论）中寻找理论的支持，还可以汲取借鉴语言学、人类学、社会学、历史学等学科对东南亚华侨华人研究的成果。上述诸多学科在不同层面上可给予我们理论的指导，而关于东南亚华侨华人的研究，又为我们调查了解东南亚华裔学生的语言与文化背景提供了重要的线索和考察点。

---

① 杨庆华《对外汉语教学学科、专业及其他——〈对外汉语教学研究丛书〉序》，《语言教学与研究》1998 年第 1 期。

② 刘珣《也论对外汉语教学的学科体系及其科学定位》，《语言教学与研究》1999 年第 1 期。

综上所述，对东南亚华裔学生语言与文化背景进行广泛深入的调查，将有助于探讨、解决对华裔学生汉语教学（华文教学）的一系列理论问题和教学实际问题。反过来看，对外汉语教学以及华文教学理论研究的深入和教学效率的提高，也必须建立在对教学对象、学习者的具体而全面的调查基础之上。对东南亚华裔学生进行调查，尤其应重视调查他们的文化背景和文化特征。调查应是对外汉语教学/华文教学与研究中不可或缺的最基本的工作，应给予足够的重视。

第二节　家长在华文教学中的角色与作用[①]

华裔家长一向致力于提升华文在主流教育中的地位，促进华文学校建立与当地社会和中国的友好关系，并直接支持和参与华文学校的教学与经营。

一　角色与作用

中文学校分布在世界各地的华人社会，它的产生直接源自华人社会尤其是华人家长的民族情结，或可曰“由家长而建，为家长而建”[②]，现今中文学校的存在与发展虽增添了诸多复杂的因素，学生家长的作用却有增无减。

---

① 本部分选自李嘉郁《家长在华文教学中的角色与作用——对周末中文学校有关状况的思考》，《世界华文教育》2011年第4期。

② 周敏《美国华人社会的变迁》，郭南译，上海三联书店，2006年。

中文学校的学生多为五六岁至十五六岁的少年儿童，这个年龄的孩子处于当地主流文化氛围中，有正规学校的课业负担，在自身的民族意识、学习目的尚不明确的时期，业余时间被带去学习一种他们看来并不十分有用的语言，可以想见他们有多么抵触，一些孩子甚至是“哭着”走进课堂。没有家长的信念与坚持，中文学校的生源与生存都难以为继。而入学后学习兴趣与动力缺乏也是一个普遍性问题，家长的督促、鼓励与扶助必不可少。

不过，家长对子女的影响力存在一个断层。孩子最初往往是由家长“送进”学校的，但是随着年龄增大，尤其是对于十几岁的少年，家长已难以施加压力，而他们的自我认同、民族认同的意识还没形成，中文学校高年级的学生数量远远少于低年级，这也是主要原因之一。此外，主流学校的学业负担日益加重也会造成少年学生的流失。近年来，主流学校不断增开汉语课也使想学中文的华裔多了另外一些选择。华人社会也在不断变化，年青一代的家长长期受当地文化的熏陶，对祖籍国的感情已经淡漠甚至感到陌生，对学中文已经没有老一辈那样执着。凡此种种，虽然家长对中文学校的生源作用巨大，但也有其不可避免的局限性，这也可以在一定程度上解释为什么某些地区中文学校的学生并不随华裔人口的增长而增加。

家长直接参与孩子的学习，在海外是常见的现象，中文学校对家长亦很倚重，自然地认为家长应在学生的学习中发挥重要作用。“父母的角色比老师更重要”，“老师严一点，家长也配合，把学生基础打牢了，往上走才不会觉得吃力。否则，基础不扎实，越往上走，越觉得没兴趣，越会觉得学中文是负担”。几位华校教师的看法具有比较普遍的代表性，实际上，各地中文学校已形成一种包含了家长因素在内的教学理念与教学模式。

在教学设计上，留给孩子的课后作业很多是要求家长指导完成的，学校也反复强调，应在家庭中创设中文学习的语言环境和文化环境，并给出不少具体的意见，如建议家长在家与子女说话时，使用丰富语汇，避免语汇贫乏影响子女语言的发展，要注意培养学生的学习兴趣等。一些有条件的学校还特地为家长提供专门的引导。例如，美中实验学校洛城校区的《每周通讯》，把每星期的注意事项、校内信息、教学动态、活动安排等放到网上，让家长老师都能一目了然。中文教学的老师通过 E-mail 都与本班家长建立了联系，让家长及时了解孩子的学习情况和作业安排等。在 2009 年首届世界华文教育大会上，菲律宾华教中心主席颜长城就华文教材本土化建设与如何提高海外华裔青少年学习汉语和中华文化的兴趣问题发言，明确提出，家长和老师应多给学生讲解中华文明、历史，培养学生的民族文化意识。多数家长也乐于参与孩子的学业，他们不仅对子女进行课业辅导，而且积极与学校沟通配合。

教导子女学习中文，也被多数家长视为己任，家长们为此费尽苦心，千方百计在家庭中营造说汉语讲中华文化与传统的氛围，尽量给孩子创造回中国看看的机会，让他们亲身感受当代中国的社会发展。自 1996 年起，美国青少年文化教育交流中心每年举办中美两地夏令营。该中心执行长陈健说，她曾六次带着美国的孩子以夏令营形式到中国访问，很多夏令营随团的家长说，这一路上，孩子跟他们有说不完的话。很多同学来信表示，到过中国，认识到自己是中国人，回到美国后自发地想学好中文。

除了语言教学外，中文学校所举办和参与的各类活动可谓异彩纷呈，这类活动的目的都是对学生进行民族文化教育，是华文教育的有机组成部分，某种意义上，也是华文学校在当地生存和发展的必要举措。若没有家长的参与和支持，这些活动几乎无法开展。例如，近年国侨办开展的“海外华裔青少年中华文化知识竞赛”，规模、影响不断扩大，已成为向海外华裔子弟普及中华文化知识的重要途径，其发展壮大，中文学校和家长功不可没。

家长对华文教学和中文学校的意义不止于家庭辅导和对文化活动的支持，各种形式的家长组织在学校的经营管理乃至与教学有关的重大问题上也起着举足轻重的作用，学校办得是否成功，很大程度上也取决于家长的评价。

谈到中文学校所面临的问题，一般都会提到“两教一资”，即教师、教材和资金，至少其中的一教与一资与家长直接相关。很多中文学校尤其是新移民的周末中文学校，本身就是由家长创办的，作为非营利或微营利的机构，学校经费的筹措很大程度上有赖家长，据不完全统计，这类华校经费 60% 由家长及华人团体筹措。由家长创办和主要维持的中文学校，本身就是一个华人组织，家长会的普遍存在更能说明这一点。有些规模较大、较有名气的中文学校，如美国华夏中文学校，早已是极具凝聚力的华人社团。早在 2001 年，其便以 70 万美元购得一座办公楼作为学校校舍，资金的 90% 来自家长捐款，此事受到广泛关注，一些媒体称之为“此举可能是全美中国大陆新移民社团首例，亦标志着大陆新移民社团的蓬勃发展”。

校董会、家长会等在中文学校中是非常普遍的机构设置，校董会也有相当部分的家长参加。他们在学校的课程设置、教材选用、教师聘任，乃至教学目标制定等方向性问题上具有很大的决策权。一些学校有制度规定，教师必须定期召开家长会，听取家长对学校各项工作的意见。家长有时也会直接介入教学和管理活动，如家长听课制度，这在华人社区已有相当共识。

中文学校的教学质量乃至整个办学成效都必须得到家长的认可。美国希望中文学校有关人员曾表示，学校各方面取得的进步，都是执行"四满意"原则的结果，即让家长满意，让学生满意，让教师满意，让所在国校方满意。举办各类华教活动，也要考虑家长是否认可，以之作为衡量其收效的重要指标。

可以看出，不唯具体的教学活动，海内外华教界在教材编写和有关网站建设等方面都在逐渐明确并固化家庭对于学校教学的补充和完善作用。家庭和社区各种形式的教育作为华文教学不可或缺的部分，对其常态化乃至一定程度的专业化已不仅仅停留在期待和呼吁上，切实的措施和成效已初步显现。

二　问题与思考

虽然我们一再提到华裔家长对汉语和中华文化的热爱，这也的确是较为普遍的现象，但也有一些家长出于"融入"主流社会等考虑，更希望孩子学好当地语言，并不太赞成他们接触汉语，还有一些家长认为学汉语不应投入太多，甚至不愿意支付本已十分低廉的学费，更在经济情况不佳时首先中止孩子的中文教育。作为华人社会重要的社区组织，在族群内部强化"留根"意识，中文学校仍然任重道远。

家长往往是华裔孩子学习汉语的第一教师，也往往是中文学校的创办者、管理者和执教者，但他们在管理和教学方面缺乏专业性是不可回避的事实，因而需要以合适的形式，对家长进行相关知识的普及，比如利用中文学校的家长活动时间开设一些讲座，使之能够更加有效地辅导孩子的学习，或做好中文教师和学校的管理者。此外，在教材编写、教学规划等方面明确家长的地位和作用也十分重要，应使家长的辅导有法可依。

建立与家长的沟通机制，通过多种形式的家长工作，搭建家长与教师相互信任的桥梁。校方应与家长有更多的互动，让家长代表更多参与学校事务的讨论。

已有社会学家指出，一种在主流社会语言和文化包围下的族裔语言，其最后的堡垒是家庭，汉语在海外的留存虽未至如此严峻的地步，但是家庭环境、家长的作用至关重要，尤其是作为业余教育的周末学校，其创办和维护都有赖于家长和社区的支持。在具体的教学实践中，实际已形成了一种家庭、社区与学校互补互动的教学模式，但是这样一种状况似乎并未引起教学和研究者足够的重视。经验性的习惯做法有待学术的提升，学术研究亦应关注普遍规律下的差异性与独特性。华文教育有别于一般汉语第二语言教学的特征虽研讨已久，但仍有诸多问题尚待澄清，家长、家庭之于教学、学校或为其一点。

第三节　华裔与非华裔学生的态度及动机对比①

为深入了解华裔学习者状况，探究华裔学习者与非华裔学

---

① 本部分选自闻亭《华裔与非华裔汉语学习者对待目的语群体态度及习得动机比较研究》，《第五届全国语言文字应用学术研讨会论文集》，2007年。

习者的不同，我们以44名华裔汉语学习者与44名非华裔汉语学习者为被试，采用量表方式考察态度动机，探讨华裔与非华裔学习者在对待目的语社团态度及习得目的语动机上的差异。

其中对待目的语社团的态度分为对待目的语社团成员的态度，对待目的语社团政治、经济、文化的态度，对待目的语社团的总体态度；[①]习得动机分为工具型动机和融合型动机。[②]

一　研究假设及研究方法

（一）研究假设

假设一：华裔与非华裔汉语学习者在态度上存在显著差异，华裔学习者在三种态度上都显著优于非华裔学习者。

假设二：华裔与非华裔汉语学习者在动机上存在显著差异，华裔学习者比非华裔学习者更倾向于融合型动机，非华裔学习者比华裔学习者更倾向于工具型动机。

（二）研究方法

1.研究主要变量及操作性定义。

华裔、非华裔：华裔为华人在侨居国所生，并取得侨居国国籍的子女，本研究中的华裔90%以上为华裔第三代、第四代；非华裔为非华人在侨居国所生，并取得侨居国国籍的子女。

态度：根据已有成果对态度研究方向的分类，在本研究中态

---

① 已有成果对态度的分类主要包括：对待目的语社团成员的态度、对待目的语社团文化的态度、对待目的语社团的总体态度、对待学习目的语的态度、对待生活在本国的说目的语者的态度、对待习得环境的态度、对待课程和对教师教材的态度等。前三者为研究的主要方面。

② 动机的分类主要有内部动机、外部动机，近景动机、远景动机，外在型动机、内在型动机，融合型动机、工具型动机，有学者将融合型动机进一步分为融合型与整合型。

度被分为三类。(1)第二语言学习者对待中国人的态度,具体体现为被试在量表中1—10题上的总分。(2)第二语言学习者对待中国政治、经济、文化等的态度,具体体现为被试在量表中11—20题上的总分。(3)第二语言学习者对待中国的总体态度,具体体现为(1)(2)分数之和。

动机:根据已有成果对动机的分类,在本研究中动机分为两类。(1)工具型动机,具体为被试在量表中21—40题中奇数题上的总分。(2)融合型动机,具体体现为被试在量表中21—40题中偶数题上的总分。

2.被试情况。

本研究共有被试88名,华裔被试的国籍分布在10个国家。非华裔被试国籍分布在17个国家。

3.测量工具。

已有成果在测量态度时使用过在本质之上无差异的投射、量表两种方法,本研究采用量表方式测量被试对目的语群体社团的态度。量表由20道题目组成,前10题测量被试对中国人的态度,后10题测量被试对中国政治、经济、文化的态度。20题中,16道题取自已有成果中的态度量表,4道题为在前测基础上对已有成果中的题目的改编。出题方式统一为积极的表述方式,借鉴LikertSeale及Gardner采用的AMTB(Attitude/Motivation Test Battery),设计了六度量表。

4.数据收集

对19名被试进行试测,并对个别题目进行了修订。共收回问卷250份,符合实验要求被试的问卷205份,在有效问卷中按照实验设计要求分层抽取问卷88份,组成参加统计的数据。

5.数据统计方法

本研究主要采用相关与差异显著性检验两种统计方法：(1)采用独立样本 t 检验的统计方法对华裔与非华裔学习者在态度、动机上的方差、平均数进行差异显著性检验；(2)统计华裔、非华裔变量与三种态度以及两种动机的相关。

二 研究结果

(一) 华裔、非华裔对待目的语社团态度的研究结果

平均数差异显著性检验显示：在对待中国人的态度上，华裔平均分高于非华裔，但差异不显著(t = −0.137,sig. = 0.891)；在对待中国政治、经济、文化等的态度上，华裔学习者的平均分在0.01水平上显著高于非华裔学习者(t = −3.811,sig. = 0.000)；在对待中国的总体态度上，华裔平均分高于非华裔，但差异不显著(t = −1.947,sig. = 0.055)。

相关分析统计显示：华裔变量与学习者对待中国人态度变量无显著相关(r = 0.006,sig. = 0.943)，与对待中国政治、经济、文化等的态度显著相关(r = 0.311,sig. = 0.001)，与对待中国的总体态度相关(r = 0.185,sig. = 0.037)。

以上统计结果说明：华裔汉语学习者和非华裔汉语学习者在对待中国的三种态度上存在差异，华裔学习者在三种态度上都优于非华裔学习者，其中在对待中国政治、经济、文化等的态度上，华裔学习者的态度明显优于非华裔学习者，在对待中国人的态度上，华裔与非华裔的态度差异很小。假设一被证明。

(二) 华裔与非华裔习得动机的研究结果

平均数差异显著性检验显示：在工具型动机上，华裔平均分

显著高于非华裔(t = −4.595, sig. = 0.000);在融合型动机上,华裔学习者的平均分高于非华裔学习者,但不显著(t = −1.862, sig. = 0.066)。

相关分析统计显示:华裔变量与工具型动机变量显著相关(r = 0.379, sig. = 0.000),与融合型动机无显著相关(r = 0.140, sig. = 0.116)。

以上统计结果说明:华裔汉语学习者和非华裔汉语学习者在习得动机上存在差异,华裔学习者的工具型动机及融合型动机在程度上都强于非华裔学习者,尤其在工具型动机上。假设二部分被证明,部分被推翻。

三　讨论

(一)对华裔学习者与非华裔学习者态度差异的讨论

态度是复杂的心理概念,态度的形成过程需要更多数据的支持,因此以下仅以对数据的进一步分析[①]为基础,对华裔学习者与非华裔学习者态度差异的来源进行讨论。

在10道测量学习者对待中国人态度的题目中,对平均分的统计显示,华裔学习者的平均分只在第1题(移居到我们国家的中国人为我的国家做出了重大贡献)、第9题(我喜欢参加中国人的聚会)上高于非华裔学习者,其中在第1题上差异显著(t = −6.452, sig. = 0.000),第9题上差异不显著(t = −0.852, sig. = 0.397),在其余8道题目中,非华裔学习者平均分均高于华裔学习者,但未达到显著水平。另外,在对待中国人的态度

---

①　统计华裔与非华裔在每一态度题目上的平均分和标准差,并检验平均分差异显著性。

上，虽然华裔学习者在整体上优于非华裔学习者，但在很多方面华裔学习者对待中国人的态度劣于非华裔学习者，也正因为如此，华裔与非华裔在对待中国人态度上的差异并不明显。

在10道测量学习者对待中国政治、经济、文化等方面的态度的题目中，华裔在所有题目上的平均分均高于非华裔，其中在第11题（中国人的传统习俗是世界的珍贵宝藏）、第13题（中国人的传统美德，如孝、德、勤俭、仁爱，对现代世界的发展起到了推动作用）、第18题（从我所看到的人和事，我觉得中国是一个民主的国家）、第19题（中国的家庭观念为我们做了很好的表率，如白头偕老）四道题上，华裔平均分显著高于非华裔（t = −2.302，sig. = 0.024；t = −3.794，sig. = 0.000；t = −0.851，sig. = 0.029；t = −2.693，sig. = 0.009）。从上面的统计结果可以看出，华裔学习者在对待中国政治、经济、文化等的态度上，全方位地优于非华裔学习者，尤其是在文化的认同感上。

学习者对待中国的总体态度在统计中反映为对待中国人的态度与对待中国政治、经济、文化等态度的分数之和，所以，在对待中国的总体态度上，华裔优于非华裔是由华裔对中国政治、经济、文化等方面态度显著优于非华裔带来的，而差异不大的原因在于华裔对中国人的态度与非华裔的态度差异很小。

（二）对华裔学习者与非华裔学习者动机差异的讨论

我们以测量学习者动机的题目为基础，讨论华裔学习者与非华裔学习者动机差异的来源。

对测量工具型动机题目的进一步统计显示：在10道题中，华裔学习者在第23、27、31、33、35、37、39七道题目上的平均分高于非华裔学习者，其中在第31题（我学习汉语是因为别人知道我会汉语会更加尊敬我)、第 33 题(我学习汉语是因为它是我的家庭语言之一)、第 39 题(我学习汉语因为这是我家人的要求)上的差异达到显著水平(t = -2.933, sig. = 0.004; t = -14.347, sig. = 0.000; t = -5.78, sig. = 0.000)。在第 1、5、9 题三道题上,华裔学习者平均分低于非华裔学习者,但均未达到显著水平。我们对华裔分数高的七道工具型动机题目在内容上进行了两种分类:第一类为家庭的要求,在华裔平均分显著高于非华裔的三道题中有两道题目属于此类;第二类为事业与社会地位的需要,在七道题中有四道属于此类。因此,华裔学习者明显倾向于工具型动机主要是由家庭要求以及汉语有利于提升学习者地位两个原因带来的。

对测量融合型动机题目的进一步统计显示:华裔学习者在第 26、32、34、38、40 五道题目上平均分高于非华裔学习者,其中在第 32 题(我学习汉语是因为我希望更加自如地参加中国人的活动)、第 40 题(我学习汉语是因为我希望更深地理解中国的文学和艺术)两题上差异显著(t = -2.935, sig. = 0.004; t = -2.614, sig. = 0.011);在第 22、24、28、30、36 五道题目上华裔学习者平均分低于非华裔学习者,但差异均不显著。所以,在融合型动机上,华裔学习者与非华裔学习者的差异不显著。

四　有待进一步研究的问题

对华裔与非华裔汉语学习者态度与动机的研究对于制定教学策略、设计教学模式、选择教学方法、编写有针对性的教材都具有一定的指导意义。本研究通过比较华裔与非华裔学习者对待中国社团的态度,习得汉语的动机,从一个层面考察华裔的心理特点，获得了一些信息，但由于被试及测量题目的限制，只能测量部分华裔学习者在三种态度、两种动机上的反应，如后续研究可以扩大被试数量及研究范围，可更为全面地反映华裔汉语学习者的心理特点。此外，态度、动机的形成原因是多方面的，作为实证性研究我们只是从数据的角度讨论了华裔与非华裔态度、动机差异的来源，如果能从历史、文化、心理等角度进一步分析会更清晰地展现华裔学习者的全貌。

第四节　华裔与非华裔学生对华语社团的认同比较[1]

建构主义的语言认同观认为，认同是学习者在语言学习的过程中，通过与外界环境的互动逐步构建的。认同体现了语言学习者对于一种新文化的深层次的依附感和归属感。[2] 然而，华裔和非华裔汉语学习者作为不同文化族群的成员，在汉语学习的过程中所面临的认同问题是完全不同的。华裔学习者面临对母语社团和主流社团的双向认同问题；非华裔学习者面临的主要是对目的语社团的认同。另外，美国及东南亚国家与中国的不同地缘关系对这些地区的华裔和非华裔汉语学习者对目的语社团的认同也会产生一定的影响。因此，这里在问卷调查的

---

① 本部分选自朱雯静、王建勤《跨文化族群的认同比较研究与汉语传播策略》，《云南师范大学学报》(对外汉语教学与研究版)2012 年第 3 期。

② Roberts, E. R. & Phinney, S. J., The structure of ethnic identity of young adolescents from diverse ethnocultural groups, *The Journal of Early Adolescence*. 1999.

基础上，拟探讨以下问题：(1)不同地区的华裔和非华裔汉语学习者对目的语社团认同的现状分析。(2)华裔和非华裔汉语学习者对目的语社团认同的特点及存在的问题。

一　华裔与非华裔汉语学习者对目的语社团认同的现状分析

本研究采取调查问卷的方式，问卷包括纸质版和电子版两种，在中国大陆、美国、泰国及印度尼西亚的部分大学及中学发放，问卷语言可选英语、泰语或印尼语，被试可根据自己的母语选择。问卷的完成时间不限。问卷内容包括对目的语社团的认同测试和语言水平自测。认同分为语言、文化、族群和价值观认同四个维度，每个维度有八个题目，题目的形式均为一个观点的陈述，例如："汉语学习对我的自信心产生了很大影响。"然后被试进行从"很不同意"到"很同意"的 6 点评分。语言水平自测是本研究中划分被试汉语水平的标准，包括听说读写四项技能，根据《欧洲外语学习、教学与评估共同参考框架》中的"语言水平自测表"修改而成。

本调查主要关注不同族群背景、不同汉语水平的汉语学习者在语言、文化、族群和价值观四项认同上是否存在差异，为了便于分析，以下分别对美国和东南亚国家华裔与非华裔汉语学习者的认同情况进行探讨。

(一) 美国华裔非华裔学习者对目的语社团的认同

本研究从回收的有效问卷中随机抽取了 180 份美国汉语学习者的问卷，其中，华裔学习者和非华裔学习者各 90 名。所抽取的华裔和非华裔学习者的教育程度及性别分布基本相同。被试的认同得分见表 1－1。

表 1－1　美国华裔非华裔学习者的认同平均分

族群背景	汉语水平	语言认同	文化认同	族群认同	价值观认同
华裔	中高级	3.98	4.96	4.25	3.92
	初级	2.63	4.75	4.16	4.16
非华裔	中高级	3.18	5.00	4.57	4.07
	初级	2.51	4.60	4.08	3.83

1.华裔和非华裔汉语学习者认同情况的方差分析结果。

以族群背景、汉语水平以及认同的四个维度作为自变量，认同得分作为因变量，方差分析的结果显示：(1)族群背景的主效应不显著($F_{(1,176)}=1.108, p=0.294$)，说明美国的华裔和非华裔学习者的整体认同水平没有明显区别。(2)汉语水平的主效应显著($F_{(1,176)}=12.46, p=0.001$)，高水平学习者对目的语社团的整体认同程度明显高于低水平学习者。(3)认同因素的主效应显著($F_{(3,528)}=124.164, p=0.000$)，事后多重比较的结果显示，文化认同程度明显高于族群认同($p=0.000$)，族群认同程度明显高于价值观认同($p=0.030$)，价值观认同程度明显高于语言认同($p=0.000$)。(4)认同因素和族群背景的交互作用显著($F_{(3,528)}=3.434, p=0.017$)。简单效应分析的结果显示，在语言认同上，华裔汉语学习者的认同度明显高于非华裔学习者($F_{(1,178)}=16.91, p=0.000$)。而两个群体在对目的语社团的文化、族群和价值观的认同程度上没有明显差异($F_{(1,178)}=2.10, p=0.149$；$F_{(1,178)}-0.16, p=.689$；$F_{(1,178)}=2.70, p=0.102$)。(5)认同因素和汉语水平的交互作用显著($F_{(3,528)}=10.574, p=0.000$)。简单效应分析的结果显示，在语言认同和文化认同上，高水平学习者的认同度均明显高于低水平学习者（$F_{(1,178)}=67.9$，$p=0.000$；$F_{(1,178)}=4.76$，$p=0.030$）。而他们在族群和价值观的认同程度上没有明显差异（$F_{(1,178)}=2.17$，$p=0.142$；$F_{(1,178)}=0.00$，$p=0.974$）。

2.对美国华裔非华裔学习者认同现状的讨论。

从统计结果可知，美国的华裔和非华裔学习者对目的语社团的语言、文化、族群以及价值观的认同呈现出比较复杂的情况。

第一，在语言认同上，华裔学习者的认同度明显优于非华裔，这一现象与华裔群体的语言环境有密切的关系。虽然此次接受调查的华裔学习者基本为在国外出生的第二或第三代移民，第一语言几乎都不是汉语，但在他们的家庭中，汉语仍是一种重要的交际语言。已有调查显示，在美国的华裔家庭中，一、二代移民之间高度倾向于使用汉语，使用频率达95%；一、三代移民之间的汉语使用频率比一、二代移民之间有所下降，但仍接近90%；即使二、三代移民之间的汉语使用频率大幅下降，也保持在80%左右。这样的语言环境是非华裔学习者无法比拟的。

但从整体上来看，语言认同是认同度最低的。按照常理，作为汉语学习者，首先接触的就是语言，他们对汉语的认同程度应该高于对中国文化、中国价值观的认同，但调查的结果并非如此。从对华裔人群使用汉语的调查结果来看，在家庭场合下使用汉语的百分比为80%，而到了学校和工作单位，使用汉语的百分比分别降至20%和10%左右。而非华裔学习者没有华裔学习者这样的家庭环境，其使用汉语的总比例自然更低。另外，汉语使用场合上的局限性与英语在全球的强势地位也不无关系，从而造成学习者对汉语本身的认同程度还比较低这一现象。

第二，虽然从方差分析的结果来看，华裔和非华裔群体在文化、族群以及价值观三项认同上不存在显著差异，但并不表示学习者的这几项认同情况是同质的。为了进一步考察华裔和非华裔在认同现状上的差异，本研究从分布趋势上对文化认同、族群认同以及价值观认同的分数的分布情况进行了统计分析，分布情况如表 1－2。

表 1－2 美国华裔非华裔学习者认同分数的分布趋势

认同类别	族群背景	平均分	标准差	偏度值
文化认同	华裔	4.85	0.951	－0.735
	非华裔	4.66	0.796	－0.490
族群认同	华裔	4.20	1.033	－0.362
	非华裔	4.15	0.677	－0.424
价值观认同	华裔	4.05	0.665	－0.218
	非华裔	3.86	0.885	－0.009

由表 1－2 可知，华裔和非华裔学习者在这三项认同上都呈负偏态，即他们的分数均向高于平均分的方向集中。偏度值的绝对值体现向高分集中的程度，由此可知，在文化认同和价值观认同上，华裔学习者向高认同度集中的趋势均大于非华裔学习者，而族群认同的情况则相反。

标准差体现了分数的离散度，由表 1－2 可知，在文化和族群认同上，华裔学习者之间的认同差异比非华裔学习者更大，即华裔学习者中存在认同的极端情况，有的华裔学习者对中国文化和族群认同度非常高，而有的华裔学习者认同度非常低。但在价值观认同上，非华裔学习者之间的认同差异更大。

上述情况可能与美国华裔社团异质性有关。当今美国华裔群体是一个极为多元化的社会,很多移民的背景,例如出生地、移民时间、教育情况等,差异很大。根据一些学者的观点,华裔认同的特殊性在于华裔业已形成的国籍、国家认同对华裔认同心理的影响。① 特别是一些在美国出生的年青一代华人,融入当地主流社会的强烈动机使他们刻意淡化自己身上的华人标签,对中国的一些传统文化和习俗持拒绝态度。

按照常理,同样的华人血统应该使所有海外华人都对中国人这一群体持有较高的认同度,但曾有学者专门对当代年轻华裔的族群认同情况进行了调查,调查结果表明,有三类华人较容易在种族认同上出现游离,他们是失业者、在西方或新加坡受高等教育者以及信奉基督教者。而年轻华人对族群的认同逐渐减弱,主要原因在于他们对本族历史所知有限,无法从华人的历史中找到信心的依据,从而建立起身为华人的自尊和自信。②

而在价值观上,不管年青一代华裔群体如何在观念、行为上向西方社会靠拢,在家庭的影响下,一些中国传统的价值观,例如孝道、谦虚,仍是他们普遍遵循的。而美国的非华裔群体则不一样,西方社会的很多价值观与中国的价值观存在较大的差异,例如中国人认为子女应该完全遵从父母的意愿这一点就很难得到所有美国人的理解。因此,只有那些持比较包容态度的学习者,才能在坚持自身价值观的同时,对不同的价值观也表示理

---

① 蔡仁龙《印度尼西亚华侨国籍问题的产生及其演变》,《华侨历史论丛》1985 年第 2 辑。

② 林义明《历史先知是族群认同先决条件》,http://www.zaobao.com/zaobao/Chinese /region/ singapore/ pages/singapore_chinese111299b.html,1999。

解;而包容性较低的学习者则会以自身的价值观衡量一切,认为与自己不同的就是不好的。

第三,汉语水平对四种认同的影响也存在差异。不管是华裔还是非华裔,汉语水平越高的学习者其语言和文化认同程度也越高。由此可见,学习成效可以有效地提高语言学习者对一种新语言和新文化的接受和认同程度。由于海外汉语学习者的语言交际环境主要是本地语,使用汉语交际的场合有限,因此一般来说,在他们的汉语水平较低时,他们更愿意选择自己的优势语言,比如母语或另一门掌握程度更高的外语作为自己的交际工具。随着语言水平的提高,学习者的畏难情绪就渐渐消失了,取而代之的是学习的信心,这反过来又会促进他们汉语水平的进一步提升,在这个良性的相互促进过程中,学习者对汉语的认知和认同程度自然会越来越高。此外,多数汉语学习者在学习的初级阶段只关注语言本身,而不会特别关注文化方面。但是,随着汉语学习的深入以及汉语水平的提高,他们必然与中国的方方面面,包括中国文化,有更多的接触和了解,了解的增多自然为认同程度的加深创造了条件。

研究结果还表明,族群和价值观认同程度均不受汉语水平的影响。这一定程度上体现了欧美学习者的特点,他们自身的优越感常常使他们觉得没有了解另一个民族的需要,即使外语水平提高,他们也不会有强烈的动机与外民族深入沟通。Turner的"自我分类理论"(Self-categorization Theory)就提出过"圈外人同质效应":人们除了认为圈外群体成员与自己不同外,还倾向于把他们看成是在特质、人格甚至亚类别数量上没有差异的人，即“他们都一样，唯独我们是各有特色的”①。而从社会心理学的角度看，价值观既是个体的选择倾向，又是个体态度、观念的深层结构，个体一旦形成较成熟的价值观，是不会轻易改变的。本研究调查的汉语学习者基本为受过或正在接受高等教育的成年人，一般来说，他们已经形成了自身较固定的价值观，所以即使外语水平提高了，对另一个民族价值体系的了解增加了，也并不能明显促进他们对一种新价值观的接受。

（二）东南亚国家华裔非华裔汉语学习者对目的语社团的认同

本研究从回收的有效问卷中随机抽取了180份东南亚国家汉语学习者的问卷，其中，华裔学习者和非华裔学习者各90名。所抽取的华裔和非华裔学习者的受教育程度及性别分布基本相同。被试的认同得分见表1－3。

表1－3 东南亚国家华裔非华裔学习者的认同平均分

族群背景	汉语水平	语言认同	文化认同	族群认同	价值观认同
华裔	高水平	4.3	4.48	3.93	4.68
	低水平	3.2	4.16	3.73	4.62
非华裔	高水平	3.79	4.53	3.87	5.13
	低水平	1.96	3.1	2.96	4.94

1.华裔和非华裔汉语学习者认同情况的方差分析结果。

以族群背景、汉语水平以及认同的四个维度作为自变量，认同得分作为因变量，方差分析的结果显示：(1)族群背景的主效应显著($F_{(1,176)}=8.165, p=0.005$)，华裔汉语学习者的整体认同程度明显高于非华裔学习者。(2)汉语水平的主效应显著

① 张莹瑞、佐斌《社会认同理论及其发展》，《心理科学进展》2006年第3期。

($F_{(1,176)}$ = 37.701, p = 0.000)，高水平学习者对目的语社团的整体认同程度明显好于低水平学习者。(3)认同因素的主效应显著($F_{(3,528)}$ = 95.241, p = 0.000)，事后多重比较的结果显示，价值观认同程度明显高于文化认同(p = 0.000)，文化认同程度明显高于族群认同(p = 0.000)，族群认同程度明显高于语言认同(p = 0.005)。(4)认同因素和族群背景的交互作用显著($F_{(3,528)}$ = 15.175, p = 0.000)。简单效应分析的结果显示，在语言、文化以及族群认同上，华裔汉语学习者的认同度均明显高于非华裔学习者($F_{(1,178)}$ = 81.75, p = 0.000；$F_{(1,178)}$ = 44.98, p = 0.000；$F_{(1,178)}$ = 26.64, p = 0.000)。而在价值观认同上，则表现为非华裔汉语学习者的认同度明显高于华裔学习者($F_{(1,178)}$ = 6.59, p = 0.011)。(5)认同因素和汉语水平交互作用显著($F_{(3,528)}$ = 17.386, p = 0.000)。简单效应分析的结果显示，在语言、文化以及族群认同上，高水平学习者的认同程度均高于低水平学习者($F_{(1,178)}$ = 97.14, p = 0.000；$F_{(1,178)}$ = 31.67, p = 0.000；$F_{(1,178)}$ = 15.88, p = 0.000)。而高水平学习者和低水平学习者在对价值观的认同程度上没有表现出明显的差别($F_{(1,178)}$ = 0.03, p = 0.864)。(6)族群背景和汉语水平交互作用显著($F_{(1,176)}$ = 7.365, p = 0.007)。简单效应分析的结果显示，对于华裔和非华裔群体来说，均表现为高水平学习者的整体认同程度高于低水平学习者($F_{(1,177)}$ = 7.43, p = 0.007；$F_{(1,177)}$ = 76.29, p = 0.000)。而汉语水平对非华裔学习者认同程度的影响比对华裔学习者的影响更大。见图1-1。

2. 对东南亚国家华裔非华裔学习者认同现状的讨论。

从统计结果可知，东南亚国家的华裔和非华裔学习者在对目的语社团的认同上表现出了非常明显的差异。

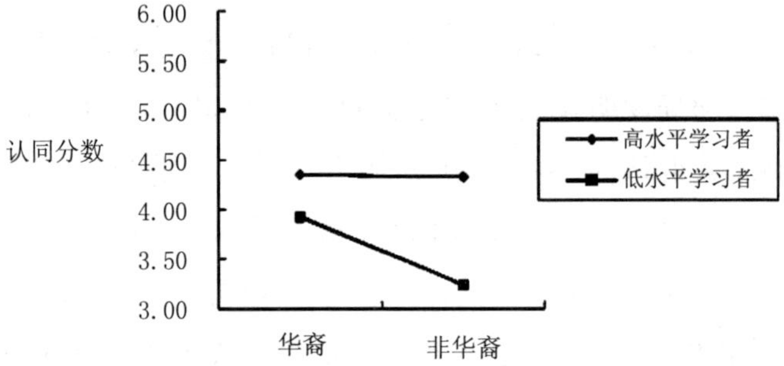

图 1－1　东南亚华裔非华裔学习者族裔背景与汉语水平的交互作用

第一，在语言、文化以及族群认同上，华裔学习者的认同程度都明显高于非华裔群体。除了前文所述的华裔家庭为年青一代华人提供了较好的语言环境这一因素外，东南亚华裔学习者对中国各方面较高的认同度与东南亚地区华人社团的凝聚力以及对华语教育的巨大投入是分不开的。

有学者指出，社会情境总是在文化认同建构中扮演着极其重要的角色。[①] 从历史来看，东南亚地区的华裔社团在促进海外华人对汉语的认知和认同上做出了不懈的努力，例如，从 1985 年开始，菲律宾商联总会每年暑假都会聘请中国台湾的教师在马尼拉举办“师资讲习会”，并设立杰出华人教育工程奖；泰国中华总商会专门创办了教授汉语的泰中大学；马来西亚华人捐资成立了教育基金以支持华文学校等。[②] 从汉语保持的成效

① 陈午晴《海外华人文化认同的建构：一个社会心理分析架构》，《社会心理研究》2004 年第 4 期。

② 耿红卫《海外华文教育的历史回顾与梳理》，http://www.taihuabbs.com/simple/t29163.html，2009。

来看，已有调查表明，虽然经受了数十年的严厉禁止，但印度尼西亚华裔仍拥有使用汉语言文字的环境，印尼华裔程度不一地具有使用汉语方言的能力。[1] 语言的继承为东南亚华人提供了一条维系与中华文化亲缘关系的纽带。有学者在对东南亚华裔的认同问题进行深入调查后发现，东南亚华人正由祖籍地认同、亲属认同、方言认同逐渐演变为对整个华族、华人社会以及华语语言的认同。[2]

研究还显示，不管是华裔还是非华裔学习者，都呈现出了认同程度随着汉语水平的提高而加深的趋势。其中，非华裔学习者受汉语水平的影响更大。语言能力的提升为汉语学习者提供了更多了解中国的机会，从而为促进认同创造了条件，但对于华裔群体来说，在家庭及华人社团的影响下，他们对中国各方面的认知和认同已经有较好的基础，因此，他们认同度提升的空间有限。而非华裔学习者的情况则完全不一样。由于中国和东南亚经贸合作的加深，大量非华裔学习者出于工具型动机学习汉语，他们学习的目的并不是要了解中国，只是为了掌握一门语言技能，因此，在学习的初期，他们几乎不关注语言知识以外的东西，他们对中国各方面的认知程度不高，但随着语言能力的提升，他们必然接触并了解到中国的方方面面，包括中国的文化和中国人。而且，由于东南亚华裔数量巨大，非华裔学习者也有更多的机会与华裔社团接触；随着他们对华人的优秀品质及对当地经

---

① 王爱平《汉语言使用与华人身份认同——对400余名印尼华裔学生的调查研究》，《福州大学学报》(哲学社会科学版)2006年第4期。

② 杨宜音《文化认同的独立性和动力性：以马来西亚华人文化认同的演进与创新为例》，《海外华族研究论集》2002年第9期。

济、文化的贡献的了解逐渐加深，认同程度逐渐加强。

第二，在价值观认同上，非华裔学习者明显高于华裔学习者，这一点与美国的情况有所不同。因为亚洲各国的价值观有许多共同的内涵，所以东南亚的非华裔汉语学习者对中国的价值观持有比较高的认同度在情理之中。但非华裔学习者的价值观认同程度比华裔学习者还高则比较令人意外。但总的来看，东南亚学习者的价值观认同程度是四种认同中最高的，说明他们理解和认同中国价值观的情况是比较理想的。

二　华裔与非华裔汉语学习者对目的语社团认同的特点及存在问题

总的来看，华裔和非华裔汉语学习者在对目的语社团的认同上表现出不同的特点，同时显示出一些值得探讨的问题。

（一）美国华裔汉语学习者在文化、族群及价值观上的单向认同倾向

美国华裔学习者的突出特点是，在语言认同上好于非华裔学习者，但在文化、族群和价值观认同上没有显示出任何优势。这一特点表明美国华裔汉语学习者具有较强的汉语学习动机，但是在文化、族群和价值观上却表现出明显的单向认同倾向，即重视主流文化和社团的认同，忽视汉语社团文化和价值观的认同。中国的和平崛起，汉语的经济价值是显而易见的，因此，华裔汉语学习者的语言认同优势是不难理解的。但是，中国的崛起并没有给美国华裔学习者带来对汉语社团的文化、族群和价值观认同的优势。这是制定汉语国际传播战略时必须认真对待的长远战略问题。

（二）非华裔汉语学习者对目的语社团的认同劣势问题

汉语学习者对目的语社团的认同一直处于劣势。这似乎是理所当然的，但是，这种状况对汉语国际传播无疑是最大的障碍和挑战。上述分析表明，由于非华裔汉语学习者在语言、文化以及价值观等方面与目的语社团存在巨大的差异，这种差异造成学习者对目的语社团认知上的障碍，这种认知鸿沟导致非华裔群体对目的语社团认同上的劣势。这是汉语国际传播不得不面对的巨大挑战。

（三）美国华裔汉语学习者在文化与族群认同上的异质性问题

从美国华裔学习者对目的语社团文化与族群认同的分布趋势分析，我们发现，美国华裔汉语学习者之所以在文化、族群认同上与非华裔学习者差异不显著，在一定程度上是由于前者在目的语社团文化与族群认同上的异质性造成的。这种异质性表明美国华裔社团的多元性，由此导致在认同问题上缺少凝聚力。因此，汉语国际传播必须寻找解决这一问题的对策。

第五节　华裔学生汉字学习策略的研究思路①

目前，对华裔学习者汉字学习策略的研究还十分有限，具体的成果并不多。

Ke（1998）较早对不同汉字学习策略有效性的认识和不同

① 本部分选自刘燕君《华裔学习者汉字学习策略研究思路》，此处首次发表。

语言背景的学习者采用学习策略的差异进行了研究。Ke 把 150 名被试分为华裔学习者(Heritage Learners)和非华裔学习者(Non-Heritage Learners)两个群体。①

在学习者对不同汉字学习策略有效性的认识上,Ke 通过问卷调查发现汉字部件的学习和运用、重复写汉字、注意新旧字在字形结构和意义上的联系是学习者认为较为有效的学习策略。同时,Ke 发现虽然被试重视汉字笔画结构和汉字部件的学习和运用,但是又觉得需要把汉字作为一个整体来记忆,并反复练习。对此,Ke 解释说学习者在汉字习得的初始阶段开始有了正字法意识,他们知道学习汉字需要掌握正字法,但是这要求学习者有足量的汉字作为认知基础,所以初始阶段虽然学习者知道汉字部件对汉字学习十分重要,但是不会运用这些策略拆分汉字,只能将汉字作为整体记忆,反复抄写汉字或根据汉字的外形来编造故事。Ke 认为随着学习者汉字正字法意识的不断增强,他们会依赖于汉字部件来学习汉字。

关于华裔学习者和非华裔学习者对汉字学习策略的认识是否存在差异的研究表明,两组学习者对于汉字学习策略有效性的认识差异并不显著,但这并不意味着两者在汉字学习策略的认识上完全一样。两组的数据对比统计显示在 11 项测试内容中,华裔与非华裔学习者有 9 项达不到显著性水平($p>0.05$),但是,另外两项则达到了显著性水平($p<0.05$),表明华裔学习者更倾向于通过阅读汉字课本来学习汉字,并且更善于运用音

① Ke,C.,Effects of strategies on the learning of Chinese characters among foreign language studies. *Journal of the Chinese Language Teachers Association*. 33(2), 93-112,1998.

义策略，而非华裔学习者则倾向于通过反复练习汉字和笔画结构来记忆汉字。非华裔的学习者比华裔学习者更倾向于找出新学的汉字与已经掌握的汉字在笔画结构上的内在联系，而不是在声音上的联系。① Ke猜测有可能这与教师在教学中不够重视汉字声音的作用有关，或者学习者本人只是把汉字看作基于视觉表现的产物，而忽视了声音的因素。

综合已有成果，华裔学生汉字学习策略研究还可以从以下几个方面进一步挖掘。

一　改进调查研究的方法

汉字学习策略研究中的调查方法会影响到研究结论的效度。已有研究成果的调查方法多为学习者自我报告，这是口头报告的一种方式，此外，口头报告还包括自我观察和自我展现。虽然认知事件常常可以通过口头报告获得，②但是这种方法却不可避免地存在一些缺陷。由于许多认知过程是潜意识的，无法通过口头报告的方式来获得。并且，有时所需信息并不能直接获得，口头报告的方式可能会使被试出现与其实际思维过程并不密切相关的口头反应。此外，当口头报告者用目的语完成一项任务，但是却用第一语言或其他语言来做口头报告时，会存在一些潜在的问题，口头报告者极有可能会对信息进行重新编码，这个过程本身有可能会由于记忆容量的有限或其他因素而

① Ke发现汉字的声音的作用并不受到学习者的重视，与汉字的声音相比，学习者注重的是汉字的意义。这与Everson(1998)的研究结果很不一致。Everson研究认为学习者是依赖于声音来回忆汉字的。

② Steinberg E. R., Protocols, retrospective reports, and the stream of consciousness. *College English*, 48: 697 - 712, 1986.

导致信息丧失。

因此,需要将多种方法综合运用于学习策略的调查,如口头访谈、书面问卷调查、观察、日记和谈话日志、回忆性研究、计算机跟踪等。每一种调查方法都有各自的优点和不足,如果能综合采用几种不同的调查学习策略的方法来搜集信息,相信对华裔汉字学习策略的描写会更为深入。

二 完善汉字学习策略量表

在针对华裔学习者的汉字学习策略研究中,可以借鉴 Oxford 的二语学习策略分类体系——SILL(Strategy Inventory for Language Learning)对华裔在汉语学习过程中采用的记忆策略、认知策略、补偿策略、元认知策略、情感策略、社交策略等多种学习策略进行全面的测量统计分析。Oxford 依据策略对目的语学习的不同作用将策略划分为直接策略和间接策略两类。直接策略就是与目的语直接相关,起着处理目的语学习作用的策略,该策略分为三个次类,即记忆策略、认知策略和补偿策略。间接策略就是与目的语没有或基本上没有直接联系、起着支持和管理目的语学习作用的策略。该策略也分为三个次类,即元认知策略、情感策略和社会策略。[①] O'Malley & Chamot 则根据认知学习理论将学习者策略分为三种类型,即认知策略、元认知策略和社会/情感策略。[②]

---

① Oxford, Rebecca, *Language Learning Strategies: What Every Teacher Should Know*. New York: Newbury House Publishers. 1990.

② O'Malley, J. Michael & Chamot, Anna Uhl., *Learning Strategies in Second Language Acquisition*. New York: Cambridge University Press. 1990.

在已有的汉字学习策略的测量统计中，社会/情感策略往往被忽视。一方面由于缺乏具有可操作性的理论研究成果，在对其没有深入理解的基础上很难进行测量考察。另一方面，社会/情感策略对学习效果的影响似乎不及其他策略突出。O'Malley 等在对认知策略、元认知策略和社会/情感策略在二语习得中的有效性进行研究时发现社会/情感策略对学习的影响似乎不及其他策略。[①] O'Malley 等认为很可能是因为人们没有对与之相关的行为进行更深入的研究，也有可能是因为学习者一般不能认识到自己的情感和社会关系也是学习过程中的一个重要组成部分。因此，目前已有的汉字学习策略量表并不完整，特别是社会/情感策略量表急需补充进来。这就需要我们寻求新的途径、新的研究方法来挖掘社会/情感策略在汉字学习策略中的功能和作用。

三 注重华裔学习者个体差异因素

Ellis 在论述学习者个体差异时提出了个体差异研究的框架（见图 1－2）。[②]

从图中我们发现，学习者策略与个体差异存在复杂的关系。一方面它与学习者对语言学习的看法、学习者的情感状态、一般个体差异因素有着密切联系，另一方面直接与语言学习成果关

---

① O'Malley, J., Chamot, Anna Uhl, & Walder, C., Some applications of cognitive theory to second language acquisition. *Studies in Second Language Acquisition*. 9:287－306, 1987; O'Malley, J. Michael & Chamot, Anna Uhl., *Learning Strategies in Second Language Acquisition*. New York: Cambridge University Press. 1990.

② Ellis, R., *The Study of Second Language Acquistion*. Oxford: Oxford University Press, 1994.

联。在整个过程中学习动机一直起着调节作用。因而，对华裔学习者汉字策略研究不能孤立进行，必须将它放到个体差异研究的框架中深入探讨与个体差异因素之间的内在关联。

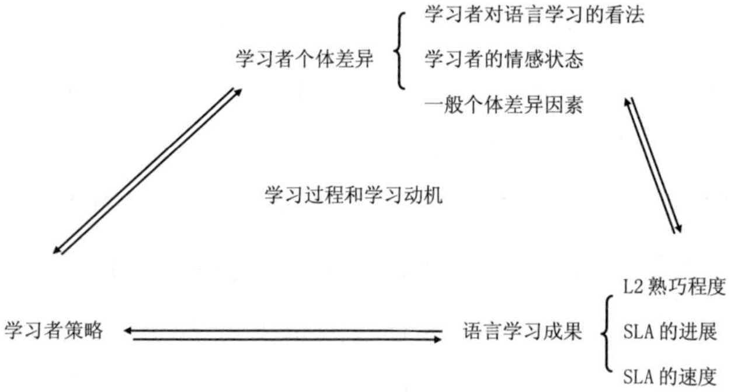

图 1－2 Rod Ellis(1994)个体差异研究框架

已有的研究成果仅限于对初级阶段的汉语学习者学习策略的研究，研究对象较为狭小。中高级阶段的华裔学习者在汉字学习策略的选取和运用上与初级阶段的华裔学习者必然存在较大的差异。这种针对中高级华裔学习者的学习策略研究目前还没有具体成果。石定果、万业馨(1998)在以至少具有三年以上汉语学习经历的留学生为对象的小型调查研究中指出，学习者对于字音的高度重视超出研究者的想象。① 在以往的教学中，教师往往更多关注于汉字的形义关系，认为这是汉字的特殊性所在，对于"因声求义"不够重视，这一研究结果提示我们应当关注处于初级阶段的华裔学习者与中高级阶段的华裔学习者在汉字学习策略的选取和运用上的不同特点。

① 石定果、万业馨《关于对外汉字教学的调查报告》，《语言教学与研究》1998 年第 1 期。

四 对汉字学习策略有效性进行评估

对于学习策略的有效性，已有学者提出了质疑。文秋芳、王立非质疑善学习者和不善学习者在学习策略上存在的差异，学习策略对成绩的预测力以及策略培训有效性，认为这三种观点源于同一个错误假设，即学习策略与成绩存在线性关系，使用策略的频率越高，种类越多，学习者的第二语言成绩可能越好，但实际上学习策略与成绩之间的关系比较复杂。①

因此，在针对华裔学生的汉字学习策略研究中除了进一步改进调查研究的方法，完善汉字学习策略量表的设置，还应该将个案研究与微变化研究有效结合，才能较为准确地评估出学习策略对汉字学习的有效性。

第六节 华裔学生华语学习特点

一 华裔学生华语学习的总体特征②

非华裔学生与华裔学生的汉语教学同属对外汉语教学，但细加分析，由于家庭背景、文化传统的不同，二者之间确实存在差异。为了使教学上更好地有的放矢，分析华裔学生的学习特点显然很有必要。

---

① 文秋芳、王立非《对外语学习策略有效性研究的质疑》，《外语界》2004 年第 2 期。

② 本部分选自何子铨《华裔学生学习汉语特点浅析》，《海外华文教育文集》，暨南大学出版社，1995 年。

(一)接受能力的问题

学语言有接受能力高低问题,不管你承认与否,据外语院校的经验,这是事实。同是中国人,上海人学习英、法语接受得快些好些,而广东、广西人学习越南语、老挝语、泰语似乎又灵一些。这里有语音因素(上海人对清浊音分得很清楚)、地缘因素和文化背景等问题。这种语言能力的差异也反映在华裔学生身上。

华裔学生对汉语的感受力更强一些,即在接受汉语的语音、语法、词汇方面的知识能直接些、容易些。同是零起点的学生,非华裔学生学完三个月后仍把“谢谢”说成 xiēxiě,语调没点儿中文味儿。华裔学生一般没这个问题。东南亚特别是泰国学生语音语调也有点儿怪,但不像某些欧洲学生怪得让人难以忍受,有点儿像广东人说国语。这跟泰国多为粤语华侨有关。

对一些汉语虚词的运用,华裔学生也较易适应。学一种外语能否地道,往往看其对该种外语的虚词的运用是否自如。而掌握虚词的用法是比较难的,它没有实在的意思却常起一种平衡句子的缓急、调整语气的作用。用得好,文采丰富,听来读来中听舒服,容易理解。反之佶屈聱牙,不知所谓。比如,“就”和“才”这两个虚词,有位华文教师做过实验,对非华裔学生要做三个语境练习才能使之掌握,但华裔学生有时只用一个语境练习就会使用,而且没有错。又如教“以……为……”句式,班上三名学生分别是这样造句的:一位泰国华裔学生的句子是:“这本杂志以科学知识为主要内容。”一位日本学生的句子是:“这本杂志以有丰富的内容为很有意思。”一位欧洲学生的句子是:“这本杂志以小事到大事都讲到的生活规律为学生学习很好。”三个学生孰对孰错,一目了然。当然这是偶然的个别现象,但也说明一定的问题。

再拿汉字来说，世界上最古老的民族如埃及、亚述（公元前8世纪到6世纪位处伊朗高原至地中海沿岸的一个奴隶制国家）、中国的最初文字都是以图画代表事物的象形文字。经过六千年的发展，唯有中国的文字至今还保留着书画同源的特点。汉字中指事、会意、形声、转注、假借都是在象形文字的基础上发展起来的，一般外国学生面对“书画同源”的方块字都会感到陌生而畏惧，但华裔学生则较少或没有学习汉字的畏难情绪。原因还是从小在家中有所接触。

应当承认，华裔学生学起汉语来比洋学生更灵光一些、快捷一些。这是不是说前者比后者更具天赋呢？不能这样说，其中原因还是因为自幼在家受父母的汉语或汉语方言熏陶。菲律宾一所华人幼儿园做过一个统计，他们向每位家长印发一本“园家联络簿”。在发出的1360本中，家长用英语填答者612本，占45%；用中文填答者650本，占47.8%；3本用菲文填答，尚余95本没有答。可见家长中掌握中文者占多数。又据暨南大学对外汉语教学系1991—1992年度上学期的统计，来自泰国、印尼、新加坡、哥斯达黎加、巴西五国华人、华侨子女的入学人数为25人，他们的父母能读写中文、家中讲方言者18人，占75%；父母不能读写中文但讲方言者3人，占12%；父母不会中文又不讲方言者4人，占16%。

即使父母不会中文，家中只讲所在国语言的第三、四、五代华裔学生，由于亲朋中会中文者大有人在，多少受点儿熏陶，接受中国文化影响。一旦他们来华或在当地学起中文来就会比没受过汉语及汉文化洗礼的洋学生要省劲些，薄弱环节少一些。

所以吕必松有句名言："汉语教学改革的全部工程要从幼儿园开始。"

（二）性格不同，学习方法不同，效果也不一样

一般地说，有四种性格特征与学习语言有关，即自信、自制力、冒险精神及勤奋。

所谓自信，是否可理解为应付新奇、复杂和无法理解的内容的能力，即对含糊词义的容忍程度？目的语的许多特征跟母语对比，使初学者感到任意做作，不自然，甚至是含糊不清或荒唐可笑。例如中文说"捅马蜂窝"，在外国人看来，怎么能跟"到一个盘根错节的单位去革新"联系得起来呢？那些含糊容忍度低的学生，他们一遇到让他们感到困难、疑虑或含糊的任务时，很快就会放弃努力。对于比较听话，循规蹈矩的华裔学生来说，这种自信的性格要求显然不是优势。

自制力问题，在信息心理学中有词曰"场独立性"。具有场独立性的学生善于区分有关的与无关紧要的信息，能把注意力集中在与学习任务有关的信息上，因而不太容易发挥他们的场独立性。可以说，一般而言，他们的自制力应是上乘的。

美国有位教学法专家说过："一定的自发性和冲动对学好外语有好处。"所谓的冒险精神就指的这种对语言的自发性和冲动感。有冒险精神的学生善于假设，敢于猜测，乐于冒险，勤于思考。他们寻找一切机会使用语言，不断地从语言材料中寻找表达的模式，不怕出错，甚至爱提些有挑战性的问题刁难老师。这方面欧美学生比较活跃。相比之下，华裔学生思想保守些，乖巧有余，淘气不足。应当说，富有冒险精神的学生更易学好外语。所以有的老师在总结经验时说道，课堂上应努力诱导华裔学生开口说话提问题，他们如能争论得吵起来更叫人高兴。

勤奋对学习外语也很重要。勤奋的学生不断地进行分析、分类和综合。他们的勤奋不仅表现在时间上，更主要体现在效率上。遇到问题不放过思考，对于庞大而杂乱的语法规则、特殊句型、生字生词等，他们勤奋地整理，使之变成提纲挈领的易于记忆的东西。方法虽然死板一些，但效果仍然可观。

由于性格的不同，华裔学生与欧美非华裔学生的学习方法也各异。前者勤学苦练，按时交作业；后者偏重理解，不常用功，重活用。所以从学习效果看，前者语法概念清楚，但活用理解则不如后者。很明显，两者各有优势，汉语老师应了解这些特点，有的放矢地改进教学，使华裔学生发扬性格优势，抑制劣势。

（三）对汉文化吸收的问题

华裔学生对中国文化较易吸收。在对外汉语教学中，我们会经常遇到由于学生不了解目的语所包含的文化背景而产生理解方面的“盲区”。但这种“盲区”对华裔学生范围较小。拿宗教来说，他们的父母可能已是无神论者或基督徒，但他们的祖父母说不定是个虔诚的佛教徒。作为传家宝，家里至今仍保存着个把古老的佛神龛或铜香炉之类也未可料。说到茶文化，说不定至今他们家里仍以香茶一盅而不是咖啡一杯来款待客人。至于中医中药，他们的祖父母还会托他买些中成药带回去充实家庭药箱。凡此等等，如果课文中涉及佛教、中国茶、中医中药等中国文化背景的东西，华裔学生都会因曾有家庭的熏陶而使理解上的困难大大减少。至于中国人一些传统的理论观点，待人接物的态度，则在他们的家教中早已潜移默化地烙印在他们身上。这样，当课文中涉及中国的人间百态、人际关系时，他们不容易因文化背景的差异而给语言使用上带来阻滞或误解。

同在法国巴黎念完大学课程的两名学生M和V,她们的家庭语言为法语,都没在学校上过中文课,这是她们的共同点。而不同点则是:M出生于华人家庭,父亲祖籍广东,母亲祖籍福建,父母亲交谈时有时说一点儿潮汕方言;而V则是地道的法国人,没有任何汉文化背景。结果在入学的分班测试中,根据语言水平,M被安排在B班,而V只能进零起点的A班。直到半年后,V的语调远远没过关。一张口便是法语学生特有的怪腔怪调,对课文中的人物、情节总是弄不清来龙去脉。而M的汉语学习入门快,进步神速,说的话、写的文章虽都是法国的内容,可句子都很中国化。至于语音语调,虽然四声还掌握得不太好,但中国人听懂是不成问题的。这里边有学习第二语言的能力问题,但主要恐怕是文化背景的问题。M学习中文进步快恐怕不是偶然的。

华裔学生的这种情况跟家庭传统文化的熏陶有关。儒家学说,讲忠厚,重礼仪,讲究"莫见乎隐,莫显乎微,故君子慎其独也"。为此要"吾日三省吾身"。《礼记・中庸》里还说:"好学近乎知,力行近乎仁,知耻近乎勇。"这些修养之道对学习一门目的语来说,既有对的一面,也有不太对或不对的一面。长期的濡染,养成华裔学生的内向性格。要提高华裔学生汉语的能力,必须了解中国社会与文化特点,了解由这些因素形成的人们的心理特征。

(四)学习的目的性问题

华裔学生一般学习目的明确,就是子承父志,使家庭中华文化不断"根"。暨南大学的华裔学生80%宣称,他们来校学习汉语就是要继承父业，日后帮助父亲做生意。事实上，进修完或毕业回国的学生，80%都回到父亲或亲戚的企业里工作，跟中国商家打交道。当然，也有个别是在定居国表现不好，父母管教不了而送回大陆接受“改造”来的，但此类情况为数不多。

华裔学生日后使用中文的目的性十分明确，不像欧美非华裔学生那样为学分或文凭而来。又如，有个日本学生是香港影星成龙的崇拜者，为了看懂成龙的影片而特意千里迢迢来广州学粤语。这种学习目的，华裔学生几乎没有。所以施教者要注意到他们这种特点，多在语言交际性方面提高其技能，并在教材外多增加经济、商务、企业管理方面的学习内容。

根据这些特点，我们在华侨、华人的汉语教学方面可以注意下述几方面。

第一，应编写针对不同国家的华文教材。现教材多用英法文翻译，而大部分周边国家并非双语制，如泰国、越南、老挝及印尼等国的华裔学生的英文水平不高，连生词表上的英译也看不大懂。年青的越南一代也不会法语。编写教材的原则以“就地取材”为宜。有人做过实验，在泰国教授汉语，用北京出版的教材（英文翻译）和用当地出版的用泰文编写的汉语教材，学生进步的快慢足有20%的差距，也就是用后者教授汉语比前者时间上可节省五分之一（引自泰国曼谷正大集团汉语培训班主任金先生的情况报告）。泰国人用泰语编写的教材可能在某些方面不及北京的教材，但泰国师生仍然喜欢用，因为其乡土内容的题材及汉泰对比的语法注释是中国出版的通用教材所不具备的。

第二，尽可能配备一些懂方言的华文老师来给华裔学生授课。东南亚周边国家不少华人、华侨家庭能操闽粤方言。粤方言中又分广州、潮汕及客家方言。华裔学生不会普通话，却受家庭熏陶而会听说闽粤方言者不在少数。汉语教师一方面要教好普通话，让学生掌握好汉语，另一方面还有个任务便是向他们传播中华文化。文以传道，润物无声。汉语教师的任务不应是单一的、狭隘的，而还应发挥其潜移默化，深层渗透，陶冶性情和提高道德的作用。给学生带来心灵的养分及精神的寄托，更好地实现文化上的影响。那么如果汉语教师还会说学生的方言，则势必收事半功倍之效。为此，近年由国家侨办派出的汉语教师在其遴选条件中，除要会外语外还要求会某种方言，这自然也是对方华侨组织提出的要求。看来这种要求是合理的，应予满足。

第三，应关切海外华文教师的教学工作。许多海外华文教师是在艰难的条件下工作的。他们舍己为众，长年累月地为培养华裔后代，弘扬中华文化而默默奉献自己，功劳很大，精神可嘉。目前我国国力还不雄厚，要拿出许多的外汇去开拓海外华文教育工作还有困难。但有些工作则是可以做到的，例如：利用假期请海外华文教师回国短期培训，开支由我国政府负担；为海外华文教师当好后勤兵，这主要是为他们提供教材、教具及音像材料等。

随着国家与国家的开放，交通的发达，信息交流的迅捷，人类的物质产品已为全世界所共有。同样在精神产品方面也已经或正在不再为某个国家或民族所独有。而与此同时，我们面临着一个竞争的世界。

社会进入 20 世纪 80 年代，现代社会的国际化程度越来越高，导致了世界范围的竞争更趋激烈。而经济的竞争、科技的竞争、军事的竞争最终取决于人才竞争，也就是教育的竞争。为此，我们一方面要使华文教育有助于学生回国后参加就业竞争，另一方面我们的高校要吸收更多的海外生源，势必参与到海外各地区大学的竞争中去。而一旦我们的毕业生在原居住国的就业竞争中处于有利地位，又会反过来促进和扩大我们的生源。因此我们要正确了解我们对外汉语教学工作中华裔学生的学习特点，从而有的放矢地做好教学工作，使我们的教育竞争处于有利的地位。

二　美国华裔学生华语习得特点[①]

美国大学的中文教学在走向多元化。促成这种态势的因素之一是近年来越来越多有中文背景的华裔学生走进大学中文课堂，从而改变了以往以非华裔学生为主要对象的传统意义上的中文教学。这种现象的出现，直接源于 20 世纪 80 年代以后中国大陆与台湾、香港地区大量人口移居美国。尽管移民的动因不尽相同，但到本世纪初，这一代移民的后代相继进入大学并产生学习中文的愿望这一趋势却是不约而同的。有过相关教学经历的教师恐怕都有体会，有中文背景的华裔学生与无中文背景的其他国家学生习得中文的特点和过程是不尽相同的，两种背景的学生在课堂中交混并存给本已疑难众多的传统中文教学带来了新的问题，因此有必要探讨并提出各有针对性的教学理论和教学方法，实施各有侧重的课堂教学以适应这一新的变化。

（一）学生有无中文背景在中文课堂上引出的困惑

笔者曾先后在美国明尼苏达大学、威斯康星大学与加州大

① 本部分选自吴星云《美国大学华裔与非华裔学生中文习得差异及教学法探索》，《华文教学与研究》2010 年第 3 期。

学从事过几年中文教学工作，有幸从这几所大学的角度目睹美国大学中文教学的发展和成长。其中一个重要表现是选修中文课程的学生人数在不断增加，除了无中文背景的非华裔学生以外，带有中文家庭背景的华裔学生也开始对选修中文表现出兴趣。尽管华裔学生在各大学中文课堂上的比例并不均衡，但总的趋势是在增加。这些华裔学生大致可分为三类：第一类，祖籍广东或香港、澳门，自小生活于粤语环境，有一些汉字读写基础，但听说普通话比较困难；第二类，祖籍大陆其他省份或台湾省，普通话听说能力强而汉字书写认读能力差；第三类，与母语为英语或其他语言的学生相似，自小家庭内外均脱离中文环境，听说读写需要全面跟进。以上三类华裔学生除第三类可以视为与非中文背景学生相似以外，其他两类均与传统意义上的中文教学对象存在很大差异。然而，限于大学中文教学条件以及开设班级在人数上的有关规定，大部分学校在分班时对华裔与非华裔不做区别处理，①仅根据水平大致分班一起上课，且年级越高越是如此。对主要以非华裔学生为教学对象的传统意义上的美国中文教学而言，华裔学生的介入带来了一些新的问题，并在教学上引起了一些困惑。

其一，难以找到对两种背景学生同时都适合的教材。美国以往的中文教材大多是为无中文背景学生编写的，从内容的选择、功能的设置到语法的讲练、练习的侧重等，都是围绕非华裔

---

① 据笔者所知，针对两种背景学生的情况，加州大学各校区已在一年级教学中分出 Normal Track（正常）、BL Track（有普通话背景）与 CN Track（粤语背景）三个不同对象的班级，在教学侧重、教法与教材上都有区别，并已有计划将此区分依次推向较高年级。明尼苏达大学过去在一年级中特别开设 Accelerate Chinese（快班），主要吸收的就是华裔学生，但二年级以上不再区分。

学生进行的。由于或多或少有一些中文背景，华裔学生同班学习同样教材往往表现出比非华裔学生领悟力快、吸收力强的特点，对非华裔难易适中的教材对华裔来说往往偏易，无法做到使其水平在有限时间内更大的提高。

其二，课堂教学中难以同时兼顾两种学生的需要。尽管基本是按照水平进行分班，但天然的中文背景还是使华裔学生在基础上有别于没有一点儿中文背景的学生，这使得他们在课堂上吸收新词新语法的速度较快，练习的正确率高，而没有中文背景的学生相较之下接受新内容非常不易，错误较多，与华裔同堂上课常常要么不满，要么有挫败感，不利于激发双方兴趣，在各有所获的基础上继续学习。

其三，教学策略和教学方法难以统一。众所周知，对没有中文背景的学生而言，语言的操练尤为关键，无论是声调还是句型语法，都需要反复练习、反复纠正形成习惯和语感。但对于华裔来说，声调和句型并非难点，反复的操练对他们没有必要，课堂上无论是跟随还是等待其他学生操练，都会使他们觉得耽误时间，引起厌倦情绪。

非华裔学生与华裔学生在实际中文教学中之所以出现上述困惑和问题，主要源于他们在两类中文习得过程中存在各自的特点和差异。第二语言标记理论可以帮助我们从另一个角度观察到这些特点和差异。

（二）标记性与两种背景学生习得中文的特点和差异

标记（markedness）是结构主义语言学的重要概念，20世纪30年代由布拉格语言学派提出。经过半个多世纪的发展，标记理论已经从最初语音研究中的音位分析扩展到现代语言学研究的各个领域。[1] 不仅如此，由于标记理论可以从语言本身的特征和规律出发来描写和解释第二语言习得(SLA)的有关问题，因而也延伸到二语习得的有关研究中，受到二语习得研究的重视，被视为"从语言学路径研究 SLA 的重要工具"[2]。同时，由于标记理论在二语习得研究中不断取得进展，其在二语教学中的作用和价值也开始引起重视，有学者已提出树立标记意识和关注学生认知结构、心理感受的重要性，将标记性、二语习得与教学策略结合起来，[3]这也从一个侧面说明了相关研究的深入。

将美国华裔学生与非华裔学生习得中文的过程纳入标记理论的视野，有两点是值得考虑的。我们都知道，根据标记理论，在二语习得过程中，语言特征的有无标记性会深深影响到该语言学习者的习得效率，习得难度与标记性强弱有关。在美国，华裔学生与非华裔学生都使用英语，对英语的认同基本一致，即都把英语视为第二语言，因而，学习中文这门第二语言(外语)时，中文本身所具有的标记性特征是会给学习带来困难的，即对两类学生都有习得难度。然而，语言标记性的强弱即标记性程度是另一个值得关注的问题。有关标记理论的研究也认为，标记性不是绝对的，它是一个相对的、动态的概念，会受各方面因素的影响，其中标记性程度主要是通过学习者的感知来衡量的，而学习者的心理差异会影响其对标记性程度的感知。[4] 相关研究也指出，在二语学习中，有标记与无标记是一个相对的心理概

① 王立非《布拉格学派与标记理论》，《外语研究》1991 年第 1 期。

② 王鲁男《标记性与二语习得》，《四川外语学院学报》2007 年第 6 期。

③ 陈平文《重视标记理论，提高外语教学水平》，《教学与管理》2007 年第 21 期。

④ Kelleman, E., Now you see it, now you don't. In Gass and Selinker(eds), *Language Transfer in Language Learning*. Edinburgh University Press, 1983.

念，会因所学语言的不同而发生变化，更是由学习者的主观感受来决定的。[①] 基于此，在学习中文的过程中，华裔学生与非华裔学生的表现又是不同的，原因在于他们的背景存在差异，双方对中文标记性特征的有无和强弱有感知上的偏差，从而在事实上形成了各自有别的学习特点，表现出了比较明显的群体差异。

第一，对于中文声调的标记性，两类学生的感知明显不同。非华裔学生声调问题比较普遍，发生偏误的概率明显高于华裔学生，且往往持续到学习的较高阶段。这种现象的出现，直接来源于绝大部分非华裔学生的母语——英语有语调而无声调，而中文四声相较世界绝大部分语言而言是有明显标记性的，且标记程度很高，历来是其习得难点之一。华裔学生则不然，即使自小不说中文，但由于无论家庭还是生活的社区往往有一定的中文环境，因而声调在他们的感知中呈现弱标记性甚至无标记性。即便是在家操粤语的华裔学生，受粤语九声调的影响而产生迁移和偏误，也多集中在普通话有而粤语声调中缺乏且标记性较强的第四声上，[②]而不是四声皆不准。此外，近年来由于全球汉语热以及家庭重视，在家中也说中文的华裔学生比例明显上升，这无疑对他们快速习得中文发音有着积极影响。

第二，有关中文句法的标记性特征，两类学生也存在感觉上的不同。在中文基本句法的学习和掌握上，华裔学生明显快于

---

① 王初明《应用心理语言学——外语学习心理研究》，湖南教育出版社，1990 年。

② 笔者曾在任教的威斯康星大学和加州大学做过相关声调调查，发现即使是声调迁移，操粤语的华裔学生与非华裔学生也是不同的。对前者而言，普通话其他声调在粤语声调中都能找到相似的对应点，唯有第四声找不到，标记程度最高而形成难点。而对后者而言，即使其他声调比较过关，但有曲折变调特点的三声和半三声标记程度为最高，是他们最难的“瓶颈”。

并优于非华裔。中英文在语法体系上既存在共性又有明显的差异。共性的部分成为乔姆斯基所说的普遍语法(UG)中的核心语法规则而变成双方习得过程中的无标记部分,学习起来相对较易。但中文同时也有自身比较独特的句法现象,例如词序、语序,明目较多的各类补语以及"把"字结构等,它们既是句法基础,相对英文而言又是标记性极强的部分。对于毫无背景的非华裔学生无疑是难点,掌握不易,运用于交际更难,也容易忘却。相比之下,华裔学生的表现要好得多。由于生活背景多少使他们对中文句式有一些感性认识,对非华裔来说有标记的句法项目在他们眼中标记的程度远没有那么高,课堂上只要稍加讲解即可领悟,且运用于交际比较自然,一般能做到完整而正确使用。

第三,与同水平的非华裔学生相比,华裔学生在听说读写综合能力上一般优于非华裔,听说方面有明显优势。这一结果在相当程度上归功于华裔学生的家庭教育。与传统以劳务输出为主流的移民结构相比,20 世纪 80 年代以后形成的新移民大潮中,投资商务和技术移民的比重显著增加。基于感性或理性的思考,新移民在子女教育上一方面注重美国主流文化意识的培养和熏陶,一方面也重视自身文化及语言的传承,尤为在意营造家庭中文交际氛围,同时尽力寻找提高并保持其子女中文读写能力的机会,例如不断地送子女进入各类中文学校等,因此,这一代移民的子女在大学中文课上,往往综合技能和水平高于那些没有中文背景的学生。这种情况虽然与语言本身的标记性无关,但从二语习得角度看,华裔学生的这种背景却使他们在将中文作为第二语言学习时,表现出对其中那些难点或有标记部分的较强的理解能力和接受能力。非华裔学生由于没有这种家庭全浸式或部分浸入式环境，中文本身的标记性特征对他们是全新而陌生的，因而迁移和失误较多，影响了其口头交际表达及听说读写综合水平的同步提高。

第四，对中文标记性程度的不同感知也表明两类学生的中文习得目标不可等同划一。具体来说，华裔学生面临的主要挑战是如何增加词汇量及文化知识以达到表达的丰富、有条理和庄雅，非华裔学生则更面临着如何做到准确无误地进行中文表达的问题，双方在习得中文时所要达到的主要目标是不同的。由于背景的关系，华裔学生对中文里那些最基本的标记性特征的心理感知不似非华裔那样强烈，因而学习困难度不高，产生负迁移和偏误的概率远远低于非华裔，表达正确和准确不是其难点。但是由于缺乏积累，华裔学生的词汇量及对中国文化知识的了解却远远不足以提高其表达和交际的能力，特别是语义的层次性、逻辑性、连贯性、庄雅度方面常常是令人遗憾的。① 非华裔学生当然也有词汇的积累和对文化的了解问题，但相较于习得中文的准确性和正确性而言，上述问题都是随着学习时间的推移可以逐步解决的问题，而由中文标记性特征所导致的习得中的负迁移和偏误却是从一开始就存在的。相关研究曾指出，二语学习者在学习初级阶段会迁移母语中有标记和无标记成分。② 这样的迁移在教学中必须加以纠正和强调，因为一旦"石化"将难以更改。对非华裔学生而言，语言的正确和准确无

---

① 李善邦《华裔学生的汉语口语教学及其相关因素》，《华侨大学学报》（人文社会科学版）2002 年第 4 期。

② Kelleman-Cohen, D., Systematicity and variation in the non-native child's acquisition of conversational skills, *Language Learning*. 29, 1979.

疑处于第一位。

（三）针对两种背景学生的中文教学特点及教学法探索

上述运用标记理论分析并得出的关于华裔与非华裔学生中文习得特点和差异，已指明美国大学实际存在至少两种不同的中文教学，分别面向华裔和非华裔。两者既遵循二语教学普遍的、共同的规则，同时也各具自身特点，这就意味着在中文课堂上对他们区别对待，并采取不同教学法非常必要。

非华裔中文教学属于美国传统意义上的中文教学，具有比较长的历史传承，并积累了比较丰富的经验。尽管各大学的中文教学具体情况不一，但长期的实践还是形成了一些比较一致的教学特点：一是非常注重发音及声调的训练，并贯穿初级、中级至高级阶段教学的始终。周质平在 2007 年全美中文教师学会年会上力陈发音训练的重要性，曾言教师不纠音则会使学生"一失音成千古恨"，笔者对此印象非常深刻，从而也认识到声调和发音教学与训练在美国各高校的受重视程度。一些比较知名的大学如普林斯顿大学、哈佛大学、哥伦比亚大学、威斯康星大学等，其中文项目均以纠音严格、训练有章法著称。二是注重基本句式句型的反复操练，讲求句子的精准，尤为注意培养学生说完整句子和写完整句子的习惯和能力。为此许多中文项目设计课型时采取 Lecture + Drill 形式，前者集中学生讲练，后者分成若干小班，着力进行大量反复听说训练，力图通过这种方式实现减少学生偏误概率，增强语感和语言能力的目标。三是在教学法的选择上偏重比较注重基础的听说法或直接法，力图通过大量的听说训练达到学生正确发音、正确造句的目的。尽管在长期的教学实践过程中，美国传统中文教学依据不同的语言学和心理学理论，先后研究并尝试过或正在尝试诸如翻译法、直接法、听说法、视听法、功能法、认知法、能力法、任务法等数种教学法，各方法之间也是互有交叠而不完全排斥。但鉴于无中文背景非华裔学生的学习特点，越来越多的中文教学机构尤其是名校更倾向于选择建立在结构主义和行为主义理论基础之上的听说法或直接法，即听说领先，读写跟上，着重句型操练，通过反复练习实践，帮助学生建立一定的语言习惯，首先过听说关。冯胜利曾撰文强调，"中文教学也许道理千条万绪，但归根结底就是一句话：训练第一"①。这种训练至上的原则贯穿于美国大多数高校非华裔中文教学的始终，即使到了中高级阶段（通常为三、四年级），在学生已经具备表达日常生活各种情况的基本能力，可以就一定话题展开比较深层次的介绍和讨论的情况下，老师在采用其他综合性、灵活性更强的教学法之前，进行更高级词汇和语法结构在语义、语用等方面的训练仍然是必不可少的前期工作。也就是说，即使在高年级，训练也是必需的。

然而根据华裔学生学习中文的特点，上述各项显然是不适用的。加州是美国华人聚居地，加州大学华裔学生的比例很高，其中文教学也是以华裔为主要对象的，且年级越高越是如此。②鉴于这种情况，加州大学各校区已开始适应新形势而致力于寻找和开拓更为切合需要的中文教学。这是以华裔学生为重心并

① 冯胜利《海外汉语教学与研究的新课题》，《云南师范大学学报》（对外汉语教学与研究版）2008 年第 1 期。

② 笔者 2007—2008 年在加州大学戴维斯分校任教期间观察到，在中文各年级中华裔学生都占绝对比例。其中二年级华裔至少已经占到 50%以上，三年级则增加到 80%左右，更高的年级要找出几个非华裔学生已经很难。据了解，这样的比例和学生结构在加州大学各校区都是比较普遍的。

兼顾非华裔学生的中文教学模式，尽管该模式目前还处于摸索和积累阶段，但其特点已经初见端倪。

一是在低年级根据不同背景分别开设班级，并在教材选择、教学侧重等方面有所区别。例如戴维斯校区已经在一年级开设了正常班，主要接收非华裔和完全脱离中文环境无基础的华裔学生；双语班，吸收有普通话听说基础的华裔学生；广东话背景班，接收有一定汉字读写基础但不会普通话发音的广东、香港等地区移民后代。尽管都属于一年级，但三种班级分别使用不同教材。教学中正常班遵循传统中文教学的一般原则，听说领先，兼顾读写；双语班加强认读和书写训练；粤语班主要任务是纠音，以学生快速养成普通话发音习惯为目标。

二是致力于选择和使用更为适合华裔学生需要的中文教材。加州大学中文项目以往的各年级教材以非华裔学生为对象，例如一、二年级均使用 Cheng & Tsui Company 出版的《中文听说读写》，但在教学中教师感到这套教材对这一阶段的华裔学生偏易，原因是教材中的语法、词汇和功能项目大多属于日常生活范围，大部分华裔学生从小已经接触过，稍加讲解即可领会并正确运用，完全不需要像非华裔学生那样花大量时间练习。鉴于此，近两年加州大学各中文项目开始进行使用新教材的尝试。以戴维斯校区为例，到笔者离开前，一年级华裔班已经采用刘乐宁参与主编的《大学语文》，二年级正在选择新教材，三年级在选定教材之前则是几本教材穿插使用而不固定教材。然而，一个不容回避的问题是，由于面向华裔的中文教学以往未受到足够重视，目前美国大学总体上尚缺乏针对华裔学生特点的适用教材。也正因为如此，加州大学各校区虽意识到了教材问题，但短期内还难以在这方面有根本性改观。针对华裔学生的教材至少应关注以下几点：第一，应在巩固听说能力，同时加强读写训练上下功夫。由于家庭的关系，大部分选修低年级中文课程的华裔学生几乎都表现出一个共同特点，即具备一定听说能力，尤其熟悉贴近日常生活的内容，无论是听力理解还是口头表达都比较得心应手。而相较之下，读写水平却很不同步，汉字认得少，阅读吃力，书写更困难。因此针对华裔的低年级教材应在巩固其听说水平基础上，着力强化其读写技能，在帮助其快速识记汉字上下功夫。第二，应加强词汇积累，在表达准确、得体和庄雅度上逐级提出更高要求。华裔学生即使进入较高阶段的学习（如三、四年级），其言语能力足以应付日常生活，但由于生活范围有限，接触中文机会不多，因而中文词汇贫乏，表达往往偏于简单，至于中文表达特有的庄重和典雅，更是遥不可及。因此，编写中高年级华裔学生的教材时，在内容和词汇的选择、练习的设计等方面，都应该提出比同级非华裔学生更高的要求。第三，应关注华裔学生背景，在教材中为其提供广阔的文化交流与跨文化交际的语境。华裔学生是一个特殊群体，他们身处家庭小环境与社会大环境的双重氛围中，不可避免地兼具中西文化交汇碰撞的特质。这一群体进入中文教学领域，有其独特的文化特点，亦西亦中，如果教材能针对这一文化特点设计教学内容，提升教材的趣味性和跨文化交际性，面向华裔学生的中文教学将会更有特色，针对性也会更强。

三是在巩固以往针对无中文背景学生的教学成果的基础上，注意探讨和实践适合华裔学生教学目标的教学方法。由于华裔学生大部分语音基础较好，且已经具备基本的听说交际能力，因而加州大学的华裔中文教学一般在低年级阶段更偏重于汉字训练、词汇扩增、语法巩固和读写能力的培养，在口头交际上则注意引导学生就日常生活方面的话题进行成段表达。在中高年级，教学的目标转为培养学生以中文为交流工具，对国际社会、政治、经济、文化、宗教、人生等问题进行思想和观点的表达，并在词汇多样化、语篇完整与丰富、表达得体与文雅等方面提出要求。与非华裔学生的中文教学不同的是，无论在低、中、高哪一阶段，华裔学生的中文课堂一般都不需要词语、语法和功能的大量训练（操练），课堂上通常可以采用功能法和任务法，通过教师必要而简短的讲练，布置相关项目和任务，指导学生或独立或集体讨论、或口头或书面完成教学目标。

上述以加州大学为代表的华裔中文教学模式尚处于探索和形成特点的初级阶段，相较于以非华裔为对象的北美中文教学而言，面向华裔学生的中文教学虽然历史不短，但历来没有引起广泛和足够的重视，因而在理论和实际教学环节上都存在进一步探索的空间。

三 美国华裔学生华语课堂中的优势和问题①

华裔学生在美国大学汉语教学课堂中占有相当比例。笔者于 2008—2009 年通过电话咨询方式对美国东部地区的耶鲁大学和普林斯顿大学的汉语课生源中的华裔学生比例进行了调查，并亲自前往东部的达慕思大学、威廉玛丽大学、特拉华大学

① 本部分选自朱志平《美国华裔学生在汉语课堂中的优势和问题》，《北京师范大学学报》(社会科学版)2009 年第 6 期。

进行实地考察，此外，还调查了美国西部加州大学的情况。[①] 据上述调查粗略统计，汉语课堂中的华裔学生在美国东部地区占四分之一到三分之一，在西部地区有的大学中则占到三分之一以上。一般来讲，在华裔学生人数较多的学校，同一水平的华裔学生可以另外编班教学（比如耶鲁大学、达慕思大学），但更多的学校并不一定具备这样的条件，特别是进入中高年级以后。[②] 因此，当华裔学生与非华裔学生同处一个课堂时，这个学习群体目的语习得的特点，以及这些特点的优劣，是不应当忽略的。

我们拟从课堂教学的视角分析华裔学习者汉语学习的优势和问题，优势是教师要充分利用的，问题则是教师要尽量避免或者应当注意帮助学习者解决的。我们从学习者的语言水平状况和课堂参与程度入手，最终通过文化背景特征的分析来反观语言水平和课堂参与的问题。

（一）华裔学生的语言水平状况

不可否认，与其他学生相比，华裔学生在学习汉语方面的确有明显的优势，尽管这个群体内部各人语言水平不尽相同，但在进入汉语课堂后，他们往往很快显示出一定的语言水平上的优势，表现在：(1)听力理解能力强，对教师课堂语言理解较为准确。这一优势使得华裔学生能很快进入课堂语言环境。对于大

---

① 加州大学是美西生源众多、影响较大的大学，下辖九个分校，遍及加州各地。该校每年有上百名学生参加在北京师范大学设置的暑期汉语学分课程，笔者 2008 年主编为该课程编写的汉语教材《走近汉语》《实践汉语》《感悟汉语》（已于 2009 年由北京师范大学出版社出版），对加州大学情况的了解基于教材编写前期调研。

② 在美国多数大学汉语只作为一门外语，学生学习两年汉语即可拿到一个汉语学分，因此，三年级开始人数锐减，只有那些对汉语比较感兴趣、把汉语作为主修科目的学生继续选修汉语课。

多数非华裔学生，他们开始学习汉语的第一星期基本上要用来适应这种全新的语言。而华裔学生却很少需要这种过渡。他们中的不少人在此前已经在家里或者在中文学校接触过汉语，即便一些家庭语言不用汉语的学生，也能凭着文化上的熟悉，很快了解教师的汉语课堂指令。(2)口语表达能力强，容易进入课堂互动。由于不少华裔学生在开始选择汉语课以前已经接触过汉语，在已有听力基础上，他们能较快地打破沉默，进入课堂交际。第二语言习得研究表明，第二语言学习在最初阶段一般需要几周至几个月不等的“沉默期”①。事实上，在非汉语环境下，一旦中断学习，在重新开始的最初阶段不少学习者都需要一段时间恢复对目的语的适应。所以，许多非华裔学生在接触到汉语或者重新接触汉语的最初几天往往保持沉默，除非教师要求，否则他们轻易不发言。而华裔学生这个阶段很短，有的甚至没有。(3)有一定的阅读能力，借助语音理解阅读材料的能力较强。在初中级水平阶段，课文中出现的词语多半跟日常生活相关，这时华裔学生往往能借助语音理解读懂课文，表现出较强的阅读理解能力。而对非华裔学生，任何一个词都是生词，无论它们是否跟日常生活相关。这就使得前者在一、二年级②阶段表现出优势。

由于这些优势的存在，华裔学生往往给教师一个错觉：他们自然会学得很好。因此，教师有时会自觉不自觉地把注意力更多地放在非华裔学生身上，从而忽略了华裔学生的问题。事实

---

① Krashen, D.S. & Terrel, D.T., *The Natural Approach*. New York: Phoenix ELT, 1995, 29-40.

② 美国大学汉语一学年课程学习时间约110—130小时，二、三年级进入中年级到高年级过渡阶段。

上，如果仔细观察，我们会发现华裔学生在汉语学习中问题不少，只是表现不同。笔者分析了华裔学生提交的课文朗读作业[①]和口试录音，发现他们在语言水平方面有如下一些问题。

第一，方言口音，正音困难。中国有七大方言区，区域性方言更多。侨居海外的华人来自中国不同方言区，其中，来自东南沿海闽、粤、吴、客家等方言分布区的居多。由于华裔学生的汉语大多来自家庭语言，方言背景就成为华裔学生准确掌握汉语普通话语音的第一障碍。较突出的问题是：平舌音（z，c，s）—卷舌音（zh，ch，sh），前鼻音（-n）－后鼻音（-ng）这两组音难以分辨。这一语音问题如果在初中年级不加关注，往往跟随学生一直进入高年级，最终形成语音的“化石化”现象。

第二，方言口音导致听力水平提升较慢。发音不准确直接影响目的语听力能力的提高，带有方言口音的华裔学生在进入二年级以后，听力水平进步减缓。在一年级，由于词汇数量有限，同音、音近现象并不普遍，这时方言背景还不至于影响目的语理解。进入二年级以后，问题就逐渐显露出来。比如，像这样一个句子“办完了手续，张天明来到了新生宿舍”[②]就有可能涉及“ban/bang”“wan/wang”“shou/sou”“zhang/zang，zhan”“xin/xing”“sheng/seng，shen”“su/shu”“she/se”等音节的混淆。尽管有些音节所涉及的词语学生尚未接触到，比如“搜（sou）、脏（zang）、粘（zhan）”等，还不至于引起混淆，但是像“帮（办）、王（完）、色（舍）”已经是他们熟知的汉字，当他们对生词掌

① 根据课程要求学生必须定期朗读课文，录音后通过网络提交给教师。

② 这个句子选自《中文听说读写》（*Integrated Chinese*）Level 2 第一课，该书在多数美国大学供二年级上学期使用。

握不够熟练时，听写时就有可能用它们来代替括号中的字，出现“写白字”现象。

第三，过于依赖原有的口语词汇，进入高年级以后读写能力提升较为困难。对于一些在家庭中已经使用汉语的华裔学生来讲，一年级甚至二年级上半学期课程给他们的任务实际上是两个，即目的语的读和写，主要是把口语中的词语、句法和书面形式的材料对应起来。因此，当非华裔学生在同时感受听说读写压力的时候，华裔学生遇到的主要是读写压力。换句话说，这个时期他们比非华裔学生轻松。

这个事实可以从学生的期末评估了解到。在一个华裔学生占 50%的班里，在“学习这门课课外花多少时间”这一栏里，填写每周用时 1—5 小时的学生占 50%，填写 5—10 小时的占 33.3%，10—15 小时的占 16.7%。华裔学生人数和每周课外学习时数同样都是 50%，这显然不是一个巧合。这种“轻松”既是一些华裔学生选择汉语课的主要动机，也潜在地把师生双方带入一个误区——华裔学生学汉语不过是小菜一碟。

真是这样吗？我们到高年级看一看就会明白。已经有不少教师抱怨三年级难教，原因是学生期末对教学的评估总是不高。这里既有汉语课在三年级阶段进入口语和书面语衔接的问题，学生感觉不到明显的口语进步，也有华裔学生在这个阶段学习难度感陡然上升的问题。我们通过对比三年级华裔和非华裔学生的作文来进一步了解这个问题。下面是两份同一话题的作文片段，分别选自两个三年级的学习成绩接近的华裔和非华裔学生作文①：

---

① 这是学生看电影《和你在一起》并讨论以后所写的观后感，讨论核心是“什么是成功”。

例1(非华裔学生):依我看,成功像不能解释的概念似的。每个人(都)有自己的希望和梦想。有的人找钱,有的人找声誉。看法各有不同,谁也说服不了谁。在叫作"和你在一起"的这个电影里,刘成和刘小春没讨论过什么是成功。爸爸希望刘小春长大了是一个名人,就没想到他儿子的希望。有的时候刘小春很高兴,有的时候又就(就又)很沮丧。

例2(华裔学生):给(对)不同的人来说,成功这个词有不同的意思。有的人觉得上一个名牌大学就算成功了,还有的人觉得学一个稳定的职业(专业)在(再)找一个好工作就是成功。另外人也有(也有人)可能感觉发财才是成功了。这些不同的定义都有一个(地方)相似,都会让人高兴,不管怎么说,人想成功因为他们觉得如果他们成功了,他们就会高兴了。可是成功很不容易达到。成功的人(必)须努力,有天才,和(并)有一点运气。最重要的是那个人必须定一个目标。[1]

分析这两段作文,我们发现几点差异:一是前者在努力使用刚刚学过的语法结构或词语,比如"像……似的""谁也说服不了谁""梦想"等,后者则相对较少用;二是前者出现口语词和书面语词交叉使用现象,比如"找声誉""很沮丧",后者这个现象不明显;三是前者语篇衔接不够流畅,句与句之间有空隙,比如1—2句之间可以加入"因为","说服"与上文的"有的人……"缺乏关联等,后者则比较流畅;四是后者有方言及"白字"现象,比如

① 括号中是教师依据上下文做出的增补以及对画线部分的修改。

“给……来说”“再(在)”等。

前两个差异从一个侧面说明，华裔学生进入高年级阶段在吸纳新的语言要素方面显得较为“保守”，这种“保守”的原因是由于他们尚能勉强用原有的口语词汇来表达思想，使得他们满足于停留在原有水平，吸纳新词语不积极；后两个差异突出了华裔学生语言特点，目的语语感强，因为语篇衔接往往需要一定的语感，但是有方言影响痕迹。

第四，学习成绩不易巩固，很容易退回到原来的状态下。华裔学生在语言水平上的第三个问题导致第四个问题。由于依赖原有口语可以维持表达需要，吸收新的语言要素所形成的压力小于非华裔学生。华裔学生对生词的敏感度较低，一些高年级阶段表达抽象概念的词语难于巩固。在上面的作文对比中我们已经可以看到，高年级华裔学生在写作中不倾向于使用不熟悉的新词语，也不倾向于从词典查找可用的生词，更倾向于使用自己已经熟知的词语，从而表现出一种对原有口语技能的依赖，有的学生作文由于过多使用家庭口语甚至有“幼稚化”倾向。

综上所述，华裔学生在汉语课堂中的优势更多地表现在低年级，因此有的华裔学生直接注册二年级汉语课。由于早期优势给师生双方以误导，对华裔学生问题关注不够。有的教师甚至还会得出这样的结论：×××是来混学分的。当教师按照这一思维惯性组织课堂教学时，极有可能忽略对华裔学生的及时引导。结果，随着学习深入，问题便逐渐凸显，年级越高问题越大，一旦问题累积起来，早期的优势便不复存在。这对他们显然是不公平的。

事实上，由于依赖原有口语技能，华裔学生在高年级只会倍感困难，因为这一阶段日常生活的词汇少了，表达抽象概念的词汇多了，大多数词语在家庭语言中很少用到。对学生来说就有一个从口语到书面语的跨越，华裔学生如果在汉语学习初期过于依赖原有口语，到了高年级其困难就会大于非华裔学生。这种情况其实在二年级就开始出现了，一个二年级的华裔学生在没有准备好的情况下对生词的英译汉测验只完成了四分之一，而同班的另一个非华裔学生却完成了全部，这两个学生平时的学习成绩基本相当。所以，进入中高年级，这个汉语学分对于华裔学生绝对不该用"混"来评价了。当非华裔学生在听说读写各个方面均衡发展时，华裔学生却在读写方面落后于人，这不能不引起我们的深思。

（二）华裔学生课堂参与的程度

在非汉语环境下考察学生目的语学习另一个角度是学生在课堂上参与课堂互动的程度。

课堂语言教学是一个师生、生生的互动过程，所以它离不开学习者的参与。课堂参与程度从学习者动机来讲需要两方面的条件，一个是对目的语的熟悉程度和兴趣，一个是对目的语文化的熟悉程度和兴趣。这就涉及学习者的个人因素，也和文化背景相关。当学习者持积极态度时，他们的课堂参与程度就高。其结果是两个：一个是迅速提升学习者自身目的语水平，一个是营造良好的课堂氛围，整体提升每个学生的目的语水平，并使课堂教学顺利进行。华裔学生在上述两方面都具有先天的有利条件，因此，恰当的课堂参与就成为问题的关键。

从积极的方面看，华裔学生的优势表现在：(1)积极回应教师提出的问题。由于具有一定听力水平，不少华裔学生对教师提问的"反应时"[①]短于非华裔学生。从主观上表现在回应者对课堂教学的积极参与,在客观上,又给非华裔学生留出一段思考时间并由此受到一定启发。从整个课堂来讲,无疑也缩短了师生互动之间的空隙,使得教学过程紧凑,从而带动课堂气氛的提升。(2)主动向邻座同学解释教师话语或者课文中某个疑难问题,成为教师的即时助手。在整体课堂教学的过程中,教师的注意力一般是全体学生,当某个学生发出疑问时,教师一般不宜在某个问题上纠缠过久,以免造成课堂气氛的沉闷。因此,如果在这种时候华裔学生主动向同学解释某个小疑问,就会减少不必要的课堂停顿,增加课堂教学有效时间,并保证原有课堂气氛的持续。(3)与同班非华裔学生互帮互学。这样的情况多见于课堂的小组活动和课堂表演,当华裔学生与非华裔学生结成学习对子一起活动时,由于不少华裔学生有一定的口语基础,这种互帮互学就会提升非华裔学生的口语水平,从而推动班级整体汉语水平上升,并营造良好课堂教学氛围。[②] 在美国大学中,汉语多半只是学生选学的若干课程中的一门课程,汉语课里的同学往往是下了课就各奔东西。如果相互之间不熟悉,课堂目的语的交流往往较为困难;气氛不轻松,学习效果自然不会好。因此,我们不能不说,上述效果是华裔学生的课堂参与带来的,这当然也是他们所具有的一个优势。(4)与汉语教师较少文化隔膜,使师生互动易于进行。这里所说的汉语教师主要是以汉语

---

① 心理学术语。

② 笔者2008年秋季在达慕思大学三年级汉语课上引导学生就中国当前的人口老龄化引发的一些问题进行讨论,一位华裔学生主动承担整理全班讨论内容的任务,形成一篇短文,并在《汉语世界》杂志上发表,使全班受到鼓舞。详见《汉语世界》2009第3期第64—65页,题为《养老金、就业和市场》,作者皋吉堤。

为母语的教师。我们在讨论语言教师的作用时曾经谈到，语言教师主观上应当把自己看作是两种文化磨合的中介，而不要把自己作为某一种文化本身的代表。[①] 但是在客观上，语言教师自身肯定不可避免地会携带自身的文化进入教学。由于从小接触中华文化，华裔学生对教师往往有一种天然的亲近感，这时他们会先于非华裔学生接受汉语教师所携带的这种文化，从而减少师生未熟悉时的隔膜，较快进入课堂目的语互动环节。

以上罗列的都是华裔学生在课堂互动中的优势或可能发挥出来的优势，但是在教学实践中我们会发现，这些优势不一定在每个华裔学生身上都能得到充分的发挥，这些优势的发挥会受到一些条件的限制，当条件不理想时，它们可能转化为问题，表现为消极的一面：(1)过于活跃，占用较多课堂时间，给非华裔学生带来压力。华裔学生听力好，有一定的口语表达能力，当他们得到教师的鼓励和同学的赞许时，有些学生往往会更加活跃，抢答问题，甚至滔滔不绝。这时从整个课堂来讲，他们就会占用较多的课堂时间，在有限的课堂时段内，自然就会缩短其他学生参与互动的时间，减少其他学生的机会，更重要的是，这种滔滔不绝有时候给语言尚不流畅的非华裔学生造成一种心理压力，一些性格内向的学生会自惭形秽，变得更加沉默，结果是带来课堂互动的不平衡，最终破坏良好的课堂气氛。(2)过于谨慎，担心被视为"爱表现"。与上面第一种表现相反的是，一些华裔学生因为担心同学觉得他(她)爱表现而过于谨慎。这些学生上课时总是坐在后面，不主动回应教师的提问，在课堂教学中形成

---

① 朱志平《汉语第二语言理论概要》，北京大学出版社，2007年，第400—416页。

一种游离状态从而疏远课堂互动中与同学的距离。这种情况同样使得课堂互动失去应有的平衡，有碍于良好课堂氛围的营造。(3)对课堂讨论的内容缺乏兴趣，疏于回应教师提问、疏于参与讨论。据了解，这种表现有几种原因：有的华裔学生认为某些问题太简单，不屑参与；有的要追求新鲜感，由于对一些文化内容相对熟悉，便提不起兴趣；还有的是因为曾经积极表现受到教师不当的抑制或是同学的嘲笑，积极性受到挫折。这无疑在影响到课堂互动和课堂氛围的同时，对他们自身的进步也是有影响的。(4)过于重视学习成绩，以至于不关注实际能力的提高。有的教师说，一些华裔学生选汉语课的原因是认为以自己的基础不但可以轻易拿到这个学分，而且还可以得个好成绩，同时又可以抽出精力去对付其他的课程，以便各科都成绩良好。这种说法也许可以作为华裔学生选修汉语课的原因之一。

课堂参与程度是考察学习者学习兴趣、学习态度的一项重要指标，很多教师在制订教学计划时都把这一项作为考核成绩必不可少的方面。有学者甚至将 Attitude(态度)和 Aptitude(能力)对照起来讨论，主张教师更看重前者。① 从上面正反两个方面的分析可以看到，华裔学生在课堂上的适时参与会给课堂带来热烈气氛，带动课堂教学，华裔学生本人也会因此颇有成就感，从而增加他们本人学汉语的动力。但是，这种参与过当或不足又会造成课堂的不平衡，使整体教学效果下降，最终也影响华裔学生自身，导致他们的汉语水平提升困难。怎样才能变消极因素为积极因素？我们认为要在文化上找原因。

---

① Krashen, D. S. & Terrel, D. T., *The Natural Approach*. New York: Phoenix ELT, 1995, 39 - 40.

（三）华裔学生汉语习得的文化分析

第二语言教学的课堂互动过程是一种跨文化交际过程，学习者目的语的习得往往与他们的学习动机相关，而学习动机又跟文化背景密切关联。

首先，当华裔学生处于非汉语课堂时，我们很难发现他们跟非华裔学生的区别，只有当他们走进汉语课堂，这一点才格外引起我们的关注，这说明他们不是单一文化携带者。对美国华裔学生而言，他们首先是美国学生，在美国社会成长，同时由于他们生长于华人家庭，也携带了一定的中华文化，正是后者使他们有别于非华裔学生。其次，作为双重文化携带者，华裔学生所携带的美中两种文化并不均衡，由于成长于美国社会，在他们所携带的文化中美国文化是强势的，中华文化是弱势的。再次，这两种文化的比例可能因人而异，由于每个华裔学生家庭背景、生长过程各不相同，他们各自所携带的美国文化和中华文化自然会有比例上的差别。最后，这一点跟汉语课堂教学尤其密切相关，那就是学习者本人在情感上对文化的倾向，当他倾向于中华文化时，这种本来在他身上属于弱势文化的文化态势会有所上升，反之亦然。

移民历史和人口组成决定了美国主体文化是西方文化。Aponte，J. F. 等对美国人口族裔比例的调查表明，至 1990 年非西班牙裔白人人口依旧占美国总人口的 75% 以上，①美国文化是以他们所携带的欧洲文化（即西方文化）为主体的。王英杰认

---

① Herrick，C. A. & Browm，H. N.，Underutilization of mental health services by Asian Americans Residing in the United States. *Issues in Mental Health Nursing*. 1998，(19). 225 - 240.

为,美国文化有三个组成部分:个人主义文化、宗教文化和中产阶级文化。这其中,个人主义文化尤具美国特色。①

有学者在讨论美国亚裔学生所经历的双重文化撞击时进一步指出,以西方文化为主导的美国文化最突出的特点是它的个人主义,而与此相对的亚洲文化则是集体主义。因此,前者重视"我",强调自立,个人第一;而后者重视"我们",强调互相支撑,家族利益至上。② 事实上,后者也正是中华文化的重要特点之一。

双重文化的携带使这两种文化的特点在华裔学生身上兼具。当他们在课堂上表现活跃、积极回应教师提问、积极参与课堂互动,就表现出鲜明的美国文化特色;当他们主动帮助同学、乐于协作,又可以从中看到中华文化集体主义价值观的体现。这些都是双重文化给华裔学生带来的优势,也是他们给课堂教学带来的积极因素。但同时我们也不难看到消极因素的存在。比如,只顾表现自己,过于重视成绩,或者过于内敛、疏于参与互动,等等。

这里重点分析几个消极因素。首先是华裔学生对学习成绩的重视。这个特点在美国大学生中不仅表现在华裔学生身上,在亚裔学生身上也很突出。Jennifer & Kenneth 在对三种族裔③的美国大学生实际学习成绩的调查中发现,亚裔学生的平

---

① 顾明远主编《民族文化传统与教育现代化》,北京师范大学出版社,1998 年,第 138—192 页。

② Kim,J. ,Structural family therapy and its implications for the Asian American family. *The Family Journal*: *Counseling and Therapy for Couples and Families*. 2003,(11),388-392.

③ Asian American,African American and Caucasian American.

均成绩最高，同时他们也发现，亚裔学生对成绩的关注程度也最高，这些学生在学习中既关注自己是否出错，也关注父母对自己成绩的态度。Jennifer 和 Kenneth 把这种对学习成绩的关注称为“完美主义”。他们把完美主义的动因归为三类：自我动因、他人动因、社会动因。[①]

就华裔学生而言，我们认为这一表现跟他们所携带的中华文化密切相关。华裔学生对成绩的苛求主要由前两种动因驱使，他人动因是核心动因。也就是说，父母对儿女学习成绩的要求形成了华裔学生关注成绩的直接压力。中华文化的传统中历来有“惟有读书高”的观念。一份对中日韩美四国高中生权益状况比较研究的调查表明，中国父母普遍对子女抱有较高的学历期望，97.1%的被调查父母希望孩子具有大专以上学历，只有2.9%的父母觉得孩子有中专或者职业高中的学历即可。[②] 在美国社会中，不少移居美国的华人第一代在这里为生存奋斗一生，他们往往把更大的希望或者是自己未能实现的理想寄托在第二代，甚至第三代身上，因此，上好大学、拿好成绩、找好工作便成为许多家长对子女的最主要希望。由于中华文化集体主义价值观的影响，不少学生并不把父母对自己学习成绩的要求看成是对自己生活的干涉，相反，出于对父母批评态度的关注，[③]

---

① Castro, J. R. & Rice, K. G., Perfectionism and ethnicity: Implications for depressive symptoms and self reported academic achievement. *Cultural Diversity and Ethnic Minority Psychology*, 2003. (9), 64 - 78.

② 李亚杰、璩静《中日韩美高中生眼中的父母》，《人民日报》(海外版)2009 年 4 月 4 日。

③ Castro, J. R. & Rice, K. G., Perfectionism and ethnicity: Implications for depressive symptoms and self reported academic achievement. *Cultural Diversity and Ethnic Minority Psychology*, 2003. (9), 64 - 78.

他们会尽力回馈父母，好成绩便成为他们面对家长殷切的目光时最拿得出手的、显示自己优秀的明证。在前述四国高中生的调查中，只有 39.1%的中国高中生认为父母在干涉自己学习，却有 65.2%的美国高中生认为“父母老干涉我”，[①]这无疑可以作为华裔学生对父母态度的一个注解，也是中华文化“集体主义价值观”的一种体现。

当成绩成为所追求的重要目标甚至唯一目标时，一些华裔学生便有可能忽略自己在汉语课堂中应该追求的真正目标——汉语听说读写能力的提升。结果是：有些学生会在考试成绩公布以后跟老师讨论扣分多少，锱铢必较；有些学生无论面临的考试是大是小，都战战兢兢，严阵以待；有些学生当得知课堂出勤要占期末成绩一定比例时，便设法为自己某一次缺课找理由、说情，希望不被扣分；有些人每隔一段时间就要找教师了解自己前一阶段成绩累积情况；还有些人会在得知课堂表现在总成绩中占一定比例时突然变得积极主动。包括像前述的找老师再做一次测验以提高成绩这样的事，也更多地发生在华裔学生身上。

与上述讨论相关的是，选修汉语课往往也是出于家长的要求。家长们一方面希望子女在充斥美国文化的社会中如鱼得水，出人头地；另一方面又希望子女能够保持来自家庭的中华文化，持有祖先的语言。可以说，不少华裔学生是在来自家庭的驱动力下走进汉语课堂的。所以有的学生一旦成绩达到某一水平，便满足于现状；有的对所学的内容一知半解，并不求深入；还有的甚至产生懈怠厌学心理，疏于参与课堂互动。

---

① 李亚杰、璩静《中日韩美高中生眼中的父母》，《人民日报》(海外版)2009 年 4 月 4 日。

由于兼具双重文化，一些华裔学生又会产生一种由这两种文化托起来的优越感，即以美国学生的开朗大方显示自己的汉语言优势。其突出的表现就是，在汉语课上自我感觉良好，抢着发言，旁若无人。在一些学生的潜意识里甚至会有自己汉语比美国人好，英语比中国人强的感觉。这种学生一旦到高年级碰到困难，就会走向另一个极端，觉得自己什么都不如人。

怎样才能使华裔学生在汉语课堂上既能充分发挥他们的优势，又克服他们所存在的问题，同时在课堂上跟非华裔学生良性互动，营造理想的课堂语言环境呢？

我们认为，第一，应该对华裔学生严格要求，将华裔学生与非华裔学生都视同美国学生，让他们从走进课堂的一开始就受到严格的训练。这既可以在文化上抑制某些学生的虚荣心和浮躁情绪，养成良好的课堂协作习惯，也是公平对待他们，因为当觉得有些学生是来“混学分”的时候，我们在潜意识里已经在歧视他们了。第二，有针对性地严格要求，比如，针对有方言背景的学生要帮助他们及早正音，逐步克服听力速度提升慢和写白字等问题。第三，加强写作训练，对一些有余力的学生鼓励他们多读多写，有意识地使他们摆脱对口语的依赖，从而减轻高年级阶段的受挫感。第四，充分利用华裔学生对中华文化的亲近感，强化其所携带的弱势文化，吸引他们对中华文化的兴趣，使之真正“爱”上汉语，这时他们的心理习得机制就会向汉语开放。第五，对华裔学生既有利于自身语言水平提升，又有利于课堂整体互动的优势要充分利用，既及时鼓励又注意平衡，使他们真正在学习上有“成就感”，而不是只在成绩上有满足感。

总之，作为双重文化的携带者，华裔学生在汉语课堂上是否能恰当发挥优势，成功避免问题，并成为汉语课堂的润滑剂，最终还取决于教师。

四 华裔学生汉字书写特征[①]

（一）研究方法概述

首先，我们对10名华裔学生就汉字学习问题做一般性访谈，根据面谈所提到的问题，选定4名学生做个案研究。在个案研究的过程中，我们用摄像机摄录这4名学生书写规定汉字的全过程，随后反复观察他们书写汉字的过程，记录并统计每个学生的书写问题。学生书写结束以后，我们马上对他们进行深入访谈，了解他们书写时的思维过程和书写策略，核实我们的观察结果。这是定性分析常用到的“三角测定法”[②]，通过两个不同的角度来看待同一问题，以避免研究中的主观臆断。

除了现场摄录、观察和及时记录以外，所有访谈的内容全部通过数码录音并用文字转写出来。这样做是为了避免研究者可能将自己的主观想象融到定性分析的数据中，[③]以使研究方法和收集数据两方面都符合“三角测定法”的原则。

（二）研究过程和研究结果

1.一般性访谈。

我们选取了10名（6名初级水平和4名中级水平）华裔学

---

① 本部分选自单韵鸣、安然《华裔学生汉字书写特征的个案研究——基于与非汉字圈学生的比较》，《华文教学与研究》2010年第2期。

② Hammersley, M. & Atkinson, P., *Principles in Practice, Ethnography*. London: Routledge, 1991.

③ Wood, P., *Inside Schools: Ethnography in Educational Research*. London: Routledge and Kegan Paul, 1991.

生就有关汉字学习的问题进行一对一单独的面谈。他们来自泰国、印尼、荷兰、越南、柬埔寨、美国和老挝七个不同国家，在广州某大学接受听、说、读、写等各种语言技能训练，包括汉字知识和书写规则等正规语言知识教育。访谈结果显示，他们对汉字学习的看法大体一致，总结起来是：(1)学汉字不太难；(2)学写汉字入门比较快；(3)经过较短时间的学习，不管汉字认识不认识都能写出来；(4)学习的汉字越多，忘记的汉字也越多。

2.个案研究。

书写汉字是非汉字圈学生突出的难题，而华裔学生的态度相对自信。我们感兴趣的是，华裔学生书写汉字的过程以及特征如何？是否与他们的自我感觉相符？跟非汉字圈学生的书写特征又有哪些相同和不同之处？我们从10名学生中选出4名(初级和中级各2名)来观察他们书写汉字的过程。他们来自不同的国家，且母语文字都是拼音文字。学生更多的个人资料如表1-4所示。

表1-4　被试学生个人资料

编号	国籍	性别	年龄	母语	通晓的其他语言	汉语水平
1	印尼	男	22	印尼语	英语	初级
2	柬埔寨	女	24	柬埔寨语	英语	初级
3	泰国	女	25	泰语	/	中级
4	越南	女	24	越南语	/	中级

书写内容出自他们使用的课本——杨寄洲主编的《汉语教程》。我们在第一册、第二册内按笔画的多少和常用程度的不同选取8个字作为测试材料，让被试学生辨识和书写，排序为“你、边、题、国、炼、宴、锻、戴”。这8个字涵盖了汉字的基本笔画

（横、竖、撇、捺、点、提、折、钩）和基本结构（左右结构、上下结构、全/半包围结构）；笔画既有较少、较简单的，也有较多、较复杂的，8 个汉字的总笔画数为 85。每位学生的测试都单独进行，步骤是先识别，后书写。指导语是："请你写一写这些汉字。"为了让他们能好好书写，我们没有限定时间。

第一，华裔学生书写汉字的过程和结果。

书写过程和结果表明，每个学生的书写都比较连贯、流畅，没有出现笔画润饰或修正行为，书写所用的时间均没有超过 2 分钟。4 名学生书写的平均用时为 55 秒。初级学生平均用时 67 秒，中级学生平均用时 44 秒。我们将书写问题分类为偏误和笔顺问题，前者再可细分为"笔画偏误"和"结构性偏误"。"笔画偏误"包括笔画的增加、删减或窜改以及不合符汉字书写习惯的笔画，例如笔势的错误。"结构性偏误"是指整个汉字的结构出现重大的错误，书写以后的汉字结构与其原来的结构不符，比如把左右结构的汉字写成两个相对独立的汉字；半包围结构写成左右结构。以下是华裔学生书写问题的记录（表 1－5）。

表 1－5　被试华裔学生汉字书写问题的记录

		笔画偏误	结构性偏误	笔顺问题
初级学生	1 号	"锻"字"钅"第一笔的撇写成短横；"几"写成一笔的"⺇"	/	(1)"边"的"力"先撇后横折钩 (2)"锻"的"钅"先写竖后写三横和提 (3)"戴"的"共"先两竖后两横
	2 号	"锻"字"钅"第一、二笔的撇和竖连成一笔写；最后的提写成点	/	"戴"写完"土"后先斜钩、撇，再写"田"和"共"

（续表）

		笔画偏误	结构性偏误	笔顺问题
中级学生	3 号	/	/	(1)“边”的“力”先撇后横折钩 (2)“炼”的“火”书写顺序为点—撇—捺—点 (3)“戴”写完“土”后先写斜钩、撇，再写“田”和“共”
	4 号	/	/	“锻”的“钅”书写顺序为撇—横—横—竖提—横

总结起来，这几名华裔学生汉字书写问题集中在笔顺方面，不管是初级学生还是中级学生，都存在一定数量的笔顺问题。笔画偏误少，只体现在初级学生身上。初级学生与中级学生均没有结构性偏误。

第二，华裔学生与非汉字圈学生的比较。

之前我们曾对 4 名年龄相仿、在华学历相近的非汉字圈学生进行过相同环节、相同内容的个案分析。① 他们也书写了“你、边、题、国、炼、宴、锻、戴”这 8 个被试汉字，可用他们的数据跟本文的华裔学生进行比较。两名初级水平的学生书写过程不流畅，有停顿、笔画润饰和修正的现象。中级水平学生书写连贯，速度比初级水平学生快。他们书写的平均用时为 70 秒，其中初级学生平均用时 94 秒，中级学生平均用时 46 秒。他们的书写问题如表 1－6 所示。

和非汉字圈学生比较之后，我们认为：(1)华裔学生书写速度在初级水平阶段比非汉字圈学生快得多，中级水平阶段两者的书写速度趋同；(2)华裔学生没有结构性偏误，笔画偏误少，且只

① 安然、单韵鸣《非汉字圈学生书写汉字及修正过程的个案研究》，《暨南大学华文学院学报》2006 年第 3 期。

发生在初级水平阶段，而非汉字圈学生在初级和中级水平阶段都存在一些笔画偏误和结构性偏误；(3)华裔学生和非汉字圈学生都有一定数量的笔顺问题，笔顺问题均贯穿初级和中级阶段。

表 1-6　被试非汉字圈学生汉字书写问题的记录

		笔画偏误	结构性偏误	笔顺问题
初级学生	A	(1)"宴"中的"女"字写成"ㄑ"和"フ"两笔的非字"女" (2)"锻"字的"几"写成一笔	(1)"题"写成左右结构"是页" (2)"戴"写成左右结构"冀戈"	(1)"边"字先"辶"后写"力" (2)"题"字"是"先撇捺"人"后竖横"⺊" (3)"国"字先关门最后写点 (4)"炼"字"火"先写"人"后从左到右写两点 (5)"宴"字"日"第二、四笔连成一笔写 (6)"锻"字"钅"先竖提后两横 (7)"戴"字"土"先竖后两横；最后两笔先点后撇
	B	(1)"炼"字"火"旁的点写成提，右半部分写成"东" (2)"锻"中的"⺪"撇写成横，提也写成横 (3)"戴"中的"共"的上半部分写成"共"	(1)"题"写成左右结构"是页" (2)"戴"写成左右结构"冀戈"	(1)"宴"字"女"先撇折，"ㄑ"后横折"フ" (2)"锻"字"几"连成一笔写 (3)"戴"字"田"先写"日"后竖
中级学生	C	(1)"炼"的右边写成"东" (2)"锻"中的"⺪"漏提，写成"𠂆"	(1)"戴"写成左右结构"冀戈"	(1)"炼"字"火"先撇后从右到左写两点 (2)"戴"字"田"先写"日"后竖
	D	(1)"锻"中的"⺪"漏提，写成"𠂆"		(1)"国"先关门再写点 (2)"戴"字"田"先写"日"后竖；"共"先两横后两竖

（三）华裔学生汉字书写特征分析

1. 书写速度快：较早形成部件意识，且很快发展至自动化阶段。

华裔学生书写速度在初级水平阶段比非汉字圈学生快得多，访谈的部分内容揭示了个中缘由。每个学生书写任务结束后我们都会问："你写汉字的时候有没有想怎么写？"依据现代认知心理学关于信息加工的理论，①书写的过程就是通过已有的认知把已知信息（认识的汉字）输出或者对未知信息（不认识的汉字）进行加工，转化为已知然后输出的过程。对于认识或常用的汉字，华裔学生和非汉字圈学生都回答"不用想"，直接将已知信息输出，这是一个直接且无意识的信息处理过程，②也是学生们对这些已知信息的加工达到自动化程度的表现，因为当笔画成为汉字的"基本粒子"以后，知觉系统在自动加工阶段就倾向于不再对它进行细分，③而按照头脑里固有的认知输出。对于不熟悉（学生表述为"学了，但是忘了"）和不认识的汉字，华裔学生和非汉字圈学生的心理过程不一样。

先看和华裔学生的部分对话：

问：你写"边"和"宴"的时候，停一停，你想什么？

答1：我要看一看汉字（他指着我们提供的"边"和"宴"字）。

问：你在想什么？你知道这个字（我们指着"宴"字）里

---

① Neisser U., *Cognitive Psychology*. New York: Appleton-Century-Crofts, 1967.

② Biggs J. B., *The Process of Learning*. Prentice-Hall of Australia Pty Ltd. Sydney, 1987.

③ 张积家、王惠萍、张萌、张厚粲《笔画复杂性和重复性对笔画和汉字认知的影响》，《心理学报》2002年第5期。

面有一些你学过的字吗？

答1：我知道。这个“日”，这个“女”。

问：你写的时候想了这些字了吗？

答1：没有。我没有想。但是你现在问我，我知道。

问：你不想这些，你想什么？

答1：想怎么写这里（指着“力”字的两个笔画和“女”字的第一笔）。

问：你写完“戴”的“土”以后，停了一下，你想什么？

答3：我想下面写什么。

问：你写的时候想吗？这个是“田”，这个是“共”。

答3：我知道。我不用想。

问：那你刚才想什么？

答3：我是在想应该先写这边（“田”和“共”的一边）还是这边（“斜钩—撇”的一边）。

问：不是应该从左到右吗？

答3：但是这个（指着“斜钩”）是从上到下。

不难发现，华裔学生在初级阶段已形成部件意识，但他们在书写过程中没有下意识去考虑怎么运用部件知识来解构汉字，原因是已经“知道了”，“不用想”。写不认识、不熟悉的字时，他们把注意力放到汉字每个部件（或构件）的笔画或笔顺上，而不是解构部件上。按照上述原理，如果学生对加工过程“不用想”，就表明他们对这些信息的加工已经达到自动化程度，当中的信息处理过程就是直接且无意识的过程，那么，我们可以认为，华裔学生对汉字部件的解构是一个直接和无意识的过程，部件意识在他们的头脑中已经发展至自动化阶段。在自动分解汉字以后，笔画和笔顺意识随即作用在分解后的部件或构件上。

为了验证这点，访谈结束几天后，我们在《高等学校外国留学生汉语教学大纲》里选了4个中级字（褒、灌、陋、犀）为被试汉字，再次让这4名华裔学生书写。被试汉字都是非常用字，笔画、部件较多，结构也比较复杂。经过辨识，4名学生都表示“不认识”。然而生字并没有影响他们的书写速度，他们的书写速度都比较平均，过程中没有较长停顿思考的现象，都在1分钟内完成全部书写任务。结果跟第一次书写相似，笔顺问题多，笔画偏误少，没有结构性偏误。当问到有没有下意识把生字分解为几个认识的汉字以便于书写时，4名学生均表示没有特意去分解，因为自己一看就知道这部分是什么汉字，那部分是哪个已学的构件。他们不约而同地举例：看见“犀”字，就知道里面是“水”和“牛”，看到“褒”就知道下面是“衣”的一部分，看到“陋”就知道右边是“病”里面的部分。“knowing how to write each part of the character is more important”，2号学生如是说。出乎意料的是，4名学生都没有把“陋”字的“乚”笔顺弄错。为什么？初级学生认为“乚”跟“辶”差不多，“辶”一般是最后写的，因而“乚”也在最后写。中级学生发现“陋”形似“腿”和“随”，“腿”和“随”里面的“辶”是最后一笔，那么“陋”的“乚”也应该是最后一笔。

他们第二次书写的心理过程再次证明：华裔学生在初级水平阶段已形成部件意识，且部件意识很快发展至自动化阶段。在处理某个具体的书写问题上，他们展示了其认知策略中的一种精加工策略①——类比法，即根据不同汉字之间某些部件或

---

① Mckeachie W.J.，Pintrich，Paul R.，Lin Yi-Guang，Smith，David A.F.& Sharma，Rajeev，*Teaching and Learning in the College Classroom：A Review of the Research Literature*（*second edition*）.Ann Arbor，MI：CRIPTAL，The University of Michigan，1990.

结构的相似性所做的一种类推。

再看非汉字圈学生的情况。我们的问题同样是："你写汉字的时候有没有想怎么写？"初级水平的学生说：

答(A)：有想。……有的字要想，有的不用想。……"你""国"不要想，我懂，常常写。"题"字要想，因为有很多很多 strokes（笔画），"炼"字要想，这里（指着"火"的笔画和右边横折钩的笔画）很难。

答(B)：我知道（的）汉字，我知道怎么写。我不知道（的）汉字，我不知道怎么写。但是我想一分钟两分钟，我可以写。

问：你在一两分钟里面想什么？

答(B)：我想 rules（规则）。

问：What kind of rules?

答(B)：The order（笔顺）。

中级水平的学生说：

答(C)：不想。

问：那么不认识的字你怎么写？

答(C)：看看，就懂了。

问：你是怎么看的？比如这个字（"锻"）。

答(C)：这是"钱"的左边，这是"段"。我认识。

答(D)：不想，每天都要写很多汉字，习惯了。而且很多汉字的组成部分我都认识的。

两名初级水平的非汉字圈学生具有强烈的笔画意识和笔顺意识。对于笔画复杂或不认识的汉字，他们将已有的笔画、笔顺知识直接运用到汉字书写上，如 A 学生要想"题"字和"火"字旁的笔画;B学生要想汉字的笔顺。值得注意的是,这个加工处理过程和华裔学生不一样。华裔学生先通过部件意识对汉字进行快速分解(尽管这个过程已自动化,连学生自己也感觉不出来),然后把笔画和笔顺意识作用到分解后的部件或构件上,而非汉字圈学生却是直接把笔画和笔顺意识作用到整个汉字上,在此之前并没有明显的汉字分解过程。

中级水平的非汉字圈学生部件意识就非常明显了。他们把不认识的汉字分解为已知信息,经过重构,然后输出,如C学生把“锻”分解成“钅”和“段”两个已知部件以后再进行书写,整个过程跟华裔学生相近。

可见,正是由于部件意识形成和发展的早和晚,导致了华裔学生和非汉字圈学生,尤其在初级水平阶段的学生,书写速度差异很大。非汉字圈学生到了中级水平阶段也建立起部件意识,有的学生部件意识可能发展得更快,也接近自动化程度了(如个案中的D学生),使得在中级水平阶段,华裔学生和非汉字圈学生的书写速度差异大大缩小,走向趋同。二者加工汉字的心理过程概括为表1-7。

表1-7 华裔学生和非汉字圈学生加工汉字的心理过程

华裔学生	在初级阶段形成,直至中级:自动化的部件意识→快速解构汉字→笔画意识、笔顺意识→按部件书写
非汉字圈学生	初级阶段:笔画意识、笔顺意识→整字直接书写
	中级阶段(与华裔学生相近):部件意识(可能接近自动化)→(快速)解构汉字→按部件书写①

① 非汉字圈学生在按部件书写之前没有像华裔学生那样明显调动笔画和笔顺意识,将其作用到分解后的部件或构件上,在我们的调查中不太明显,故在其心理过程中没有记录这一步。

2.笔画偏误少,没有结构性偏误:字感强,对汉字的认知较深刻。

到了中级阶段,华裔学生和非汉字圈学生的书写速度趋同,是否意味着二者的汉字书写能力相当?我们的观察是:书写时,华裔学生在字感和对汉字的认知上还是比非汉字圈学生优越。

汉字是平面型文字,运用二维空间来表达信息。笔画是汉字最基本的组成成分,笔画和部件只有按照一定规则组合起来,才能构成汉字。一定规则的组合在空间的表现上就是汉字的结构。华裔学生笔画偏误少,没有结构性偏误,说明他们不仅能在微观处准确辨别汉字的笔画,还善于在宏观的二维空间上从字形和整体入手来把握汉字,对汉字的结构方式及字形本身的各组成部分之间的联系有较为清晰、准确的印象。研究表明,结构类型是汉字在字形方面区别于拼音文字的一个重要特征。汉字结构是造成非汉字圈学生学习汉字艰难的最根本的症结,①以至于非汉字圈学生到了中级阶段书写还残留着某些结构性偏误。而对于母语是拼音文字的华裔学生来说,汉字结构早在初级阶段就不是难题,更不用说到了中级阶段了。

与华裔学生和非汉字圈学生的访谈也能看出二者对汉字认识的区别。我们曾问:"刚开始学汉字的时候,汉字在你心中是什么?"华裔学生说:"汉字是一种字。"我们再追问:"你觉得汉字像不像画儿?写汉字像不像画画儿?"4名学生都强烈否认,1号学生表示:"汉字是画儿,那是很久很久以前,现在汉字就是汉字。"两名非汉字圈学生则把汉字分别形容为"化学公式"和"画

① 鹿士义《母语为拼音文字的学习者汉字正字法意识发展的研究》,《语言教学与研究》2002年第3期。

儿”。据被访学生介绍，来中国以前在家里、华人聚居地，就有很多机会能接触汉语（包括汉字），比如听到长辈说普通话或方言，看到街上的汉语广告、有线电视里的华语电视节目、娱乐场所的卡拉 OK 和华语娱乐报刊等。对于这一切，他们认为极其正常，因为“我，还有我的爸爸……祖先是华裔”，由此看来，对华裔身份的认同让他们在正式开始学习前就有机会受到汉语包括汉字潜移默化的影响，在汉语或汉字知识方面具有比非汉字圈学生丰富的图式；至于那些身边汉文化氛围浓厚的华裔学生，甚至连汉文化也可能早已积淀于心中了。他们一旦接受正规的教育，相关的图式知识或积淀很快就被激活，进而帮助他们迅速建立字感，对汉字的认知很容易提升至理性层次。可以说，对华裔身份的认同是华裔学生汉字学习较早入门的基础和前提。只有对华裔身份认同了，才会从“我是华裔”的理性认知积极转变成“我要懂汉语（汉字）”“我要融入中国文化”等具体的实践行为，达到知行合一。

3.存在笔顺问题：体现留学生书写的普遍特点。

笔顺存在于书写过程中，是学生运用已学的笔顺规则，加上自己的理解，对规则进行再次演绎的心理过程。张积家等指出在汉字认知中不存在一成不变的加工过程和方式。① 桂诗春也提到：当新信息和旧信息融合或掺杂在一起时，记忆就会发生变化：新信息受到歪曲，或以前储存的信息会干扰新信息。② 留学生演绎笔顺规则时，原大脑储存的信息会干扰甚至影响这个信

① 张积家、张厚粲《汉字认知过程中整体与部分关系论》，《应用心理学》2001 年第 3 期。

② 桂诗春《新编心理语言学》，上海外语教育出版社，2000 年。

息加工的过程;同时,原信息可以以原来存活的方式来处理等待加工的新信息,让新信息受到歪曲,这样就出现了学生违背规则,用自己的习惯来写汉字的现象。书写习惯在一定程度上代表了留学生原有的语言习惯和背后的认知习惯,以及影响认知的文化习惯。非汉字圈学生,甚至连日、韩、朝等汉字圈学生都因受语言、认知、文化等习惯的左右而存在笔顺问题。华裔学生和他们一样,亦深受其所在国的语言、文化习惯的影响,加上认知的个人差异,对笔顺规则的理解、吸收和演绎同样并非千篇一律,书写起来肯定有跟中国人不同的地方,所以即使到了中级阶段,仍然会存在一些笔顺问题。这表明,笔顺问题不是非汉字圈学生的特有问题,而是留学生书写存在的普遍问题,它体现了留学生书写汉字的普遍特点。

有意思的是,访谈中,4 名学生都表示努力学习汉字笔顺规则,如 1 号学生所说,"我听老师说先写什么再写什么,然后写很多很多次",4 号学生则说自己课后常常用标明汉字笔顺的本子来练习书写。这恰好体现了他们多重身份、受多重文化影响的特征。一方面,对华裔身份的认同令他们尊重并顺应中国学生的学习习惯,比较注重机械式训练;另一方面,尽管他们不断地重复练习,希望自己的写法完全符合规则,但是思维、认知和理解都很难摆脱所在国家文化的影响,实际写法有的还是跟规则相悖。

为此,我们再次强调我们一贯的观点:应积极包容地看待留学生的笔顺问题,宜将传统的"笔顺错误"理解为"笔顺书写特征"。

第二章

华语偏误研究

第一节 语音偏误

一 印尼华裔学生华语语音偏误

（一）“声、韵、调”的全面调查①

语音是语言教学的第一步。受母语影响，外国人在学习汉语语音时，常常会遇到一些对他们来说很难发的音。以印尼华裔为例，尽管已经在中国学习了一两年的汉语，但在对话中经常出现怪腔怪调，有时甚至让人听不懂。如何帮助印尼华裔学生掌握一口纯正的普通话？这就要求我们在语音教学的过程中及时发现印尼华裔学生存在的一些共同问题，对症下药，及时纠正。本文通过调查来分析印尼华裔学生的汉语语音问题，并提出相应的教学对策。

本次调查的对象是十名已在中国学习汉语半年以上的印尼华裔学生，他们来自印尼几个较大的城市，如雅加达、泗水、万隆等。他们之中只有两个人在来中国以前会说一点儿汉语，其余的都没有中文基础，也不会任何汉语方言。此外，这十名调

---

① 本部分选自倪伟曼、林明贤《关于印尼华裔学生汉语语音的调查及相应的教学对策》，《华侨大学学报》（人文社会科学版）2000 年第 2 期。

查对象都在本国受过英语教育，一人曾留学美国，英语发音受美式英语影响。本次调查所用的发音材料是 80 个包含全部声母和韵母的双音词。在这些双音词中，20 种可能有的声调组合都有，其中阴、阳、上、去的音节各 36 个，轻声音节 16 个。我们给每个词都注上了拼音和声调。具体调查方法是请十位学生分别录音，然后对录音材料进行听辨分析。

1.声母的调查结果分析及教学对策。

表 2－1 声母偏误情况

发生偏误的声母	偏误人数	偏误
ch	9	zh(6)、z(1)、j(1)、q(1)、c(1)
s	9	x(7)、sh(3)
c	7	z(6)、ch(3)
x	6	sh(6)、s(1)、x 的舌位太靠前(7)
q	5	ch(4)、j(2)、z(1)
p	5	b(5)
k	3	g(3)
j	3	z(1)、zh(1)、q(1)
t	2	d(2)
z	2	j(1)、c(1)
b	1	p(1)

注：zh(6)表示本行所列声母误成 zh 的有 6 个人，其余照此类推。

从中我们可以看出，舌尖前音、舌尖后音、舌面音这三组发音，印尼学生误读的次数较多。在印尼语里，存在与 z、c、s 和 j、p、x 相类似的音。在教学中只要借助舌位图讲明这两组音的发音方法，由印尼语类似音逐渐过渡，就能取得较好的效果。而舌尖后音就不同了。在印尼语里，没有相同或类似的音，对于印尼学生来说，zh、ch、sh 可以说是他们的一个发音盲点，而且他们的误读绝大部分不在于把 zh、ch、sh 混读为舌尖前音或舌面音，而是读成介于这两者之间的一组类似的尖音（兼音）。针对这种情况，可以采用对比方法进行教学，即引进[ʧ][ʧ‘] [ʃ] 这三个舌叶音。舌叶音是英语里的发音，印尼语受英语影响很大，学过英语的印尼学生都能准确地发出这三个音。而舌尖后音与舌叶音相比，部位靠后，舌头与齿龈、前硬腭接触面较小，双唇应避免向前突出。这样，就能发出标准的舌尖后音了。

调查还显示，印尼学生发音中 s—sh、x—s、x—sh 相混的现象是常见的。其主要根源是发音部位掌握不住，舌尖在上还是在下、上卷还是平伸控制不了造成的。在教学中，教师应注意纠正。舌面音 j、q、x 相应地被误读为舌面后音 zh 、ch、sh 与韵母有关，具体情况在下面的韵母误读调查分析中再探讨。

送气音与不送气音 p—b、t—d、k—g 也是印尼华裔学生发音普遍容易产生偏误的地方。在印尼语中，也有 p—b、t—d 、k—g，但与汉语不同。汉语的 p[p‘]—b[p]、t[t‘]—d[t]、k[k‘]—g[k]都是清塞音，区别只在于送气与不送气，而印尼语中的 p[p]—b[b]、t [t]—d[d]、k [k]—g[g]则是清塞音与浊塞音的对立。这就造成印尼学生在学习汉语语音时，容易用不送气音 b、d、g 代替送气音 p、t 、k，如 táo pǎo 念成 dáo bǎo。另外一个原因是母语和字形的影响，汉语拼音方案用字母 b、d、g 代表不送气清音[p][t][k] ，而印尼语则用它们代表浊音 [b][d][g] ，学生很容易把汉语的清音 [p][t][k]念成 [b][d][g]。而且从调查中我们了解到，对初学汉语的学生来说，他们的困扰在于后者，就是容易受到母语习惯意识泛化的影响，而不是发音方法的问题。随着对汉语拼音方案了解的深入，误读现象会逐渐减少。

2.韵母的调查结果分析及教学对策。

表 2-2 韵母偏误情况

发生偏误的韵母	偏误人数	偏误
e	6	i(6)、e[ɤ]→e[ə]、舌尖太靠前
üe	2	ie
üan	2	ian
en	1	eng
i	6	[ʅ]→[ɿ]

韵母偏误主要集中在单韵母 e、i 和 ü 行的韵母上。当 e 与 z—zh、c—ch、s—sh、r 相拼时，e 容易偏误为 i。e 字母在汉语里有四个不同的元音[ɤ][e][ɛ][ə]，在印尼语里代表两个音素[e]和[ə]，舌位都较靠前，因此要掌握好舌位靠后、半高的不圆唇元音[ɤ]的正确发音部位对印尼华裔学生来说是比较困难的，所以当 e 与 z—zh、c—ch、s—sh、r 相拼时，学生容易以不同的舌尖前音[ɿ]和不圆唇的舌尖后音[ʅ]来代替[ɤ]，造成发音部位的不到位。针对这种情况，在教授学生发[ɤ]这个音时，可先教学生发[o]。因为[o]是与[ɤ]相对的圆唇元音，容易被学生掌握。在[o]音的基础上，告诉学生舌位保持不变，然后将双唇向两边展开，就是[ɤ]音。练习时，可将 e 与声母 g、k、h 结合起来，因为 g、k、h 本身就是舌根音，舌位靠后。

ü 行韵母里的 ü 经常被误读成 i，是因为在印尼语中，没有 ü 这个元音，而有一个辅音 y[j]，在发 ü 时，印尼学生习惯上发成[ji]，听起来就像是汉语的[i]，实际上还是有差别的。汉语中的

ü[y]是个舌位前、高的圆唇元音，可用[i]来引导学生学习 ü[y]，发 i 时保持舌位不移动，只要圆唇就可以发出标准的 ü。ü 行韵母在与舌面音 j、q、x 相拼时，ü 头上两点要去掉，这一汉语拼音方案的书写规定也影响了学生的发音。x + ü 行韵母、q + ü 行韵母时，x、q 分别误读为 sh、ch，ü 行也误读为 u 行韵母，这是因为 u 行韵母不可能和舌面音相拼，学生依照就近原则就读成舌尖后音了。这与学生不熟悉汉语拼音有关，稍加强调则可纠正。

i 的误读主要是因为印尼语中只有[i]，而汉语中 i 代表三个不同的元音，即舌面元音[i]、舌尖前元音 [ɿ]、舌尖后元音[ʅ]，所以在 i 与 z、c、s 和相拼时，就被误读为[zi][ci][si]。[ɿ]和 [ʅ]这两个元音可以和声母 z、c、s 及 zh、ch、sh 一起学习，学会了声母，韵母也就会了，不必单独学习。

3.声调的调查分析与教学对策。

表 2－3　声调偏误情况

声调	误读成降调的平均率	误读成平调的平均率	误读成升调的平均率	误读成曲折调的平均率	总平均率
阴平	5.5 %		2.1%	1.93%	9.53 %
阳平		8.33%		5.81%	14.14 %
上声		2.5%	42.17%		44.67 %
去声		8.89%	1.1%		9.99 %

从上表可以看出，在四声中，偏误率最高的是上声，其次是阳平，在误读声调的上声字中，出现在双音词尾字的占 81%。上声的特点是前长后短，而印尼学生的毛病是前短后长，前半段还没降到最低点，就急于上升，造成曲折度不够，也就是拐弯的角度太大，容易与第二声相混。有的教师采取先教第四声，通过

第四声来引导学生发第二、第三声的办法，我们认为是不可取的，因为学生在学习声调的过程中，不可避免地要接触到各种声调，把四个声调割裂开来是不可能的。印尼语是没有声调变化的，但是却存在语调的变化。所以在声调教学中，可以借助于学生母语语调的变化。印尼语的语调以中升调为主，句子基本语调较高，字母发音的调值相当于阴平的调值，对于学生来说，阴平调可以很容易掌握。在此基础上，我们可以借用声调歌帮助教学，即在教学生韵母的同时，把声调加上去，让学生不断地 ā、á、ǎ、à 咏唱，以增强他们的调感，进而增强语感。这样，学生在掌握韵母的同时也就掌握了声调。这种办法看似原始，却是中国小学生学习普通话的必经之路，在对外汉语教学中可以借鉴。

（二）三合元音韵母的偏误分析①

汉语普通话有四个三合元音韵母：iao、iou、uai、uei。它们都是由三个元音音素复合而成的，起首的元音是韵头，也叫介音，中间的是韵腹，末尾的是韵尾。有的三合元音韵母受声调和前拼声母的影响，发音会有一些变化。iou 的发音会受声调的影响，当声调是阴平和阳平时，iou 的韵腹发音会变弱，整个韵母的动程变得比较平直；而当声调是上声和去声时，iou 的韵腹发音就不会变弱。uei 的发音同时会受声调和前拼声母的影响，如果 uei 自成音节，或者前拼声母是舌面后音 g、k、h，并且声调是阴平和阳平时，uei 的韵腹发音会变弱；同样的声韵组合情况下若声调是上声和去声，uei 的韵腹发音就不会变弱。如果

① 本部分自王茂林、孙玉卿《印尼华裔留学生汉语三合元音韵母偏误分析》，《世界汉语教学》2007 年第 1 期。

uei 的前拼声母是舌尖音 z、c、s、d、t、zh、ch、sh、r 等，并且声调是阴平和阳平，uei 的韵腹发音会变得很弱，接近消失；同样的声韵组合情况下若声调是上声和去声，uei 的韵腹发音会变弱。①

外国留学生在学习汉语语音时，三合元音韵母是学习的难点之一。有的留学生在读包含三合元音韵母的音节时会把介音丢掉，例如会把 uai 读成 ai。② 有的留学生三合元音韵母发音存在动程不够的现象。③

尽管有关留学生汉语语音学习问题已经有了不少研究，但我们尚未发现对印尼华裔留学生三合元音韵母习得偏误的研究。本节将采用语音实验的方法对此进行考察。

1.印尼华裔学生与中国学生三合元音韵母发音比较。

第一，发音人、字表及录音。本实验使用了 16 位印尼留学生和 10 位中国学生的录音材料。印尼留学生 8 男 8 女，都是华裔，初级汉语水平，在中国学习汉语半年到一年之间。中国学生 5 男 5 女，都来自北方官话区，普通话熟练。录音字表由 80 个汉字组成，字表包含三合元音韵母与各种声母的组合。由于 iou、uei 的发音会受声调影响，对含有这两个韵母的音节尽量包含各种声调。此外字表还包含了单元音 a、i、u 自成音节的字，目的是作为元音的参照点。字表中每个汉字都标有拼音，录音时按随机顺序排列。录音在暨南大学华文学院录音室完成，语音信号直接接入电脑，使用 Cool Edit Pro 软件录音，采样率为

① 徐世荣《普通话语音知识》，文字改革出版社，1980 年，第 64—66 页。

② 朱川主编《外国学生汉语语音学习对策》，语文出版社，1997 年，第 111 页。

③ 毛世桢主编《对外汉语教学语音测试研究》，中国社会科学出版社，2002 年，第 175 页。

1.6kHz,保存为 wav 文件。

第二,分析方法。考察三合元音的发音,我们是从元音的共振峰入手的。元音的音色与第一、第二共振峰关系密切,第一共振峰(F1)与舌位的高低有关:舌位高,F1 就小;舌位低,F1 就大。第二共振峰(F2)与舌位的前后有关:舌位靠前,F2 就大;舌位靠后,F2 就小。用横轴表示第二共振峰,纵轴表示第一共振峰,把坐标的零点设在右上角,作出的图就是声学元音图(如图 2-1),它与元音舌位图大致对应。声学元音图上,单元音是一个代表点,二合元音是连接两个端点的线,三合元音则有两个端点和一个拐点,通过三点可以构成一条曲线,拐点就是中间的元音。[①] 具体分析方法是,先用 Kay CSL-4400 提取各音节韵母的第一共振峰和第二共振峰,再对每个韵母取相同点数的共振峰频率值,这里我们每个韵母取 20 点。然后按照韵母、国别和性别等不同的组别进行统计,求出各点的平均值,再根据平均值绘出声学元音图。由于 iou 的发音会受声调的影响,故此我们把含韵母 iou 的音节分为两组进行统计,阴平、阳平为一组(平声组),上声、去声为一组(上去组)。uei 的发音会受前拼声母和声调的影响,所以含韵母 uei 的音节根据声母和声调的不同分为四组:舌面后—平声组、舌面后—上去组、舌尖—平声组和舌尖—上去组,零声母音节与舌面后音组放在一起。

第三,结果。印尼华裔学生与中国学生韵母 iao 的比较。图 2-1 是印尼学生和中国学生韵母 iao 的声学元音图比较，a

---

① 曹剑芬、杨顺安《北京话复合元音的实验研究》,《中国语文》1984 年第 6 期;吴宗济、林茂灿主编《实验语音学概要》,高等教育出版社,1989 年;石锋、刘艺《广州话元音的再分析》,《方言》2005 年第 1 期。

是女生的图，b 是男生的图，图中实线和虚线分别代表印尼学生和中国学生发音时共振峰的变化轨迹。从图 2－1 可以看出，即使是在初级汉语水平阶段，印尼华裔留学生 iao 的习得结果也算不错。图中显示，印尼学生 iao 的主要偏误是拐点不到位，他们 iao 的拐点比中国学生的偏高，女生在这一点上表现更为明显（见图 a）。对拐点第一共振峰频率值的 ANOVA 检验结果表明，印尼学生与中国学生之间有显著差异：女生 $F_{(1,142)}=20.9$，$p<0.001$；男生：$F_{(1,142)}=8.6$，$p<0.01$。他们 iao 的起点舌位也有些偏低，起点第一共振峰频率值 ANOVA 检验结果表明国别组间差异显著：女生 $F_{(1,142)}=7.9$，$p=0.01$；男生 $F_{(1,142)}=14.2$，$p<0.001$。由于印尼女生 iao 的拐点偏高较多，致使其终点也略高一些。

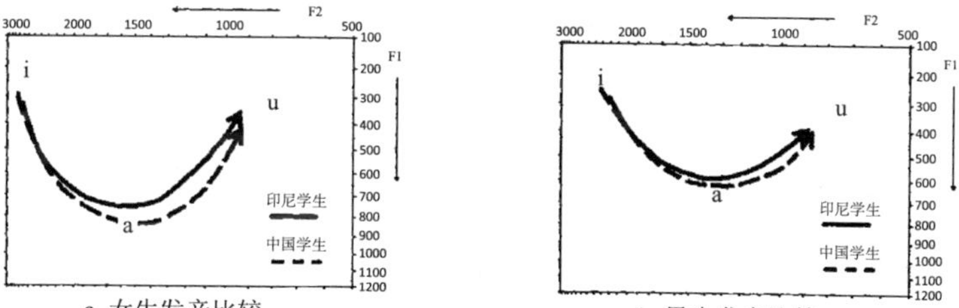

a. 女生发音比较　　b. 男生发音比较

图 2－1　印尼华裔、中国学生 iao 的声学元音图

印尼华裔学生与中国学生韵母 uai 的比较。图 2－2 是印尼学生和中国学生韵母 uai 的声学元音图比较。由这两张图可以发现，印尼学生男女共有的特点是 uai 的终点收得“过高”。中国学生读 uai 时，舌位从拐点到终点只有较小的动程，而印尼学生这一段的动程过大。终点第一共振峰频率值 ANOVA 检

验结果表明国别组间差异显著：女生 $F_{(1,129)}=25.4$，$p<0.001$；男生 $F_{(1,129)}=31.8$，$p<0.001$。除此之外，与中国学生相比，印尼女生（图 a）uai 的拐点也有些偏高：$F_{(1,129)}=42.8$，$p<0.001$，起点有些偏前，起点第二共振峰频率值 ANOVA 检验结果表明国别组间差异显著：$F_{(1,129)}=7.6$，$p<0.01$；印尼男生（图 b）uai 的拐点有些偏后，拐点第二共振峰频率值ANOVA检验结果表明国别组间差异显著：$F_{(1,129)}=14.2$，$p<0.001$，起点有些偏低：$F_{(1,129)}=42.9$，$p<0.001$，同时也有些偏前：$F_{(1,129)}=14.9$，$p<0.001$。

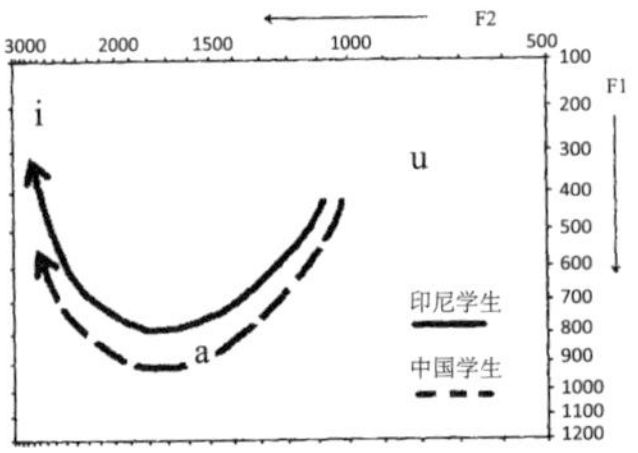

a. 女生发音比较

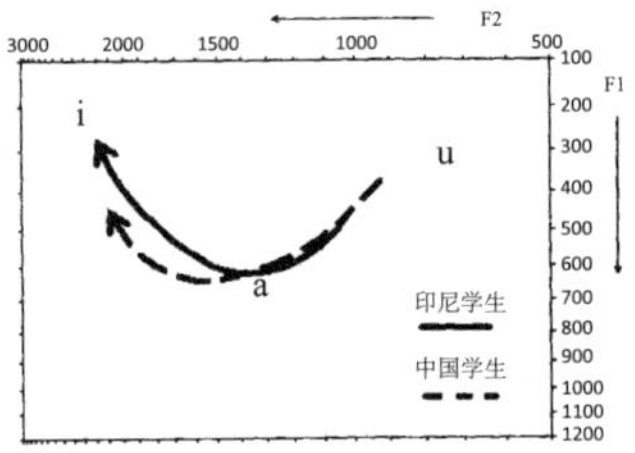

b. 男生发音比较

图 2－2 印尼华裔、中国学生 uai 的声学元音图

印尼华裔学生与中国学生韵母 iou 的比较。上文谈到，韵母 iou 的发音会受声调的影响，故此我们对 iou 的发音分两组进行考察：阴平、阳平为一组（平声组），上声、去声为一组（上去组）。图 2－3 是印尼学生和中国学生韵母 iou 的声学元音图比较。a 和 b 是 iou 平声调的图，c 和 d 是 iou 上去调的图。从这四张图可以看出，不管是男生还是女生，也不管是什么声调，印尼学生 iou 的拐点都存在不到位现象。他们所读的 iou 韵腹都比中国学生的偏高一些：$F_{(1,545)}=37.3$，$p<0.001$，同时终点也

都有些偏前：$F_{(1,545)}=28.5$，$p<0.001$。印尼学生 iou 的起点基本都把握得较好，只有男生上去调的起点有些偏后（图 d）：$F_{(1,129)}=9.3$，$p<0.01$，另外印尼男生的 iou 过于平直（图 b 和 d），而女生 iou 的发音因为受拐点偏高的影响，终点也有些偏高（图 a 和 c）。考察中国学生不同声调 iou 的发音，可以看出与上去调韵腹相比，女生平声调 iou 的韵腹变弱不明 $F_{(1,104)}=1.59$，$p>0.05$，而男生平声调 iou 的韵腹变弱比较明显 $F_{(1,104)}=11.0$，$p<0.01$。

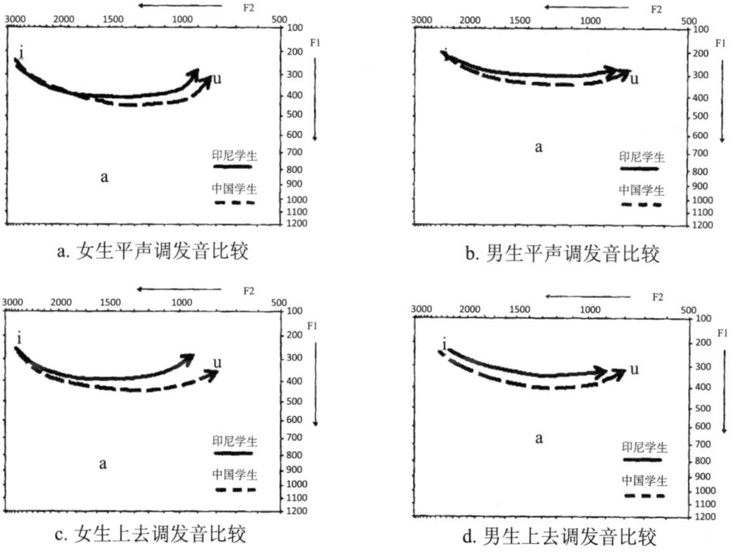

a. 女生平声调发音比较　　b. 男生平声调发音比较

c. 女生上去调发音比较　　d. 男生上去调发音比较

图 2－3　印尼华裔、中国学生 iou 的声学元音图

印尼华裔学生与中国学生韵母 uei 的比较。韵母 uei 的发音会受前拼声母和声调的影响，故此我们对 uei 发音的考察分为四组进行：舌面后—平声组、舌面后—上去组、舌尖—平声组和舌尖—上去组，零声母音节包含在舌面后组中。图 2－4 是印

尼学生和中国学生韵母 uei 的声学元音图比较。a—d 是 uei 前拼舌面后声母的图，e—h 是 uei 前拼舌尖声母的图。由这八张图可以发现，印尼华裔学生 uei 的发音偏误与 iou 的偏误有类似之处，他们 uei 发音的主要偏误也是拐点不到位，同时起点有些偏前。印尼学生 uei 的拐点，不管是前拼什么声母，是男生还是女生，也不管是什么声调，都比中国学生的偏高：$F_{(1,909)}=70.5$，$p<0.001$，而且起点都有些偏前：$F_{(1,909)}=63.3$，$p<0.001$。至于印尼学生 uei 的终点，基本没有什么问题，只有男生舌尖组上去调的终点有些偏高（图 h），这与拐点偏高有关。

比较中国学生三合元音韵母 uei 不同声调及前拼不同声母时的表现，我们发现，相对于上去调的发音，平声调的韵腹的确有些变弱：$F_{(1,349)}=10.9$，$p<0.01$。uei 前拼不同声母时发音也确实有较大差异，但这不是表现在韵腹变弱的程度上，而是表现在起点的位置上。当 uei 前拼舌面后声母时，起点比较到位（图 a—d），但是前拼舌尖声母时，起点却大大偏前（图 e—h）：$F_{(1,349)}=142.1$，$p<0.001$。此时的起点大约在比高、央元音略后一些的位置，即介音严重不到位。这是因为受声母发音部位的影响，发舌尖声母时，舌体要前伸，舌尖抬起，单独发韵母 uei 时，首先舌体后缩，舌面后部抬高，然后舌位降低，同时舌体前伸，最后舌前部再抬起。舌尖声母后跟韵母 ue,i 舌高点要从前到后再到前，活动相当复杂，一个音节的发音时间是有限的，舌体不可能在较短的时间内把各个动作都做到位，而声母的发音部位是不能改变的，也不可以过于突出介音，于是便出现了介音不到位的结果。

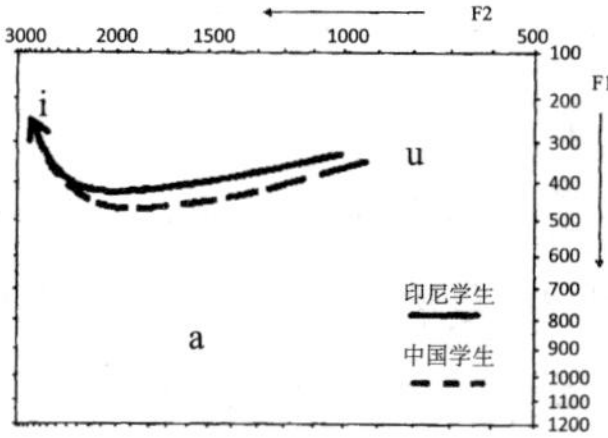

a. 女生舌面后组平声调发音比较

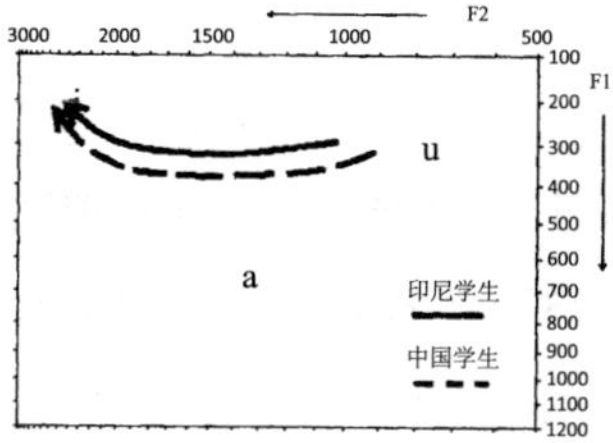

b. 男生舌面后组平声调发音比较

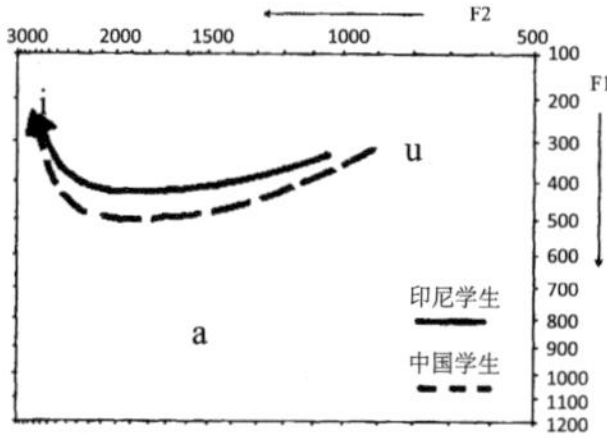

c. 女生舌面后组上去调发音比较

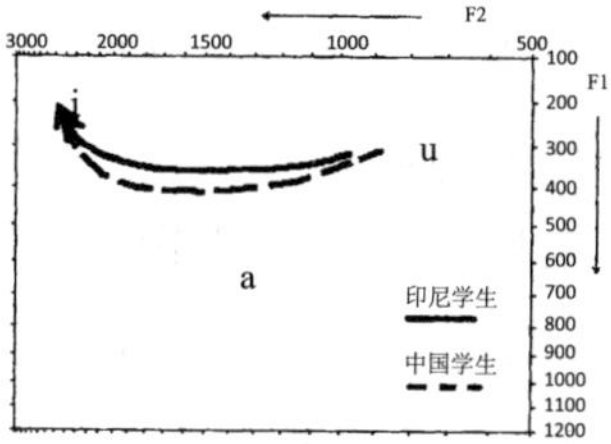

d. 男生舌面后组上去调发音比较

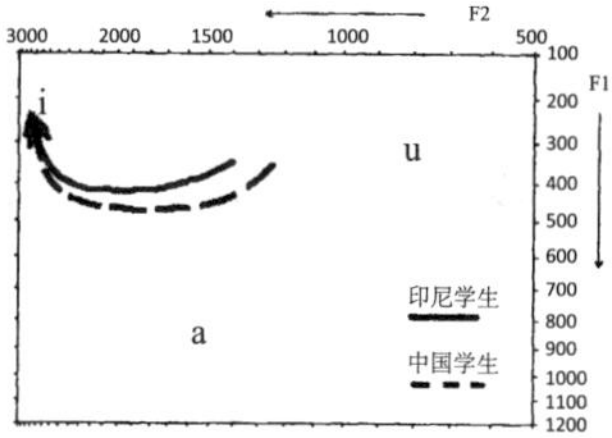

e. 女生舌尖组平声调发音比较

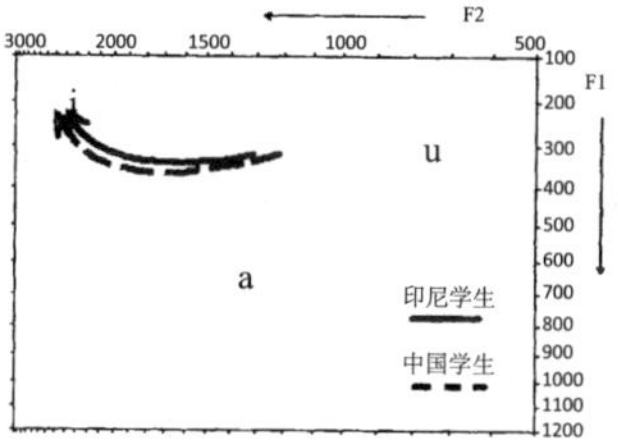

f. 男生舌尖组平声调发音比较

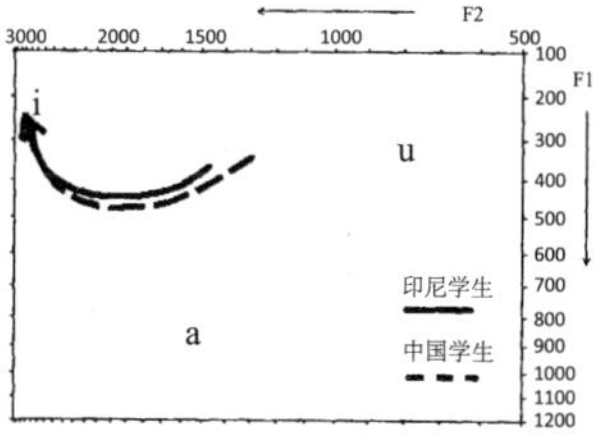

g. 女生舌尖组上去调发音比较

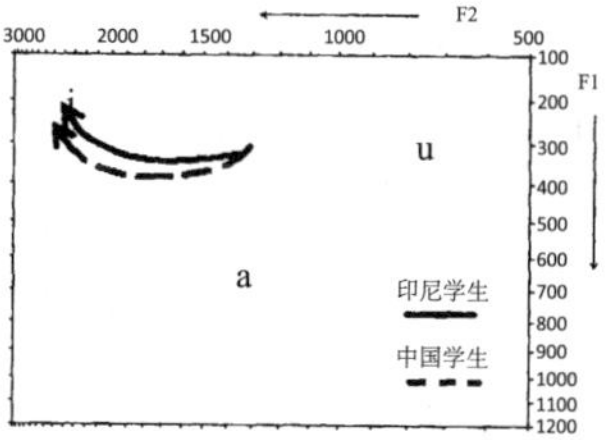

h. 男生舌尖组上去调发音比较

图 2－4　印尼华裔、中国学生 uei 的声学元音图

2. 韵母 iou、uei 的省写对印尼华裔学生发音的影响。

上面的分析表明，印尼学生 iou、uei 的发音都存在拐点（即韵腹）不到位的现象，这种现象是否与 iou、uei 的拼写形式有关呢？本节将对此做出考察。按照汉语拼音方案，iou、uei 自成音节时不省写，而在前拼辅音声母时要省写为 iu、ui，李培元（1987）曾指出这种省写规则会使留学生发音时省掉中间的韵腹，但他并没有对这一问题做出实证研究。我们将利用上一节使用的印尼华裔留学生的语音数据，对 iou、uei 自成音节与前拼辅音声母时的发音做出对比分析。由于 uei 前拼舌尖声母时介音不到位（见上文），可能对韵腹也有影响，所以对于韵母 uei，这里只比较它自成音节与前拼舌面后声母的发音。

第一，韵母 iou 自成音节与前拼辅音声母时的发音比较。图 2－5 是印尼学生韵母 iou 自成音节与前拼辅音声母时的发音比较。从图 2－5 可看出，与自成音节相比，印尼女生 iou 前拼辅音声母时拐点比较高，而印尼男生 iou 前拼辅音声母时应有的拐点几乎没有出现，即韵腹已基本脱落。对拐点第一共振峰频率值的 ANOVA 检验结果，①iou 自成音节与前拼辅音声母有显著差异：女生 $F_{(1, 167)}=7.3$，$p<0.01$；男生 $F_{(1,167)}=40.7$，$p<0.001$。这说明拼写形式对印尼学生韵母 iou 的发音的确有影响。

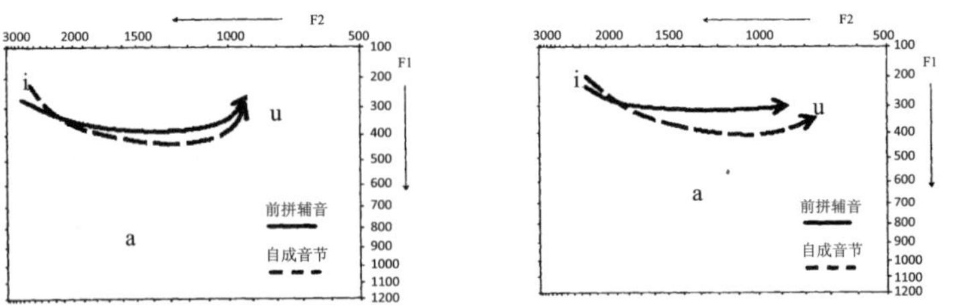

a. 女生发音比较　　　　b. 男生发音比较

图 2－5　印尼华裔学生 iou 自成音节与前拼辅音时的声学元音图

① 印尼男生 iou 前拼辅音声母时，应有的拐点几乎未出现，这里将 iou 第一共振峰最大值作为拐点。

第二，韵母 uei 自成音节与前拼辅音声母时的发音比较。图 2－6 是印尼学生韵母 uei 自成音节与前拼舌面后音声母时的发音比较。图 2－6 显示，印尼女生 uei 自成音节与前拼舌面后声母时拐点比较接近，而印尼男生 uei 前拼舌面后声母时拐点比自成音节时略高一些。对拐点第一共振峰频率值的 ANOVA 检验结果表明，uei 自成音节与前拼舌面后声母没有显著差异：女生 $F_{(1,111)}=0.33$，$p>0.05$；男生 $F_{(1,111)}=2.2$，$p>0.05$。拼写形式对印尼学生韵母 uei 的发音没有影响。

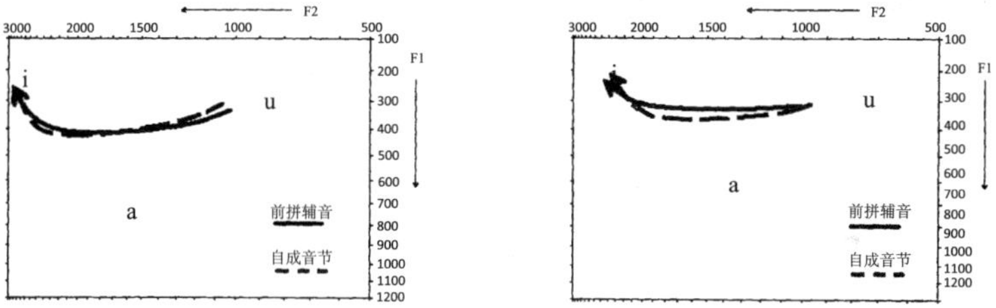

a. 女生发音比较　　b. 男生发音比较

图 2－6　印尼华裔学生 uei 自成音节与前拼辅音时的声学元音图

3.汉语及印尼语二合元音 ai 的发音比较。

上文在比较印尼学生与中国学生韵母 uai 的发音时发现印尼学生 uai 的终点收得过高，我们推测这可能是受印尼语的影响。印尼语中没有三合元音 ua，但是有二合元音 a，uai 的发音实际上就相当于在 ai 前面加一个介音 u，所以他们 uai 的发音终点偏高或许是受印尼语 ai 本身发音终点较高的影响。为了验证这一点，我们又制作了一个汉语字表和印尼语词表，前者由 9 个汉字组成，后者由 8 个印尼词语组成，每个印尼词语和汉字都包含二合元音 ai。印尼词表由印尼学生来读，汉语字表由中国学生来读，发音人及录音与上述三合元音韵母的实验相同。

图 2－7 是印尼语及汉语二合元音 ai 的发音比较，由图 2－7 可以看出，印尼语 ai 发音的终点确实比汉语的高，$F_{(1,441)}=85.3$，$p<0.001$，印尼语 ai 的动程比汉语的大。三合元音 uai 的发音相当于在 ai 的前面加上介音 u，印尼语 ai 发音的终点比汉语的高，所以印尼学生 uai 发音的终点也比中国学生的高。

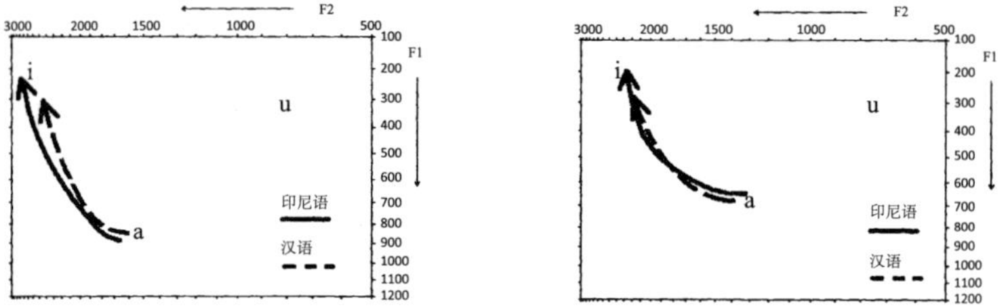

a. 女生发音比较　　b. 男生发音比较

图 2－7　印尼语及汉语二合元音 ai 的声学元音图

4. 讨论。

三合元音韵母发音时舌体位置是变动的，开始舌位从韵头出发，先滑向韵腹，再滑向韵尾。印尼华裔学生都或多或少地接触过汉语普通话或汉语方言，所以他们学习汉语语音比非华裔学生要容易一些。但是据我们了解印尼华裔学生的强势语言不是汉语方言而是印尼语，从 1966 年起到 1998 年止，印尼华文教育曾经历过一个长期封闭的阶段，①所以印尼的青少年只有一部分人会说一些汉语方言或普通话，还有一部分人两者都不会说。即使是在中国学习汉语的时候，他们互相交谈时也总是喜欢使用印尼语。因此他们学习汉语语音时主要是受印尼语的影响，同时也受汉语拼音拼写形式的影响。

① 宗世海、李静《印尼华文教育的现状、问题及对策》，《暨南大学华文学院学报》2004 年第 3 期。

韵母 iao 发音时首先舌位从 i 的位置出发，先滑向 a，再滑向 u，韵头和韵尾都比单元音的 i 和 u 要松一些。印尼华裔学生在学习这个韵母时出现的问题不大，因为印尼语中虽然没有三合复元音 iao，但是有二合复元音 au，iao 大致相当于在 au 前面加一个介音，i 所以他们学习这个韵母时困难不大。上文谈到，印尼学生 iao 的主要偏误是拐点有些不到位，所以我们在指导他们发 iao 时，应强调从韵头到韵腹的动程要大一些。韵母 iao 的发音实际上是口由合拢到打开再到合拢的过程，印尼学生的发音偏误是口打开得不够大，故此应指导他们在口张开时要张得大一些。此外 iao 的介音要再稍微紧一些，即舌位要再略高一些，这样就更接近汉语普通话的 iao 了。

韵母 uai 的发音与 iao 相反，首先舌位从 u 的位置出发，先滑向 a，再滑向 i。韵头 u 比单元音的 u 松一些，韵尾的舌位较低，大致在前中元音的位置。印尼学生 uai 发音的主要偏误是韵尾收得过高，这是因为印尼语中有二合元音 ai，他们 ai 的韵尾收得较高（见上文），发汉语 uai 时，受印尼语 ai 的影响，韵尾也收得比较高。在指导他们发韵母 uai 时，应强调从韵腹到韵尾的动程不要过大。也就是说，在 uai 发音的末尾阶段口不要过于合拢，发音结束时开口度大致适中就可以了。还要告诉他们发音时开始舌体要再向后缩一些，对于印尼女生，要让她们在口张开时再张得稍大一些，而对于印尼男生，要让他们在发音开始时舌位再高一些，口张开时舌位再稍前一些。

韵母 iou 发音时首先舌位从 i 的位置出发，然后向后向下滑动，大约到央元音的位置，①再滑向后元音 u。印尼学生 iou

① 韵母 iou 的实际拐点不是 o，而是一个比央元音[ə]略高略后一些的元音。

的发音偏误主要是拐点有些不到位，这一方面可能是因为印尼语中没有这个韵母，所以学起来有些困难；另一方面也是受汉语拼音拼写形式的影响。韵母 iou 在与辅音声母相拼时要省写为 iu，外国留学生以为它是由 i 直接滑动到 u 了，便出现了拐点不到位现象，印尼男生这一点表现得更为明显。此外，印尼学生 iou 的终点也都有些偏前。针对这样的问题，教学中应向他们讲清楚，韵母 iou 不是舌位由 i 直接滑动到 u，而是从 i 先向后向下滑动，再滑向 u，发音的中间阶段舌位要再低一些，同时发音的末尾阶段舌位要尽量后缩。

韵母 uei 的发音受声母的影响较大，当它前拼舌面后声母或自成音节时，首先舌位从 u 的位置出发，先滑向前半高元音[e]，再滑向 i，韵头比单元音 u 要松一些，但是韵尾很接近单元音 i，而当 uei 前拼舌尖声母时，声母发音结束之后，舌体稍向后缩，舌面隆起，然后便滑向前半高元音[e]，再滑向 i，韵头大约在央高元音的位置，韵尾很接近单元音 i，印尼学生 uei 的发音偏误是，不管前拼什么声母，主要都是拐点有些不到位，这大概是因为印尼语中没有这个韵母的缘故。汉语拼音拼写形式对他们 uei 的发音没有影响。此外，印尼学生 uei 的介音也都有些偏前。针对这样的问题，教学中应指导他们，韵母发音开始时舌体要再后缩一些，发音的中间阶段舌位要再低一些，这样就更接近汉语普通话的 uei 了。

尽管汉语拼音拼写形式对印尼华裔学生 uei 的发音没有影响，但是对他们 iou 的发音却有影响，所以在语音教学的初级阶段，应对这两个韵母的拼写形式做一些说明，告诉他们虽然在拼写中是 iu 和 ui，但是应注意其实际发音是 iou 和 uei。

5.结语。

语音是语言的物质外壳。语音的重要性决定了语音教学是第二语言教学的基础，是掌握听说读写技能和提升交际能力的前提。对外汉语语音教学应坚持集中教学和长期严格要求相结合的原则。[①] 在教学开始阶段对语音进行集中训练是非常必要的，这可以使学生对汉语语音系统有一个整体把握。集中训练结束后，也不能放松对语音的要求，语音训练应贯穿教学过程始终。我们对印尼华裔留学生汉语三合元音韵母的习得偏误情况做了分析，发现他们经过半年到一年的学习，三合元音韵母的发音仍有一些偏误。这正说明语音教学应坚持不懈，长期严格要求。

我们发现印尼华裔留学生 iao、iou 和 uei 的发音都存在韵腹不到位现象，但是 uai 的发音却出现了韵尾过头的问题。所以在教学中就需指导他们，韵母 iao、iou、uei 发音的中间阶段舌位要再低一些，韵母 uai 发音的末尾阶段口不要过于合拢。他们发三合元音时不会丢掉介音，但是 iao、uai 和 uei 都存在介音不到位现象，教学中应指导他们 iao 发音开始时舌位要再高一些，uai、uei 发音开始时舌体要再向后缩一些。他们的 iou 韵尾有些不到位，应指导他们 iou 发音的末尾阶段舌体要再向后缩一些。掌握了学习者学习中出现的问题，再进行相应的指导，对纠正他们的发音偏误会收到事半功倍的效果。此外，我们采用实验的方法，证实以前人们对 uei 前拼不同声母时发音的说明有些欠妥，韵母 uei 前拼不同声母时的差异不是表现在韵腹变弱的程度上，而是表现在介音到位的情况上。当 uei 前拼

① 刘珣《对外汉语教育学引论》，北京语言文化大学出版社，2000 年，第 355 页。

舌面后声母或自成音节时，介音比较到位，而当前拼舌尖声母时，介音严重不到位。这一发现一方面可以使我们对汉语三合元音的发音有更深入的认识，另一方面也有助于我们准确指导留学生学习汉语语音。

（三）声调习得分析①

声调教学开始应以单音节词为主进行练习，读准单字声调是学习双音节声调的基础，故在此只探讨印尼学生习得单字声调的问题。

1.实验分析。

(1)发音人及录音。本实验使用了8位印尼留学生和6位国内学生的录音材料。印尼留学生4男4女，都是华裔，初级汉语水平，在中国学习汉语半年到一年之间。国内学生3男3女，都来自官话方言区，普通话熟练。录音字表包括汉语阴平、阳平、上声、去声字各15个，每个字都标有拼音，字表按随机顺序排列。录音在暨南大学华文学院的录音室完成，语音信号直接接入电脑，使用 Cool Edit Pro 录音软件录音，采样率为116kHz，保存为 wav 文件。

(2)分析方法。本实验使用美国 Kay 公司生产的 CSL－4400 提取基频，提取步长为10毫秒。然后找出每位发音人的基频最大值 a 和最小值 b，再用下面的公式计算五度值②：

$$T = \frac{logx - logb}{loga - logb} \times 5$$

① 本部分自王茂林《印尼华裔留学生汉语声调习得分析》，《暨南大学华文学院学报》2006年第2期。

② 石锋、廖荣蓉《语音丛稿》，北京语言学院出版社，1994年。

x 为某点的基频值，T 为该点的五度值。得到每一点的 T 值之后，对数值进行归整处理，每个声调取 60 点数值。然后求出每个被试各声调对应点的平均值，之后再求不同国别组各声调对应点的平均值。

(3)实验结果。第一，印尼华裔学生与中国学生声调比较。图 2－8 是印尼华裔学生和中国学生阴、阳、上、去四声的五度制结果。图 a 根据 8 位印尼学生的数据绘出，图 b 根据 6 位中国学生的数据绘出，图右侧的数字是五度制标度。从这两幅图可以看出，即使是在初级汉语水平阶段，印尼华裔留学生单字声调习得的效果也算不错了。不过尽管他们读的汉语声调已经很接近中国学生了，还是有一些偏离。

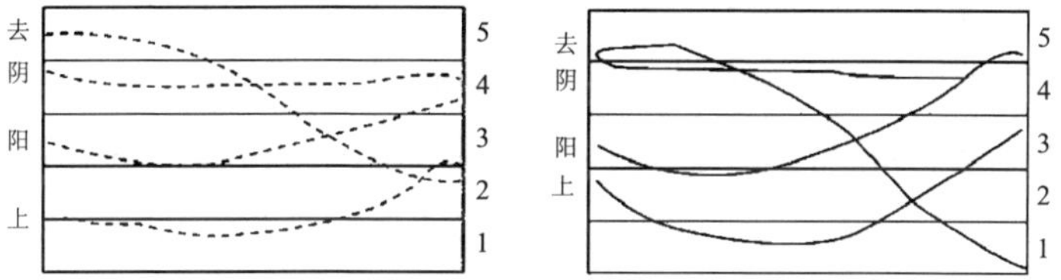

a. 印尼华裔　　b. 中国学生

图 2－8　印尼华裔、中国学生汉语声调

图 2－9 是印尼学生和中国学生四声声调比较，观察阴平调的声调曲线发现，二者调型基本一致，只是声调高低略有不同，印尼学生阴平调的调高略低。普通话阳平是一个中升调，图 b 显示阳平调值中国学生为 35，印尼学生为 34，印尼学生阳平调的末尾调高略低。图中显示中国学生和印尼学生阳平调的声调曲线开始都有短促的下降段，阳平调开始的下降段时长非常短，一般不为人感知。阳平调开始段出现短促的下降段，不属于偏

误。关于上声调(图 c),与中国学生相比,印尼学生的声调曲线偏低平,开始段下降不明显,末尾上升的高度又不够高。普通话上声是一个降升调,调型先降后升,比较复杂,一般外国人读这个声调都感到困难。音高是由声带紧张度控制的,读上声调时开始阶段声带放松,音高降低,接下来声带再收紧,音高上升。上声调本身就比较复杂,所以印尼学生读这个声调时就容易出现不到位现象。普通话去声是一个全降调(图 d),调值为 51,中国学生发这个声调时末尾音高降得很低。声调从最高降到最低,也需要发音人能够熟练控制声带。开始声带紧张,调值很高,发音过程中声带紧张度迅速下降,使调值降到最低。印尼学生在发去声调时起点控制得较好,但音高下降的幅度不够大。从图 2－9 的声调曲线可以看出,印尼华裔学生对汉语四声的调型掌握比较好,但对这四个声调的调高控制都或多或少有一些问题。阴平调整体调高略低,阳平调末尾调高略低,上声调起首和末尾调高都略低,去声调末尾又不够低。总的来看,问题在于高调不够高,上升、下降和曲折调变化幅度不够大。

第二,印尼华裔留学生的声调偏误。汉语普通话单字阴平是高平调、阳平是中升调、上声是降升调、去声是高降调。如果印尼学生的声调基本符合上述类别,就不算偏误。具体说,阴平可以是 55 和 44,阳平可以是 35、34 和 24。上声可以是 214、213 和 212,去声可以是 51 和 52。图 2－10 是 8 位印尼学生各自读汉语四声的声调与 6 位国内学生平均声调的比较,从图中可以清楚看到,阴平全部都是高平调(图 a),没有调型偏误,表明阴平调最容易掌握。去声全部都是降调(图 d),只有少数学生的去声末尾稍有上升趋势,这是由于受后面声调的影响而造成的，不会被人感知，故去声也是比较容易掌握的。从图 b 可以看到，印尼学生阳平调出现偏误较多。有的学生把阳平读成中平调，出现调型偏误。由此可见，阳平比阴平和去声难掌握。上声的偏误更多，图 c 显示，有的学生把它读成低升调，有的读成低平调，有的读成低降调，调型偏误较严重，所以上声是最难掌握的。

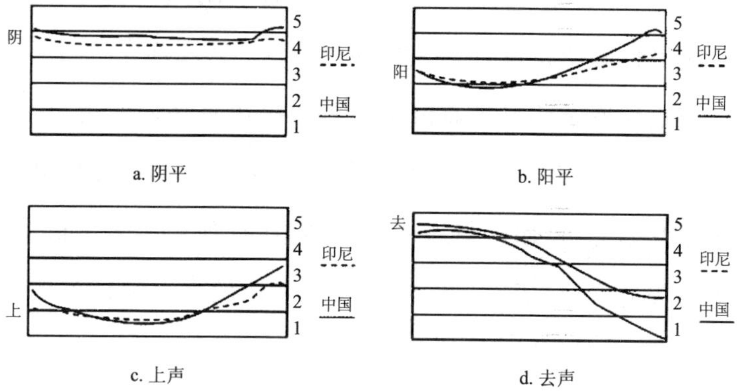

图 2－9　印尼华裔、中国学生四声声调比较(1)

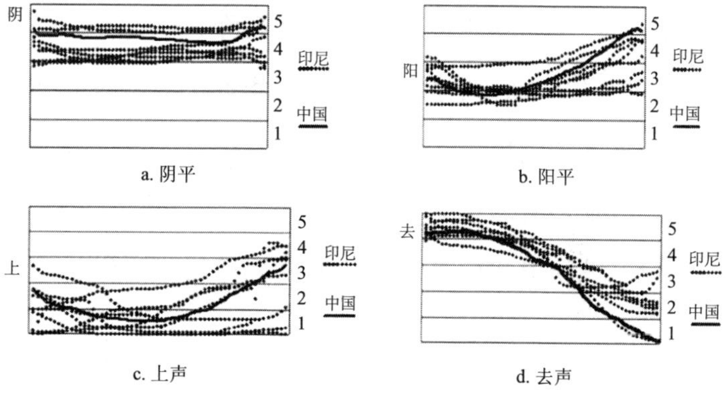

图 2－10　印尼华裔、中国学生四声声调比较(2)

2.讨论。

在普通话的四个声调中,阴平调型最简单。余霭芹(1986)就曾提出平调最容易掌握,汉语四声学习的难度顺序是:阴平、去声和阳平、上声。但是人们进一步研究发现,对外国学生来说,是声调高低而不是调型造成了学习困难。[①] 赵金铭(1988)在对母语是声调语言的外国学生的调查中发现,最常见的错误是声调高低的错误,即把高调读成低调,把低调读成高调。[②]

我们考察了印尼华裔留学生习得汉语单字调的情况,就四声的难易而言,我们发现绝大多数印尼华裔学生的强势语言已不再是汉语方言,而是当地的印尼语,而且他们大多会讲英语。印尼语没有声调,所以他们学习汉语声调的难点和以英语为母语的学生是一样的。

对于印尼华裔留学生来说,阴平最容易掌握。阴平调型最简单,印尼学生阴平没有调型错误。印尼华裔留学生习得汉语去声也不困难,他们发的去声全部都是高降调,调型没有问题。普通话阳平是中升调,调值为35。印尼华裔学生有时会把它发成中平调,出现调型偏误。印尼华裔学生汉语上声掌握得最不好,我们发现他们有的把它读成低升调,有的读成低平调,有的读成低降调,偏误形式较多。本研究发现印尼华裔学生确定声

---

① 余霭芹《声调教法的商榷》,《第一届国际汉语教学讨论会论文选》,北京语言学院出版社,1986年,第229—235页。

② 赵金铭《从一些声调语言的声调说到汉语声调》,《第二届国际汉语教学讨论会论文选》,北京语言学院出版社,1988年,第171—181页。

调的末尾目标点比较困难。

3.结语。

对于印尼华裔学生，汉语四声的难易顺序的确是阴平最容易学，其次是去声、阳平，上声最难学。所以我们认为教声调时可以先让学生了解汉语四声，然后在练习声调的时候可以先让他们发准阴平，发阴平调要抬高音调，声带保持紧张。阴平调基本正确之后，就练习去声。印尼华裔学生去声的起点没有问题，只是终点略低一些。要告诉他们发去声时声带要迅速放松，以便达到预期的音高低点。然后练习阳平，印尼华裔学生阳平的起点调高也基本正确，应告诉他们阳平是升调，发音时声带由中度紧张迅速变紧，声调上升，并升到预期目标。练习上声时，声带先放松，然后再拉紧，使音高先下降，再上升。

语言教学的目的是培养学生的语言能力，这种语言能力的心理学表达就可以概括为语感，或者说语感是语言能力结构的核心要素。[①] 在声调教学中应培养学生的声调感，通过大量的语音输入，加上在正确方法指导下的反复操练，使学生真正领会汉语普通话的声调格局。

二　泰国华裔学生华语语音偏误[②]

泰语和汉语同属汉藏语系，是有声调的语言。语言中最小的语音结构单位是音节，每一个音节又都是由声母、韵母和声调三部分组成的。泰语有 5 个声调，中平（第一声）、低平（第二

① 周健《对外汉语语感教学探索》，浙江大学出版社，2005 年。

② 本部分选自李红印《泰国学生汉语学习的语音偏误》，《世界汉语教学》1995 年第 2 期。

声)、降调(第三声)、高平(第四声)和升调(第五声)。声母由 42 个辅音字母构成,分中、高、低三组,拼音时,在不同情况下有不同的声调规则。韵母由 37 个元音字母构成,相同的元音有长短音之分。长短元音在泰语中能区分词的意义,扮演着重要的角色。

泰语和汉语在语音、词汇和语法等方面都有许多共同点,也有许多相异点和相似点。这些相异点和相似点构成了很强的负迁移的因素在干扰着学生的学习。

这里通过比较汉泰两种语言在声、韵、调上的相异和相似,来分析泰国学生学习汉语的语音偏误。

(一) 声母偏误

1.声母发音的“痼疾”是发不好卷舌音 zh、ch、sh、r。

泰语没有卷舌音,学生常以舌面音[c](จ)、[cʻ](ฉ、ช、ฌ)和舌端音[s](ศ、ษ、ส)来代替,结果 lǎoshī(老师)说成 lǎosī、chīfàn(吃饭)说成 qīfàn、zhīdào(知道)说成 jīdào 或 zīdào 等。

此外,在初学阶段,有相当多的学生还分不清声母 h 和 k 的读音,常将二者混读,如把 hēshuǐ(喝水)读成 kēshuǐ、kāiyǎn(开演)读成 hāiyǎn 等。不过,随着学习的深入,大部分学生都能改正这种混读,正确读出 h 和 k 的读音。

2.在声母学习方面,最值得注意的是泰语鼻音的干扰。

泰语有三个常用的鼻辅音ง[ŋ]、น[n]、ม[m]与韵母拼读时带有浓重的鼻音。ห、ฮ[h]虽是声母擦音,但与元音 -ะ[a]、-า[a]及以它们开头的复元音拼合时也带有明显的鼻音。

此外,泰语还有三个鼻音韵尾 -ง、-น、-ม。这样,鼻音声母、韵尾与韵母组合拼读时,许多词语都带有明显的鼻音,如:ห้องน้ำ[hɔːŋnaːm](洗手间)、หัวหน้า[huːana](主任)、หัวหิน

[hu:ahi:n](地名)等。又如เฮฮา[he:ha:](闹哄哄)、เงาะ[ŋɔ](红毛丹)、โมโห[mo:ho](生气)等也带有极重的鼻音。因此有人这样描绘泰语:“泰国人说话轻声软语,娇柔妩媚……鼻音也重,听起来慵懒情浓。”①

泰语重鼻音的发音特点直接影响到了汉语 h 声母的学习,使得学生在学习时总以泰语ห (ฮ)的发音习惯来代替汉语的 h。在说“你好!”“老师好!”“你身体好吗?”时,hǎo(好)的发音总带有明显的浓重的鼻音,加之韵母发音的偏误(将 ao[au]发成[a:u],音长加长),整个读音就像捏着鼻子、压着嗓子发出的。

除了“好”是这样发音以外,学生在念“华、号、或、欢、很、海”等字词时也都带有明显的鼻音。

(二)韵母偏误

1.混读汉语 ua,uo 韵母的读音。

泰国学生在学习汉语时时常混读 ua、uo 这两个韵母,有时把 ua 读成 uo,有时又把 uo 读成 ua,如 huáqiáo(华侨)读成 huóqiáo、Zhōngguó(中国)又读成 Zhōngguá 等。之所以出现这样的混读,跟泰语韵母的实际读音的干扰有关。关于-ัว韵母的读音,许多泰语教科书都注音为[u:a],而据我们实际调查发现-ัว与声母拼读时,实际发音有两个,即[u:a]和[uo]。例如หัว(头)、มัว(模糊)、บัว(荷)等词韵母发音是[u:a],而กลัว(怕)、ตัว(只)等词的韵母发音却更接近于[uo]。与汉语不同的是-ัว韵母的这两个实际读音并不起区别意义的作用,在泰国人听来没有

① 杨月荪《泰国,美得有声有色》,《世界日报》(泰国)1993年12月18日。

什么不同,因此,可以看成是-ัว韵母的两个变体①。-ัว韵母发音的这种不稳定性影响到了泰国学生对汉语 ua、uo 韵母的正确听辨,从而混淆它们的读音。混读的例子很多,如 guāfēng(刮风),读成 guōfēng、huìhuà(会话)读成 huìhuò、huāqián(花钱)读成 huōqián 等;反过来说 cuòwù(错误)又读成 cuàwù、huòzhe(或者)读成 huàzhe、zhuōzi(桌子)读成 zhuāzi、shuō(说)读成 shuā、wǒ(我)读成 wǎ 等。

有学者在分析泰国学生学习普通话的特殊困难时指出,由于泰语没有 uo 韵母才使得泰国学生易用 ua 代替 uo。② 从以上分析可以看到,泰语还是有 uo 这个发音的,否则就无法解释学生在以 ua 代替 uo 的同时,又以 uo 代替 ua 这一混读现象了。

2.混读汉语 ia、ie 韵母的读音。

泰国学生在混读 ua、uo 韵母的同时,也常常混读 ia、ie 这两个韵母。这同样是泰语เ-ีย韵母实际读音的不稳定性造成的。许多泰国教科书也都把韵母เ-ีย的读音标注为[iːa]而实际拼读时是有[iːa]和[iɛ]两个读音变体的。例如:เมีย(老婆)、เสีย(坏)的韵母发音是[iːa],而เบียร์(啤酒)、เปีย(辫子)的韵母发音却更接近于[iɛ]。受此影响,泰国学生学汉语时常常把 jiā(家)读成 jiē、xià(下)读成 xiè;又把 jiē(接)读成 jiā、bié(别)读成 biá、xièxie(谢谢)读成 xiàxia 等。

---

① 关于-ัว的这两个读音变体,可以有两种解释:一是[uːa][uo]在泰国人口中交替出现,没有条件限制,不区别词义,是-ัว的两个自由变体;一是-ัว在与声母相拼时,受声母发音特点的影响出现[uːa][uo]的不同读音。但也不区别词义,是-ัว的两个条件变体。

② 饶秉才《华人汉语速成教材》(中级),华语教学出版社,1991 年。

3.汉语 ao、ei 韵母的读音偏误。

受泰语 - าว [a:u]韵母的干扰,泰国学生在学习汉语时出现以下偏误:(1)舌位靠前,把后 ɑ 发成前 a;(2)ɑ 音拖长,由 ɑ 向 u 过渡缓慢,口型变化大。这样,在念"好、高、要、到、报、套"等时发音总是不很自然。

泰语中有一个韵母-ื[ɯ:],发音比较特别,汉语没有。发-ื时,舌身后缩、舌根向软腭处抬起,口腔紧张,如มือ[mɯ:](手)、ซื้อ[sɯ:](买)等。这种发音习惯使得泰国学生在发汉语的 ei 韵母时,也常常舌身后缩,舌根抬起,把 ei[ei]发成[ɤ:i],如"美、给、陪、黑、飞、妹、备"等就是这样发音的,听起来颇为生硬。

此外,由于泰语没有高元音 ü[y],许多学生常以不同的圆唇高元音 i[i]代替,如 qù(去)读成 qì、yú(鱼)读成 yiú, yuán(圆)读成 yán、yuè(月)读成 yè、jué(决)读成 jié 等。

(三)声调偏误

众所周知,汉语的声调对许多国家的学生来说,是学习的难点。尽管泰语跟汉语都是有声调的语言,但是,泰国学生学习汉语声调同样存在困难。在汉语四声学习中,有学者认为第一声和第四声最易掌握,根据是一声和四声的调型从音理上讲最易学习,并且出现的频率也高。① 也有学者认为是调域而不是调型造成了外国学生学习的困难。② 沈晓楠(1989)在分析美国学生声调偏误时证实了这一点,并指出在汉语四声中错误率最高

① 余霭芹《声调教学法的商榷》,《第一届国际汉语教学讨论会论文选》,1987 年;李培元《汉语语音教学的重点》,《世界汉语教学》1987 年第 1 期。

② 赵元任《语言问题》,商务印书馆,1980 年。

的不是阳平和上声，而是去声和阴平。[①] 实际听辨的结果告诉我们，泰国学生的声调偏误主要也是调域上的，偏误最严重的也是一声和四声。具体表现是一声调不够高，四声调太降长。

1.一声的偏误。

汉语的一声是个高平调，读音高而平，泰国学生读来却不够高，调值总达不到55。这主要是受泰语中平调的干扰。就调型而言，泰语的中平调最接近汉语的阴平（图2－11）。因此，在学习中学生就习惯于用中平调的发音来模仿阴平，从而把一声字读得比较低。如“车、多、吃、八、家、听、书、张、司机、今天、餐厅”等一声字的调值都不够55。

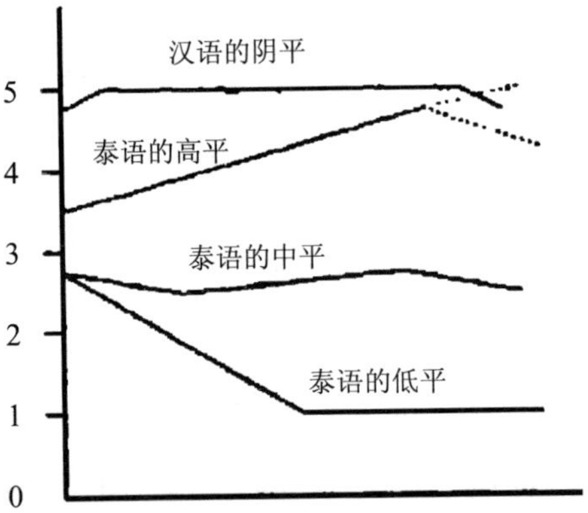

图2－11 汉泰平调对比示意图

这是单字静态声调的读音情况。此时，一声调的偏误不是很普遍，在教师的纠正下，多数同学还能改正，而一旦念“一声＋四声”二字组时，一声调的偏误就相当普遍和顽固了。

① 沈晓楠《关于美国人学习汉语声调》，《世界汉语教学》1989年第3期。

2.四声的偏误。

和有些国家的学生相比，泰国学生发汉语去声，不是降不下去，而是降得太过了。所谓太降实际是去声字音长加长造成的感觉。泰国学生在念四声字调时总是在读降调的同时把音长加长，听起来读音又降又长。如在回答“不是/不去/不对/不会”时，总是在“不”后稍停顿，然后充分念出后面的四声调，过降过长的特点十分明显夸张。这样念的单音节四声词常见的还有“课、个、病、坐、到、次、月、问、累、信、寄、大、报、用、姓”等。

在多字组中，其中的四声字也总是读得过降过长，如“有空、比赛、节目、中文系”等。如果多字组中的字词都是四声调，则过降过长的偏误总是集中在末字上，如“现在、宿舍、见面、照相、硬币、俱乐部”等。

汉语四声是一个降调，发音由高向低迅速滑落，短促而有力，声调起点即是调值最高点。泰国学生读来却不是这样，发生的重要偏误是去声调最高点后移了。这样，从声调起点到最高点增加了一段弧度，从而也就加长了去声的时长，听起来便有了这种过降过长的特点。

四声调出现这样的偏误是泰语降调和长音干扰的结果。泰语第三声（中、高音声母标为้、低声母标为'）是个降调，在拼读时总是处于长音音节上，降长的发音特点十分明显，如ห้า（五）、เก้า（九）、ได้（行）、ใช่（是）、ว่า（说）、ที่นี่（这里）、เต้าหู้（豆腐）等都是这样发音的。

当然，泰语词重音后置的影响也强化了泰语降调的发音特点，并对汉语四声调的学习形成干扰。

3.“一声＋四声”二字组的声调偏误。

在单字调的读音中，一声调的偏误不是很普遍，而在“一声＋四声”二字组读音中，一声调的偏误则十分普遍，而且听起来更低。此时，四声调仍然存在过降过长的偏误。我们调查了一百多个“一声＋四声”组合的双音节词，几乎无一例外都是四声调过降过长，一声调由高平变低平。例如“医院、音乐、听力、车站、周末、工作、天气、经济、机会、约会、生气、鸡蛋、商店、经验、夫妇、生日、功课、观众、相信、方便、发现”等都是这样念读的。从语图对比上可以更直观地看到这一点。中国人读“经验”一词时，前字一声调保持高平，一声调的终点与后字四声调的起点基本上在同一水平线上，而泰国学生读时，前字一声调出现向下弯曲的低降，声调终点与后字四声调的起点不在同一水平线上，两点落差很大，这反映出前字声调音高变低了。这种组合中出现的声调偏误很有规律，发生的频率也高，可以说只要一声调字词与后面的四声调字词连读，就会出现这样的偏误，如“开会、吃饭、七次、三月、丁力（人名）、都换、酸辣汤、真对不起”等都是一声调变低平，四声调太降长。

如果说单字声调中一声和四声调的偏误是受到泰语中平调和降调的干扰的话，那么“一声＋四声”二字组的动态声调偏误则多是泰语词重音后置影响的结果。有研究者在汉泰重叠词对比分析中指出，泰语单音节词语重叠后形成“轻重”型读音，双音节词重叠后形成“轻中轻重”型读音。[①] 而且泰语中大多数双音

---

① FU ZENGYOU，Reduplicatives in Chinese and Thai：A Comparative Study，泰文版，硕士学位论文。

节、多音节词也都是前轻后重型读音，可以说泰语是后重型语言。泰语词重音后置后常常会引起前一音节发生元音音长缩短、弱化甚至脱落等语音变异。例如，泰语的“老师、语言、刚才、三轮车”等词在实际读音中，由于词重音后置，就出现了前一音节长元音变短的音变：[ˀa：ca：n]→[ˀaca：n]（老师）、[p'a：sa：]→[p'asa：]（语言）、[taki：ni：]→[takini：]（刚才）、[sa：ml：]→[saml：]（三轮车）。也就是说，词重音后置有可能引起前一音节发生包括变调在内的各类音变。而且，泰语词重音与长音在词句中具有明显的伴随性，即重读音节往往发长音，如เทา[si：t'au]（灰色）、พวกเรา[p'uk'rau：]（我们）、มะละกอ[malakɔ：]（木瓜）、ทำไม[t'ammai：]（为什么）等。这种伴随性在音节为降调时表现得最为明显（如前所述泰语降调降长的发音特点）。

泰语词重音后置的特点影响了泰国学生对英语的学习。英语中有许多重音在前的词语，泰国学生读来都总是把重音移到末一音节，如“social（社会的）、special（特别的）、number（数目）、copy（复印）”等词。还有一些词如“computer（电脑）”在泰语中应用得十分广泛，发音更加“泰化”，重音后置的情况更为突出。这样读的英语词语还有“summer（夏季）、shopping（购物）、center（中心）、visa（签证），doctor（博士）”。词重音后置以后，末一音节音长加长并读降调，发音又降又长。与此同时，前一音节也发生音高由高变低的音变。例如“computer（电脑）”一词的发音，词重音后置以后，末一音节“-tcr”读得很重，发音又降又长，而前一音节“-pu”的音高也随之被压低了。我们称这种音变为“先抑后扬”式的语音偏误。

泰语词重音后置的发音特点自然也影响到对汉语词语的学习。据调查，泰国学生在念汉语词语时总是强化“中重”式词语的重音，把末一音节读得过重，如“磁带、大概、但是、马上、排队、生气、锻炼”等。同时又把“重中”式和“重轻”式都读成“中重”式，如“羡慕、准备、看见、颜色”“先生、什么、谢谢、厉害”等。泰国学生对“中重”式词重音的强化集中表现在末字为四声调上，当读“一声＋四声”二字组时，自然而然地把四声调的末字读得特别重，从而强化了前文所述的四声调降长的偏误；与此同时，为把后字读得重一些，长一些、降一些，就压低前字一声调的音高，由高平变为低平，从而形成“先抑后扬”式的声调偏误。

（四）余论

一般认为，汉语词重音的基本规律是“重音多落在最后一个音节上”，持这种观点的重要根据是徐世荣(1982)对汉语两万个常用双音节词的统计，[①]结果是重音落在第二音节上的占总数的70%强。[②] 这样看来，汉泰两种语言的词重音规律是相同的。根据中介语理论，这将在外语学习中产生正迁移。即泰国学生在学习汉语对在词重音方面应该没有问题。然而，事实上恰恰相反，泰国学生却总是强化汉语“中重”式的词重音，把末一音节读得过重，这是为什么呢？

诚然，汉语词重音在音量上也许存在某些差别，但是，汉语词重音后重的基本规律是不是也存在问题呢？汉语词重音的基本规律主要建立在“中重”式词语和“重轻”式词语的百分比上，

---

① 徐世荣《双音节词的音量分析》，《语言教学与研究》1982年第2期。

② 鲁健骥《中介语理论与外国人学习汉语的语音偏误分析》，《对外汉语教学论文集(1979—1984)》，1984年。

然而关于哪些是“重轻”式，哪些不是“重轻”式，本身就存在分歧。《北京话轻声词汇》包含 4000 个“重轻”式词语，而《现代汉语词典》却只收 2000 个这样的词语。[①] 这种分歧固然反映了方言(北方话)与共同语(普通话)在语言规范过程中的矛盾，但也足以说明汉语“重轻”式词语是一个处于变化中的不稳定的集合。

我们认为汉语“重轻”式词语有扩大的趋势，扩大的原因是词重音的前倾，即词重音有向前一个音节转移的倾向。在汉语实际读音中，中国人更习惯于把话说得“轻巧”而不是“沉重”(除非有意强调)，即使是“中重”式词语，读来也不会像泰国学生那么重，这是由于有词重音前倾的制约。在词重音前倾引力的作用下，部分“中重”式词语的末一音节可能会越读越轻，最终转变为“重轻”式词语。支持我们这种推测的是巴维尔的“汉语重音左移”说。他在对汉语正常话语的样品进行实验分析后提出了词重音左移的假说，并且认为轻声就是这种转移的最后结果。我们认为巴维尔的假说极富有启发性，为进一步探讨汉语词重音的规律和轻声产生变化的规律提供了另一种思路。

可以这样认为，在汉语词重音后重的一般规律内部还存在词重音前倾(或叫左移)的“暗流”，正是这股“暗流”使得汉泰词重音规律同中有异。这是泰国学生在汉语词重音方面出现偏误的主要原因。

因此，从对外汉语教学的角度来看，强调不占多数的“重轻”式词语的特殊性要比强调词重音的一般性更有意义。

---

① 巴维尔《北京话正常话语里的轻声》，《中国语文》1987 年第 5 期。

三　菲律宾华裔学生华语语音偏误[①]

本次调查的对象是五名在中国已学习半年以上汉语的菲律宾华裔学生，基本情况见表2－4。

表2－4

发音人	性别	华人血统	家庭主要交际语言	掌握闽南方言情况
1	女	50%	菲语	无
2	男	100%	闽南方言	熟练
3	女	50%	菲语	无
4	女	75%	菲语	略懂
5	女	75%	菲语	略懂

本次调查所用发音材料为100个包括全部声母、韵母的二字组词或词组，我们将不同声调有次序地相互搭配，即在100个二字组中，20种可能有的声调组合都有。声调分别为阴、阳、上、去的音节都是45个，轻声音节20个。我们给每个字都注上了拼音和声调。本研究只考察二字组中声母、韵母、声调的发音情况，对于三字组及以上的情况暂不讨论。

调查的具体方法是，我们请五位学生分别录音，然后对录音材料进行听辨分析。声调部分用五度制记录下每个音节的调值。我们不排除学生在录音过程中误读个别音的可能，但这少数情况不至于影响统计结果。

（一）声母、韵母的调查结果与讨论

通过听辨统计，五位发音人声母、韵母的偏误情况见表2－5。

---

① 本部分选自王燕燕《菲律宾华裔学生汉语语音的调查与分析》，《世界汉语教学》1997年第3期。

表 2－5

发音人	声 母	韵 母
1	zh(7)→ch(2)* z(11)→j(1) x(9)→s(2)	e(9)→－i(3)
2		ou(12)→uo(1) ei(4)→－i(2)
3	q(11)→ch(2)	ü(9)→iu(2) e(9)→－i(3)
4	c(6)→zh(2)、ch(1) z(10)→zh(2)、j(1) zh(7)→ch(1)、z(1) ch(6)→zh(1)、c(1) p(8)→b(3) t(10)→d(1) k(8)→g(1) q(11)→j(2)	ü(9)→i(4) üe(4)→ie(3) e(9)→－i(1) u(10)→ü(1)
5	ch(6)→c(3) zh(7)→z(6) c(6)→z(2) z(10)→j(1) t(10)→d(4) p(8)→b(4) k(8)→g(2) q(11)→j(7)	ü(9)→i(9) ün(3)→in(2) e(9)→－i(1) üan(2)→ian(1)

* zh(7)→ch(2)表示 zh 在调查表中出现 7 次，误读成 ch 有 2 次，其余照此类推。

从表 2－5 可以看出，五位发音人对声母、韵母的掌握程度不同。前二位发音人掌握得较好，他们的偏误个数和次数都较少。1 号发音人偏误个数 4 个，偏误次数 8 次；2 号发音人偏误个数 2 个，偏误次数 3 次；3 号发音人偏误个数 3 个，偏误次数 7 次。而后两位发音人掌握得较差，他们的偏误个数次数都明显增多。4 号发音人偏误个数 17 个，偏误次数 26 次；5 号发音人偏误个数 11 个，偏误次数 41 次。另外，我们还可以看出，五位发音人发生偏误的情况虽不尽相同，但他们的偏误类型却比较集中，声母偏误多集中在舌尖前音、舌尖后音以及送气音上，韵母偏误多发生在 ü 行的韵母以及单韵母 e 上。

舌尖前音和舌尖后音是菲律宾华裔学生的发音难点，他们常常分不清 z、c、zh、ch。由于 zh、ch 为卷舌音，而 c、ch 和 z、zh 又分属送气音和不送气音，因此学生面临双重困难。5 号发音人常用 z 代替 zh、用 c 代替 ch、用 z 代替 c，把 zhǔrén（主人）念成 zǔrén、chūzū（出租）念成 cūzū、xūcí（虚词）念成 xūzí。4 号发音人的偏误虽也很多，但她并不是发不出这些音，她的问题是对这些音未能建立起正确的对应关系，因而用得十分混乱。

送气音与不送气音也是菲律宾华裔学生的发音难点，他们常常用不送气音代替送气音，把 tùzi（兔子）念成 dùzi、kèqi（客气）念成 gèqi、bàopò（爆破）念成 bàobò。5 号发音人的送气音偏误多达 19 次，占她声母全部偏误次数的 66%。在录音过程中，前三位发音人在发送气音时有时也出现了这样的偏误，所不同的是他们都能自觉地加以纠正。

ü 行的韵母也是菲律宾华裔学生的发音难点，他们常用舌位最高的不圆唇元音 i[i]来代替前高圆唇元音 ü[y]，把 ü 念成 i、üe 念成 ie、ün 念成 in。5 号发音人的偏误最为明显，在调查表中 ü 出现了 9 次，而她则全部将其念成 i，偏误率 100%。

值得注意的是，在调查中我们发现下列声母、韵母在发生偏误时带有很大的选择性。(1)舌面送气清塞擦音 q。q 的偏误有两种可能性，一种是 q 偏误成 j，如 qìngdiǎn（庆典）念成 jìngdiǎn；一种是 q 偏误成 ch，如 qūfēn（区分）念成 chūfēn。但以上两种偏误都是有条件的。第一种情况不包括 q 与 ü 行韵母拼时，q 与 ü 行韵母拼 q 并不发生偏误，而是 ü 偏误成 i。只有当 q 与其他韵母拼时才偏误成 j，4 号、5 号发音人的情况均如此。第二种情况只发生在 q 与 ü 拼时，q 偏误成 ch。因 ch 无法

与 ü 拼，故 ü 也发生偏误变成 u。q 与其他韵母拼时不会发生偏误，不过这种情况只发生在 2 号发音人一个人身上。(2)舌尖前不送气清塞擦音 z。舌尖前音 z 与韵母 un 相拼，z 很有可能偏误成 j。在调查表中，z 与 un 拼虽只出现了 1 次，但却有三位发音人发生了偏误。由于 j 无法与 un 拼，故 un 偏误成 ün 或 in，zūnshǒu(遵守)被念成 jūnshǒu。除与 un 拼外，z 不会偏误成 j。(3)单韵母 e。当 e 与声母 z、s、r 拼时，e 偏误成 -i。在调查表中，e 与 z、s、r 拼共有三次，却有 4 位发音人发生偏误，其中 1 号发音人的偏误达 100%。e 与其他声母拼时，e 完全不会发生偏误，5 位发音人无一例外。e[ɤ]是一个舌位靠后的半高不圆唇元音，当它与 z、s 拼时，因 z、s 舌位较靠前，故用不圆唇舌尖前元音[ɿ]来代替 e[ɤ]。r 是个舌尖后音，当 r 与 e 拼时，由于发音部位较难掌握，故用不圆唇舌尖后元音[ʅ]来代替[ɤ]。

说到华裔学生的语音问题，人们自然会联想到学生的方言，不少研究华裔学生学习汉语语音的文章也都从这个角度来论述。然而通过这次调查我们发现，绝大多数菲律宾华裔学生的强势语言已不再是闽南话，而是当地的菲语。因此我们认为菲语是影响华裔学生汉语语音学习的直接因素，理由有三：其一，闽南人受其本身方言的影响，所讲的普通话常常不规范，在声母中，他们常常分不清 f 和 h，n、l 和 r，在韵母中，他们常常分不清前鼻音和后鼻音。而在我们的调查中，这些音五位发音人均未见混淆。究其原因是，这些音除 f 外，菲语中都有，而 f 虽然菲语本身没有，却在借用外来词语(英语和西班牙语)时常常使用。其二，在闽南方言中没有 zh、ch、sh 这三个音，故闽南人常用 z、c、s 或 j、q、x 来代替它们。而这三组音除 s 外，菲语中均没有，这五位发音人也没有用 j、q、x 来代替 zh、ch、sh。由于菲语中有 s,故 s、sh 这两个音无人发错。另外,ü 行韵母在闽南话和菲语中都没有,故不能简单地说华裔学生发不好这些音是受了闽南方言的影响。从五位发音人的情况看,2 号发音人的偏误极少,而他却能说一口流利的闽南话。他的偏误类型与其他四位不同,ou 偏误成 uo,ei 偏误成-i,可能更多是受闽南方言的影响。而不谙闽南话的 1 号和 3 号发音人,她们的偏误类型与略懂闽南话的 4 号和 5 号发音人却有相似之处。其三,在闽南方言中既有送气音也有不送气音,而在菲语中却没有送气音,故学生常常用不送气音代替送气音。菲语的这一特点不仅对华裔学生的汉语学习造成影响,同时也对华裔学生的英语学习造成影响,关于这一点从华裔学生的英语发音中也可以得到验证,如 taxi ['tæksi](出租汽车),他们常常念成['dæksi]。

(二)声调的调查结果与讨论

五位发音人的声调偏误率情况见表 2-6。

表 2-6

发音人	阴平	阳平	上声	去声	四声平均	轻声
1	2.2%	35.6%	57.8%	0	23.9%	30%
2	17.8%	42.2%	15.6%	0	18.9%	70%
3	4.4%	44.4%	26.7%	0	18.9%	45%
4	2.2%	53.3%	55.6%	2.2%	28.3%	45%
5	13.3%	64.4%	73.3%	20%	42.8%	70%
平均	7.98%	48%	45.8%	4.4%	/	55.8%

从上表可以看出,五位发音人对声调的掌握程度不同。从五位发音人四声的平均偏误率看,在 20% 以下的有 2 人,在

20%—30%之间的有2人,40%以上的有1人。从五位发音人四声中各单项的平均偏误看,去声和阴平偏误率较低,而阳平和上声偏误率较高,几乎是去声和阴平的五倍。从五位发音人的个体偏误看,1号发音人上声偏误较多,2号、3号发音人阳平偏误较多,4号、5号发音人上声和阳平偏误都较多,这显示出五位发音人在掌握阳平和上声时存在个体差异。我们没有将轻声的偏误率与四声一起加以平均,这主要是考虑轻声的偏误率虽然很高,但其问题比较单一,除了"子、气"等常见的轻声念得较好外,其余或将轻声念得接近原调,或将第一个音节也念得又短又急,类似轻声,因此轻声不是我们考察的主要对象。

以上是四声静态时的偏误情况,而四声的位置不同,它们的偏误情况也有所不同,表2-7是不同声调组合中的偏误情况。

表2-7

四声组合	发音人1	发音人2	发音人3	发音人4	发音人5
1+1	0/0*	0/1	0/0	0/0	0/0
1+3	0/0	0/5	0/5	0/4	0/5
1+3	0/4	1/0	0/0	0/5	0/5
1+4	0/0	0/0	0/0	0/0	0/0
1+0	0/1	3/4	1/1	0/4	1/5
2+1	5/1	4/3	4/1	4/0	3/0
2+2	0/0	2/2	0/0	1/3	3/3
2+3	0/5	0/1	0/0	3/5	3/4
2+4	5/0	5/0	4/0	5/1	5/1
2+0	4/0	0/5	5/5	3/5	5/5
3+1	0/0	1/1	0/0	0/0	4/3
3+2	4/2	1/1	4/3	3/1	4/4

（续表）

四声组合	发音人 1	发音人 2	发音人 3	发音人 4	发音人 5
3+3	2/4	2/2	5/5	2/3	4/5
3+4	0/0	0/0	0/0	1/0	3/0
3+0	1/4	0/5	0/3	4/0	3/4
4+1	0/0	0/1	0/0	0/1	1/3
4+2	0/0	0/0	0/0	0/0	0/1
4+3	0/5	0/0	0/0	0/5	2/3
4+4	0/0	0/0	0/0	0/0	2/2
4+0	0/1	0/3	0/1	0/1	3/3

* 0/0，斜线左边的数字表示第一个音节的偏误次数，斜线右边的数字表示第二个音节的偏误次数，其余照此类推。

表 2-7 说明，阴平与不同声调组合时阴平的偏误极少。阳平与不同声调组合时阳平的偏误情况有着较大的差异，阳平+阳平、阳平+上声、去声+阳平时偏误较少，而阳平+阴平、阳平+去声、阴平+阳平、阳平+轻声时偏误较多，占全部阳平偏误的一半以上。上声与不同声调组合时，上声+去声、上声+阴平时上声的偏误较少，而上声+阳平、阳平+上声、上声+上声时上声的偏误较多。去声与不同声调组合时，无论去声在首字还是尾字偏误都极少。

在动态组合时，前后音节的影响会造成偏误的多寡和位置的不同。从以上组合的情况我们可以看出，阳平和上声虽偏误最多，但发生偏误的位置却是相对固定的。

汉语的声调对于许多国家的留学生来说是一个难点。华裔学生学习汉语的声调同样存在困难。赵元任认为是调域而不是调型造成了外国学生学习汉语声调的困难，我们这次实际听辨的结果也证实了这一观点。菲律宾华裔学生的声调偏误主要也是调域上的偏误，偏误最严重的是阳平和上声，表 2－8 是我们统计的阳平和上声的错误类型和数目。

表 2－8

声调	偏误类型及数	
	调型及数目	调域及数目
阳平	214(18＋0)* 55(5＋3) 51(0＋1) 32(9＋0) 共计 36 次	24(19＋30) 224(13＋10) 334(3＋2) 共计 72 次
上声	55(8＋3) 21(5＋0) 35(9＋0) 共计 35 次	24(15＋38) 224(4＋25) 324(5＋6) 共计 83 次

*(18＋0)，表示该偏误发生在首字 18 次，尾字 0 次，其余照此类推。

从以上统计可以得出，阳平和上声的调域偏误无论在偏误类型和数目上都较调型偏误多，并且在首字和尾字均有发生。阳平的调域偏误主要表现在声调的起点和终点都不够高。且低音部分持续较长，高音部分又过短，高音部分只是在音节快结束时略往上升，24 调和 224 调都是如此。而 324 调虽然起点正确，但它的低音位置和高音位置都比阳平低。上声的调域偏误主要表现在低音位置不够低，24 调、224 调和 324 调都是如此，而且在发音时低音部分过短，上升部分持续较长，这样就使得阳平和上声的发音比较接近。

对于造成菲律宾华裔学生阳平和上声偏误的原因，有人认为是受闽南方言声调的影响。闽南方言有阴平、阳平、上声、阴去、阳去、阴入、阳入七个声调，调值分别为 44、24、53、21、32、34、4。在闽南方言中阳平的起点和终点都比普通话低，上声是个低降调，只降不升。实际上，上声的偏误似乎与闽南方言并无多大联系。另外，在闽南方言中保留了大量的入声读法，这种短促的入声调读法是操闽南方言的人学习普通话的一个难点，但在我们调查的五位发音人中，熟练掌握闽南方言的 2 号完全没有入声调的读法。完全不谙闽南方言的 1 号和 3 号声调偏误的类型与其他三位发音人却十分相似。因此简单地认为学生的声调偏误主要是受闽南方言影响是不全面的。

前面我们说过学生的强势语言是菲语，菲语虽是非声调语言，但却有重音。在菲语中重音是普遍存在的，除了重音在倒数第二个音节、重音在倒数第二个音节而以元音结尾时读抑音、重音在最后一个元音音节的读塞音外，还有一种重音要读得较快，同时还伴随升高，重音符号用（'）表示。如 kabá，这个重音音节（bá）的实际读音就介于阳平和上声之间，类似 224 调或 324 调。它的低音点不够低，且低音部分较短，高音部分较长。这一重音的读法对学生学习阳平和上声影响极大。学生在学习阳平和上声时常常与这一上升的重音相混，这也许就是学生在阳平 + 上声、上声 + 上声、上声 + 阳平时偏误较多的原因所在。另外，在菲语的双音节中，两个音节必是一轻一重或一重一轻。对于一个双音节的菲语词来说，若后一个音节的音高较高，那么前一个音节的音高必然就较低，反过来也是如此。阳平的偏误虽然较多，但位置较固定，大都固定在阳平 + 阴平、阴平 + 阳平、阳平 + 轻声、阳平 + 去声时，这可能是因为阴平无论在首字还是尾字起点都很高，学生很容易把阳平 + 阴平处理成前低后高，把阴平 + 阳平、阳平 + 轻声处理成前高后低。去声虽起点也很高，但终点较低，所以在阳平 + 去声时偏误较多，而去声 + 阳平时，由于去声已经降到低，再往上升则相对较易，因而偏误较少。

第二节 语法偏误

一 印尼华裔学生华语常见语序偏误①

印尼学生的常见语序偏误大致可以分为两类。

(一) 定语与中心词名词的相对位置及排列顺序偏误

印尼语里所有者与中心词的词序是 NG 型,即中心词在前,表所有的词在后;汉语是 GN 型,即所有者在前,中心词在后。印尼语里形容词与中心名词的词序是 NA 型,即中心名词在前,形容词在后;汉语是 AN 型,即形容词在前,中心名词在后。

所以初学汉语的印尼学生,容易出现类似下面的语病(括号为汉语正确的说法。下同)

猫小(小猫) 猫白小(小白猫) 东西什么(什么东西)

里院子(院子里) 上树(树上)②

特别是在有多个词充当定语起限制与修饰中心名词作用的时候,语序偏误更为多见。以下是偏误句示例。

(1) * 铅笔那铅笔我的。(那支铅笔是我的。)

(2) * 可以介绍学校你吗?(可以介绍你的学校吗?)

(3) * 里边房间很干净。(房间里边很干净。)

---

① 本部分选自陈延河《印尼语、汉语语序对比及印尼学生汉语学习中常见语序偏误分析》,《暨南大学华文学院学报》2002 年第 1 期。

② 蔡智敏《印尼学生初习华语的病句分析研究及补救策略》,《语言研究》2000 年增刊。

(4) * 小说这本他借是英文的。(他借的这本小说是英文的。)

(5) * 他给我带来一瓶酒中国。(他给我带来一瓶中国酒。)

(6) * 衣服我新这很贵/贵很。/衣服新我浏民贵。/我的衣服新很贵。(我这件新衣服很贵。)

(7) * 男孩子那个在追求她比较有钱。(那个追求她的男孩子比较有钱。)

(二) 状语与中心语(主要动词)的相对位置及排列顺序偏误

印尼语中各类词及结构(如介词结构)充当状语时,它们与中心词(动词)的相对位置呈现多种样式。由各类介词结构充当的状语,其与中心动词的位置比较固定,均放在中心动词之后;而汉语此类状语则一般置于中心动词之前,在某种情况下也可置于中心动词之后(一般汉语语法教科书将此称为"介词结构充当补语")。表时间的状语、表数量的状语、表肯定的状语、表可能的状语,有的由各类副词充当,有的由某类词组成或其重叠式充当(如数量词)。这些状语相对于中心词的位置往往比较灵活,不像汉语那么固定,这在一定程度上影响了印尼学生汉语语序的正确习得而导致种种偏误。试举例如下:

(8) * 我常常吃饭在餐厅。(我常常在餐厅吃饭。)

(9) * 我们出发坐汽车从学校。(我们坐汽车从学校出发。)

(10) * 她坐飞机来前天从日本。(她前天从日本坐飞机来。)

(11) * 李青跳舞一样好跟王华。(李青跳舞跟王华一样好。)

(12) * 我奶奶胖比爷爷。(我奶奶比爷爷胖。)

(13) * 星期日我要做客去阿姨家。(星期日我要去阿姨家做客。)

(14) * 广州不凉快比上海。(广州没有上海凉快。)

(15) * 弟弟一样高我。(弟弟跟我一样高。)

(16) * 北方人吃东西不一样南方人。(北方人吃东西跟南方人不一样。)

(17) * 他有兴趣对音乐中国。(他对中国音乐有兴趣。)

以上是有关介词结构充当状语时,与中心动词的相对位置之偏误例句。此类语病发病率高,是常见病、多发病,是负迁移的结果。再看:

(18) * 我两遍听了录音。(我听了两遍录音。)

(19) * 我等了他两个小时晚上。(我晚上等了他两个小时。)

(20) * 他们进去教室两个两个。(他们两个两个地走进教室。)

(21) * 请你给我一杯茶再。(请你再给我一杯茶。)

(22) * 他来中国已经半年久。(他来中国已经半年。)

(23) * 非常他喜欢中国音乐。(他非常喜欢中国音乐。)

(24) * 十二点,才他睡觉。(他十二点才睡觉。/十二点,他才睡觉。)

(25) * 他握手跟老师紧紧。(他跟老师紧紧握手。)

以上偏误主要是因印尼语相应的状语语序比较灵活,多与汉语相对固定的语序不一致所造成的,也是负迁移的结果。

除了上述两大类型的常见偏误,还有其他一些,譬如:

(26) * 食物煮母亲。(食物被母亲煮熟。/母亲煮好了食物。)

(27) * 苹果完吃我们。(苹果被我们吃完了。/我们把苹果吃完了。)

印尼学生习惯用被动语态的句式表达意思。汉语的主动语态表达的意思,印尼学生往往用类似印尼语被动句式的语序来表达。上例用印尼语说就是:

Makanan	dismasak	ibu.
[ma-kan-an]	[di-ma-sak]	[i-bu]
食物	被煮	母亲

di 是加在动词 masak(煮)前表示被动的前缀。在印尼学生说汉语时,常被忽略。

汉语的某些特殊句法结构如"把"字句、双宾句、各种补语句等,在印尼学生还未掌握之前,也容易出现偏误。

(28) * 我清楚看了那些字。(我把那些字看清楚了。/那些字我看清楚了。)

(29) * 他洗衣服干净了。(他把衣服洗干净了。)

(30) * 二你不要扔我的衣服在地上。(你不要把我的衣服扔在地上。)

(31) * 我给钱他。(我给他钱。)

(32) * 我问一个问题老师。(我问老师一个问题。)

看来汉语中有而印尼语中无的特殊句法是我们汉语教学中的难点所在，应该重视。

二　印尼华裔学生“把”字句习得偏误①

（一）偏误类型

初级阶段的学生初学“把”字句时，往往采取生硬、简单的形式上的语序转换和套用，而不理解深层的语义关系，因此出现很多偏误现象。

1.偏误一：漏用。即应该用“把”字句式而没用。

(1) *姐姐扔垃圾在垃圾桶。

姐姐把垃圾扔进垃圾桶。

(2) *我放馅儿在饺子皮儿上。

我把馅儿放在饺子皮儿上。

(3) *我想要搬所有的东西从老家到新家。

我想要把所有的东西从老家搬到新家。

(4) *我会一直看中国电影下去。

我会把中国电影一直看下去。

以上四句，动词后面的受事宾语都有处置义，通过动作行为使受事宾语发生了位置上的变化、产生了某种结果。这样类型的句子都应该用“把”字句，让受事宾语提前。印尼学生之所以出现这样的偏误，主要是受第一语言的影响。印尼语的语序一般是“主语＞动词＞宾语＞状语”，学生在尚未掌握“把”字句时，

① 本部分选自闻静《初级阶段印尼学生“把”字句习得偏误分析》，《云南师范大学学报》(对外汉语教学与研究版)2012年第3期。

完全按照母语的词序翻译成汉语,因而就出现"＊扔垃圾在垃圾桶""＊搬所有的东西从老家到新家""＊看中国电影下去"这一类的偏误。

2.偏误二:成分残缺。

一是缺谓语。

(5)＊我把这篇课文懂了。

我把这篇课文看懂了。

(6)＊他把杯子翻了。

他把杯子打翻了。

二是缺其他成分。

(7)＊我把盒子放床上。

我把盒子放在床上。

(8)＊我把馅儿放中间。

我把馅儿放在皮儿上。

产生偏误的原因是印尼语中没有补语,在表达汉语补语意思时直接用与补语对应的动词充当谓语。如:"翻开"印尼语为bukalah,核心义为"开";"看懂"印尼语为mengerti,核心义为"懂","打翻"印尼语为terbalik,核心义为"翻"。例如:

(9)Saya sudah mengerh artikel ini .

我 了 懂 文章 这

我把这篇文章读懂了。

因此,印尼学生就很容易将自己第一语言的思维习惯用到第二语言"把"字句的学习中,造出"＊我把书开""＊他把被子翻""＊我把这篇课文懂了"这样的句子。

3.偏误三:泛化。即不该使用"把"字句而使用了"把"字句。

一是处所补语泛化。

(10)＊我把衣服洗在宿舍。

我在宿舍洗衣服。

(11)＊我们一起把饭吃在三里屯。

我们一起在三里屯吃饭。

二是状态补语泛化。

(12)＊他把汉语说得很流利。

他汉语说得很流利。

三是可能补语泛化。

(13)＊他把箱子搬不动。

他搬不动箱子。

四是蕴含结果、状态意义的谓语动词泛化。

(14)＊我们把他很想念了。

我们很想念他。

(15)＊我把小明抱了。

我抱了小明。

以上都是由于学生没有理解"把"字句内在的语义关系，简单套用形式，而造出结构形式正确、语义关系不符的伪"把"字句。

在"把"字句中，"在＋处所词"构成的补语的语义指向是"把"字后的宾语，强调通过动作使受事宾语发生位移。例(10)(11)中"在宿舍""在三里屯"的语义指向分别是主语"我""我们"，而非宾语"衣服""饭"，并且动词没有使受事宾语发生移位，因此不能使用"把"字句。出现这样的偏误是由于"把"字句的处所补语与印尼语处所状语相对应，印尼语中存在"我洗衣服在宿舍""我们吃饭一起在三里屯"这样状语位于动词之后的句式。

印尼语处所状语的结构形式以及在句式中的位置恰与“把”字句中“动词+在+处所词”这一形式相吻合,因此产生迁移。当学生学到“老师把字写在黑板上”后就很容易套用这种句式而造成偏误。例(12)属于状态补语的泛化。“把”字句的状态、结果补语的语义指向是“把”字后的宾语,是指宾语由于受到谓语动词的影响而产生的某种状态、结果。“说得很流利”的语义指向是主语“他”,而不是“把”字后的宾语“汉语”。因此不应使用“把”字句。出现这种偏误的原因是状态补语在印尼语中很难找到对应方式,状态补语本身对于印尼学生来说较难掌握,再加上不了解“把”字句补语的语义指向因而造成偏误。例(13)中将可能补语作为“把”字句的补语而出现泛化。可能补语表示一种可能性,表示主观或客观条件是否允许实现某种结果或变化,而“把”字句是表示通过动作的实现给受事宾语带来某种确定的结果或变化。因此,可能补语不能充当“把”字句的补语。由于印尼语可能补语的“空缺”,学生不清楚可能补语的语义内涵,因而造成偏误。例(14)(15)是由于简单地套用“我把水倒了”“我把昨天的事忘了”的结构形式而出现的泛化。汉语中有些动词本身包含有结果、状态意义,所以不需要补语就可以直接构成“把”字句。如“倒”会造成“水”位置的转移,“忘”本身就是指某种意念的消失。而“想念”“抱”只是单纯的动作行为,没有蕴含结果、状态意义,不能以光杆的形式构成“把”字句。印尼学生没有掌握这种特殊动词的语义内涵,因而造成偏误。

4.偏误四:错序。即将“把”字句中的成分放错位置。

一是否定副词的错序。

(16) * 我把昨天的作业没写完。

我没把昨天的作业写完。

(17) * 我把问题没听懂。

我没把问题听懂。

(18) * 把作业不做完,不能休息。

不把作业做完,不能休息。

二是能愿动词的错序。

(19) * 我把这件事不能告诉父母。

我不能把这件事告诉父母。

(20) * 我把这件礼物要送给我的朋友。

我要把这件礼物送给我的朋友。

三是状语的错序。

(21) * 管理员把密码已经大概忘了。

(22) * 管理员已经大概忘了把密码。

管理员大概已经把密码忘了。

(23) * 他把我接回家用车。

他把我用车接回家。

(24) * 我把木材卖从印尼到中国。

我把木材从印尼卖到中国。

在“把”字句中,动词谓语前的其他修饰成分,如否定副词、状态副词、能愿动词等都在“把”字结构前。印尼语表示肯定、否定、能愿的状语位于动词之前。例如:

(25) Aku tidak makan.

我 没 吃

我没吃。

(26) Saya tidak mau pulang ke negara saya.

我　　不　　要　　回　　去　　国　　我

我不想回国。

受母语影响,印尼学生会把否定副词、能愿动词放在靠近动词的位置上。因此出现了"＊把昨天的作业没做完""＊把这件事不能告诉父母"的偏误。而印尼语表示方式、手段、工具的状语一般位于句尾,因此学生在用"把"字句时,也会出现方式状语居于句尾的情况。如"＊他把我接回家用车"。印尼语中表示"从……向……"的处所状语一般也位于动词之后。例如:

(27)Pesawat terbang langsung dari Beijing ke Jakarta.

飞机　　飞行　　直接　　从　北京　到　雅加达

飞机从北京直飞到雅加达。

5.偏误五:用不定指的词语充当"把"字句的介词宾语。

(28)＊我把一个面包吃完了。

我吃完了一个面包。

(29)＊他把一本书送给我了。

他送我了一本书。

一般而言,"把"字句的宾语应该是有定的,即"把"的宾语是说话双方都能知道的。有定可以是形式上的有定,如名词宾语前有"这""那";也可以是在一定语境下,双方都知道的确定的事物。印尼语的动词宾语可以是无定名词。例如:

(30)Dia　sudah　makan　satu　buahiroti.

他　　了　　吃　　一个　　面包

他吃了一个面包。

(31)Saya sudah mengantarkan sebuah buku untuk dia.

我　　了　　送　　一本　书　　给　他

我送给他了一本书。

因此在初学“把”字句时，学生们直接把这样的无定宾语提前造成偏误。老师在讲清“把”字句宾语的有定性后，印尼学生很容易理解，这种偏误一般出现较少。

6. 偏误六：动补搭配不当。

(32) * 我又把课文录音听了一次。

我又把课文录音听了一遍。

(33) * 我把那苍蝇打死过。

我把那苍蝇打死了。

以上偏误是由于其他语法知识点的欠缺而造成的。例(32)是动量补语“次、遍”的误用，印尼语中虽然也有量词，但与汉语量词是两种不同的体系，因此造成了印尼学生虽有使用量词的意识，但是经常出现误用。例(33)是学生还没有掌握“了、过”这两种表示过去时态方式的差异而产生的偏误。

(二)偏误产生原因及教学对策

1. 偏误原因。

从上述偏误来看，印尼学生“把”字句的偏误主要集中在遗漏、泛化上。造成这种偏误的原因主要有以下几点：

第一，第一语言的负迁移。在初级阶段，第一语言的负迁移往往是造成偏误的主要原因。印尼语属 SVO 型语言，没有能使宾语提前的介宾结构，第一语言的空缺成为学习“把”字句的干扰因素之一。因此，初级阶段的学生在完全掌握规则之前，常常出现“ * 我放垃圾在垃圾桶”“ * 放馅儿在皮儿上”这样的遗漏、回避现象。另外，印尼语的语序特点也干扰着对“把”字句的掌握。印尼语表示处所的状语往往居于动词之后，如“Saya（我）

belajar（学习）mandarin（汉语）di（在）Beijing huawen xueyuan（北京华文学院）”，这一语序形式恰恰和“把”字句中处所补语的结构形式吻合。因此，学生们就会生硬地照搬、套用“把”字句结构，出现将状语误代为补语的现象，如“＊我把饭吃在饭馆”“＊我把觉睡在宿舍”这样的句子。

第二，目的语知识的过度泛化。对于“把”字句的学习，学生们常常套用“S－把O－V－C”这一公式，而不能准确把握“把”字句内在的、深层的语义关系，不清楚什么时候该用“把”字句，什么时候不能用“把”字句。简单地认为将动词谓语句的宾语提到“把”前就可以构成“把”字句，出现泛化现象。如当学到“老师把字写在黑板上”“他把房间打扫得干干净净的”这样的结构之后，学生会模仿造出“＊我把饭吃在饭馆里”“＊她把汉语说得很流利”这样的句子。两组句子结构形式完全相同，但由于学生没有正确掌握“把”字句补语的语义指向，形成了补语的过度泛化。

第三，教材编排和教学上的欠缺。初级阶段所用教材对“把”字句的讲解更偏重于句法的结构形式，而忽视语义、语用方面的解释。如华文学院所用教材①第十二课中介绍“‘把’的作用就是‘提宾’。提宾的目的是为了保持句子的平衡”。这里只强调介词“把”在结构形式上的作用，而忽略了“把”字句在语义上是为了强调动作以及动作产生的结果。再如第十三课关于“把”字句补语的讲解中只提到“动词后面一定有其他成分，说明动作产生的结果或影响”，对于“把”字句补语的类型以及不同类

---

① 华文学院初级阶段现使用教材为《汉语教程》（第二册下），北京语言大学出版社，2006年。

型补语的语义指向，都未进行必要的说明。另一方面，教师在教学上的缺陷也是学生产生偏误的一个原因。在讲授的过程中，很多老师往往先讲宾语不提前的句子，然后再把它转化成“把”字句，这样使学生困惑不解，为什么好好的“主谓宾”句型偏偏要转成“把”字句？两种句式有什么区别？再者，“把”字句本身内部语义关系复杂，如果老师相关知识体系不够完善，不能把握好“把”字句深层的语义关系，讲解时就会不够透彻，留有死角。

2.教学对策。

第一，采用语言对比教学。成人汉语教学的最大干扰来自于第一语言，尤其对于初级阶段的学生来说，由于第一语言的体系已经建立，在学习第二语言时很容易不自觉地类推、回避。对于受第一语言的干扰而产生的偏误，教师可以采用语言对比式教学，指出两者的差异，阐明错误的原因，加深学生的印象，从而减少偏误。

第二，交际策略。“交际策略是学习者为顺利进行言语交际活动而有意识采取的计划、措施、方法与技巧。”笔者认为“交际策略”的应用一方面体现在学生将所学知识付诸于实际交际，另一方面则是学生在实际交际以及在具体的交际场景中正确体会、应用所学。“把”字句的讲解要尽量避免空洞的语法概念的讲解，要突出“把”字句使用的交际环境。如在讲到“把”字句的语法意义时，教师可以设置具体的场景，讲清什么时候一定要用“把”字句、用“把”字句和不用“把”字句所表达的意义有什么不同。在练习使用“把”字句时，教师亦可设置适当的交际场景，让学生自然说出“把”字句。

第三，注重“把”字句深层语义关系的讲解。内部的意义联系制约着表层的结构形式。对于特殊句式的讲解，除了强调表层句法结构形式的不同之外，还应注重揭示深层的句法结构内部的语义关系。在教材的编写上，应针对现行教材中偏重句法形式而忽略语义阐释的情形，适当增加对于“把”字句语义、语用关系的论述。这样才能使学生对“把”字句有一个较为全面、准确的理解。比如讲构成“把”字句的动词后必须加上补充成分，不能是光杆动词。这是因为“把”字句意在强调动作执行之后的结果或状态。同时，不是任何补语都可以出现在“把”字句里，补语的出现有一定的条件限制。如带“得”的状态补语语义指向主语时，不能用“把”字句，可以说“我把教室打扫得干干净净”，但不能说“*我把汉语说得很流利”；结果补语的语义指向是“把”字的宾语，而不能是主语，可以说“*我把作业写完了”，但不能说“*我把老师的话听烦了”；当补语是“在+处所”时，补语的语义指向也必须是宾语而不能是主语，可以说“*他把字写在黑板上”，但不能说“*我把饭吃在饭馆”。

三 菲律宾华裔学生华语语法偏误考察[①]

菲律宾华裔青少年生活在一个多语的社会里。由于从小由菲律宾保姆带大，菲语成了他们的第一语言。菲律宾的官方语言，除了菲语以外还有英语。在华校，除了每天下午的华语课外，上午英文部的课程还教授英语和菲语，授课时间（以一所华校中学部为例）英语每周 6 节课，共 4 小时 30 分钟，菲语每周 4 节课，共 3 小时。另外，其他课程如 Math、Research、Computer、

① 本部分选自王文艺《从语法偏误看华语教学中应注意的问题——以菲律宾华校学生作文为例》，《浙江师范大学学报》（社会科学版）2010 年第 6 期。

Science 等也是用英语作为媒介语进行教学。在学校，英语好的同学课后用英语交流，但更多的同学则是用菲语交谈。在家里，父母双方都是华人的家庭，父母与子女之间用闽南话交谈；父母有一方是华人的，有的家庭用闽南话沟通，有的家庭则采用菲语。由于以上诸多原因，使菲律宾华校学生学习华语的情况呈现出与别的国家不同的特点，有其特殊性。别国学生学汉语，常常受母语的影响，出现一些负迁移的现象；而菲律宾华裔青少年学习华语，受到的是英语、菲语的双重影响。

笔者对马尼拉某华校中四 1 个班 35 位同学的 140 篇作文（每人 4 篇）进行了穷尽式调查，对其间出现的语法偏误进行分析、归纳和总结，主要探讨作文中表现比较突出的“语序不当”和“多余与遗漏”两大类型的语法偏误。

（一）语序不当

1. 句子成分的错序。

第一，状语语序不当。

首先是时间状语。所调查材料中，时间状语错放在谓语动词后或句末的有 13 例。如：

(1) * 在文化中心，节日单开始时是在二点上，终止五点。①

(2) * 我要变成一个教师一天，在我的理想之一。

(3) * 它全部开始八日八月二零零八年在北京奥运！

华语里，时间状语的位置可在句首、主语后、动词前；英语的时间状语位于句首或句末。再看菲语的情况，如“昨天我买鞋”，

① 除个别句子外，学生作文中“语序不当”和“多余与遗漏”之外的其他语法偏误、词语偏误以及错别字、用错的标点符号等均保持原貌，未做改动，以求真实可信。

这句话翻译成菲语是：

Kahapon bum ili ako ng sapatos.

昨天 买 我 鞋

Bum ili ako ng sapatos kahapon.

买 我 鞋 昨天

菲语有两种语序，时间词语 kahapon 放在句首或句末。

其次是由介词“在、从、跟、为、给、如、为、为了”等构成的表示处所、起点、目的、对象、比较等的介词短语错放在句末。共有56例。如：

(4) * 我喜欢的运动是那个游泳，因为我喜欢玩在水里。

(5) * 我们坐车去 CCP 有四十五分钟从学校。

(6) * 因为我有别的计划为我的未来。

华语里，状语一般位于中心语前，文学作品里如有特殊修辞需要也可放在中心语后；英语里介词短语充当状语可放在句首或句尾。我们再来考察一下这些介词短语在菲语中的位置。“我在家学习”相应的菲语是：

Nagaral ako sa bahay.

学习 我 在 家

Sa bahay ako nagaral.

在 家 我 学习

介词短语 sa bahay（在家）有两个位置，可放在句首，也可放在句末。“我从家坐马车去学校”相应的菲语是：

Sum akay ako ng kalesa mula sa bahay.

坐 我 马车 从 家里

Mula sa bahay sumakay ako ng kalesa.

从 家里 坐 我 马车

介词短语 mula sa bahay(从家里)也有句首和句末两个位置。“为了我的父母,我要好好学习”相应的菲语是:

Para sa aking mga magulang kailangan magaral akong mabuti.

为了 我的 父母 要 学习 我 好

Para sa aking mga magulang(为了我的父母)只能放在句首,不能位于句末。

可以看出,菲语里时间状语、介词短语充当状语在句中的位置与英语大致相同,学生汉语作文中出现的状语语序不当是受英语和菲语双重影响的结果。

第二,定语语序不当。

除了某种特殊的修辞需要外,华语的定语总是在其所修饰的中心语之前。但在学生作文中,却有定语位于中心语之后的现象。共有13例。如:

(7) * 取得好成绩是最好礼物我能送爸爸妈妈。

(8) * 这个学校告诉每一个东西我需要知道。

(9) * 所以在这天,我会记住每个好人我遇见。

在英语中,以上句子中的定语都是后置的。再来探讨一下定语在菲语中的位置。先看例句:

Siya ay isang mabuting tao.

他 是 一个 好 人(他是一个好人。)

Mataas na grado ang aking pinakamagandang regalo

高　　　成绩　　　我的　　　最好　　　礼物

sa papa atmama.

给爸爸和妈妈(好成绩是我送给爸爸妈妈的最好礼物。)

菲语跟英语一样,单词充当定语时通常放在它所修饰的词之前,短语和从句充当定语时一般放在所修饰的词之后。可见,学生作文中的定语后置现象是英语、菲语两种语言负迁移的结果。

2.短语内部构成成分的错序。

具体来说就是时间短语内部成分的错序。这类句子共有14例。如:

(10)*新的一个学年开始,六月十日二零零八年,星期二。

(11)*在九月二十八日二零零八年是教师节。是为了孔子所以教师节是定在那一天。

(12)*六点早上的时候,我们出发走了。

对日期的排列,华语的顺序是从大到小,即"年—月—日",英语是"月—日—年",菲语则是"日—月—年"。如"一九八二年七月一日"翻译成菲语就是"uno de Julyo ng 1982"。但是菲律宾人在表述时间时为求简便一般不这样说,而是直接借用英语"July 1, 1982"。因此可以断定,学生出现这类偏误是受英语影响造成的。

对于时点词的排列,华语也是采用从大到小的方式,如"早上五点""下午四点"。这两个短语翻译成菲语是"alas sinko ng umaga""alas kwatro ng hapon"。英语和菲语的排列顺序与华语正好相反,采用的是从小到大的排列方式。由于英语和菲语的负面影响造成了以上偏误的产生。

(二) 多余与遗漏

1.多余。

第一,具有相同语法作用的成分重复出现。

学生作文中这种现象比较普遍,共有28例。程度副词的重复使用共有6例,如:

(13) * 我没看过奥运的开幕式,不过人们说,那是很漂亮极了。

(14) * 那个点火的火把是很极好的。

动词的重复使用共有11例,其中能愿动词的重复使用有4例,如:

(15) * 我希望中国会能够赢今年的奥运会。

(16) * 父母托老师注意当心他们的孩子。

名词的重复有6例,如:

(17) * 我要参加学校举行的活动比赛。

(18) * 别的时间的时候我也在休息所以我们不是这在家里学习的很辛苦。

学生把两个有相同语法作用的词放在一起,说明他们对这些词的意义和用法不是十分清楚,只记得两个词意思差不多,至于它们的用法有没有区别,或者是否两个都可以同时出现,没做过多考虑。

第二,成分的多余。

首先是“是”的多余,共有16例,如:

(19) * 在文化中心,我注意那个舞台是很漂亮和很大。

(20) * 每人是很忙。

华语里,形容词可以单独充当谓语,例如“她很美”。而英语的 adjective 则不能这样使用,“她很美”这句话翻译成英语是“She is very beautiful.”。形容词前要有系动词“to be”。学生受英语的干扰,出现了偏误。

其次是“的”的多余,共 12 例,如:

(21) * 有一天,二零零八年七月四日,那个是星期五的。

(22) * 但是,做一个老师也很有趣的。

这类偏误的产生有的是不恰当的类推造成的,如例(21)。华语里,当说话人要强调与动作有关的某一方面,如时间、处所、方式、施事、受事等时,谓语部分可用“是……的”这一格式,但例(21)并没有强调的必要。有的是由于学生对华语语法一知半解,照搬词典的翻译而导致的,如例(22)。对于形容词,英汉词典翻译时往往在后面加结构助词“的”。比如 interesting,一般来说,英汉词典都会解释为“引起兴趣的,有趣的”。目前菲律宾好的华校仍有少数学生华语水平还没有达到能够直接用华语思维的程度,所以在写作时往往是先想好一个英文的句子,再把这个句子翻译成中文,碰到写不出的词语,就翻字典,把字典中对词语的翻译直接搬过来,结果造成了以上所举偏误的发生。

最后是“个”的多余,共有 11 例。主要表现为在“天、年”之前多加了量词“个”:

(23) * 我们应该每一个天都建造教师节。

(24) * 然后这个年我要去大学了。

华语中,名词“月、星期、小时”与数词组合时,其间可用量词“个”,而名词“年、天、分(钟)、秒”则可以和数词直接组合,中间不用其他量词。学生在“天、年”与数词之间加上量词“个”,是由

"月、星期、小时"与数词组合时的情况错误类推造成的。

2.遗漏。

与成分的多余相比,成分的遗漏更为普遍。

第一,谓语的残缺。

这类偏误共有18例。如:

(25)＊奥运的运动员很多。有的从美国,有的从法国,有的从菲律宾,有的从英国,等国(　)。(缺少谓语中心"来")

(26)＊我最喜欢运动是排球因为排球对我们身体健康(　)。(缺少谓语中心"有好处"或"有益")

这类偏误是因为两种语言的语序不同造成的。英语里,当修饰语比较长时先说中心语,修饰语则以从句的形式紧跟其后;汉语无论修饰语有多长都要在说完以后才出现中心语。例(25)中,学生在叙述奥运会的运动员时,在谈了"从美国、从法国、从菲律宾、从英国"之后,就忘了"来"这一中心词,因为英语的动词在句子前面就已经出现了。例(26)也属于这种情况,"排球对我们身体健康有益",翻译成英语是"Volleyball is good for our health"。其中,"is good"在"for our health"之前出现了,所以学生在用华语写到"对我们身体健康"后就误以为句子已经完成了。

第二,宾语残缺。

这类偏误共有12例。如:

(27)＊管弦乐队是我最感兴趣(　)。(缺少宾语中心"的乐队")

(28)＊我也想建筑一个比中国的"鸟巢"更好(　)。

（缺少宾语中心“的体育场馆”）

如前所述，华语的定语一般位于所修饰的词语之前；而在英语和菲语里，单词充当定语时通常放在它所修饰的词之前，短语和从句充当定语时则放在所修饰的词之后。学生由于受到英语和菲语的长期熏陶，已经形成一种思维定式，即在表述时，先出现中心语，后出现一系列的修饰成分，如定语从句、状语从句等。用华语写作时，在写了一连串的修饰语后，往往会无意识地以为句子已经结束，忘记了中心语还有没有出现，特别是当修饰语较长时更加容易出现顾头不顾尾的弊病，因此，宾语中心语常被遗漏。

第三，缺少量词。

这类偏误共有 10 例。如：

(29) * 奥运只有三日左右，中国拿了四十五（　）金牌，十四（　）银牌和十九（　）铜牌。（少量词“枚”）

(30) * 孔子是中国第一（　）伟大的思想，教育家。（少量词“位”）

华语的名词与数词组合时，中间一般要加量词，但英语与菲语量词不丰富，很多名词可以直接与数词组合，不用量词。量词的遗漏是英语和菲语的负迁移造成的。

（三）华语教学中应注意的问题

综上，学生作文中语法偏误的发生一方面是由于英语和菲语，特别是英语的影响造成的，另一方面是因为学生对华语语法没有完全深入把握，一知半解、错误类推导致的。如何让学生在用华语写作时避免偏误，写出符合语法规范的地道的华语呢？

1. 培养学生的华语语感。

第一，努力营造华语交际氛围。菲律宾华校学生除了在课堂上说华语以外，课间基本上是用菲语交流，因此，各华校应积极营造一种用华语交际的气氛。首先，提倡学生在下午华语教学活动时间全部用华语交际，不允许说其他语言。其次，积极开展一系列活动，如讲普通话、讲故事、朗诵、话剧、唱中文歌曲比赛等。另外，在家里也要积极营造说华语的氛围。把孩子送到华校读书说明了家长对华语的重视，但不能只靠学校教育，课堂上每天几个小时的学习是有限的，家长应积极配合，在家里主动用华语跟孩子沟通，使华语渗透生活的方方面面，成为家庭用语。

第二，扩大阅读量。鼓励学生大量阅读华语报纸杂志及华语书籍。老师在这方面应进行一定的督促检查，并把阅读情况与学生的成绩挂钩，目的是加强学生的华语语感，使他们对华语的语序、搭配、句式等能够有一个整体的感知。这种感知会储存在学生的潜意识里，能使他们本能地判断句子的正误。

第三，加强写作训练。适当增加写作量，比如让学生用华语写日记、周记。内容既可以谈旅游、天气，也可以是读书心得、对某部电影或电视剧的观后感、对社会上一些风气的看法，还可以是介绍菲律宾或中国的某个节日、自己熟悉的人、自己经历的一件事等。对学生所犯的典型错误，老师可以归纳起来集中讲解。

2.改进语法教学。

第一，加强华语语序方面的训练。华语和英语都属于 SVO（主动宾）型语言，基本语序是一致的，但并不是没有差异。另外，华语缺乏严格意义上的形态变化，主要靠语序和虚词来表示语法意义，因此，语序在华语里非常重要。鉴于华语语序的重要性及华语语序与英语、菲语的差别，华语语序的教学显得特别重要。在语法教学中应加强华语语序的训练，比如组句练习、给词语选择正确的位置等。通过练习，除了可以对学生进行一种语感的培养外，还可以使他们对词语所在位置有一个比较清楚的认识。实践证明，学生对这些训练方式很感兴趣，收效不错。

第二，加强词语运用的训练。语法偏误中的“多余与遗漏”主要反映了学生对词语的运用掌握得不太好。老师可以在讲授过程中增加复用练习题型，比如用语法点的词语连接小句、选择正确的句子、根据提示的词或短语用所学词语造句等，还可以在交际训练上下功夫，设计一些训练形式，如对话、出示句子，让同学上讲台表演、教师给出交际情景，学生用语法点的词语表述等。在教学过程中，老师需对学生的答案做出准确的判断，并积极鼓励学生多说句子。

第三，适当进行华语与英语、菲语的对比。过去一提到用“目的语”进行教学，总有一种误解，认为课堂上一句英语、一句菲语、一句闽南话都不能讲，哪怕是一个单词都不能出现。实践证明，在教学中适当地进行华语与英语、华语与菲语，甚至华语与闽南方言的对比是可行而有效的。

第三节　汉字偏误

一　汉字偏误考察[①]

我们的考察大致分为两个部分：第一部分从共时的角度通

① 本部分选自尉万传、毕艳霞《东南亚华裔留学生汉字偏误考察报告》，《云南师范大学学报》（对外汉语教学与研究版）2007年第6期。

过语料分析留学生的汉字偏误情况的总体特点，以便弄清东南亚华裔留学生汉字偏误概况及其分布特征；第二部分将主要从初级—中级—高级三个阶段汉字偏误对比的角度进行历时的考察，试图发现他们汉字偏误的阶段性特点，探讨分别适用于各阶段的行之有效的学习策略和教学策略，对东南亚华裔留学生的汉字学习和教学提供一点"因时而异"的启示。

（一）关于考察对象、语料、偏误记录以及研究依据的说明

1.考察对象。

我们考察的对象为 2001—2003 年间在暨南华文学院学习的东南亚 9 国华裔留学生共 518 人。其中，印度尼西亚 304 人，泰国 139 人，越南、柬埔寨、缅甸、新加坡、菲律宾、老挝、马来西亚较少，合计 75 人。①

2.语料。

语料来自近三年（2001—2003）所能收集到的上述考察对象的试卷、作文、作业。在语料的整理过程中，我们经过几次转录（第一次由原始材料直接仿写摘录；第二次按学习的阶段以偏误字的正字的汉语拼音排序以便索引；第三次根据分类整理转录），体现在本文中的手写例字已经不可能是原始语料的"穷形尽相"的"录像"，只能是一种近似的描摹，但是我们都尽量保留了原字书写（尤其是偏误部分的）的基本面貌，而且根据我们所做的索引，可以很容易地找到必要的上下文语境记录。

3.偏误记录方法。

不同人在同一阶段上对同一字的不同偏误都分别记录；对

---

① 由于客观条件所限，我们所能找到的考察对象的各国别人数比例相差较大，所以这个研究在反映各国具体情况的精确性上或许有一定的偏颇，很可能更大程度上反映的是印尼、泰国的华裔留学生的情况。

同一人在同一阶段上对同一汉字相同偏误无论多少次均记为一次；同一汉字的不同偏误情况分别予以记录；对于少数兼类的情况，不是武断地归入某一类，而是分记于所兼各类。我们认为这样的分类和记录，可以更为客观、全面、准确地反映汉字偏误的各种不同情况。对于不符合现代汉字规范标准的汉字如繁体字、异体字、旧体字等也一律记为偏误的一类——不规范字。

4.研究的参考依据。

《汉字信息字典》由上海汉语拼音文字研究组和上海交通大学汉字编码研究组编订，共收 11254 个字，其中正体字 7785 个，繁、异、别体字 3469 个，本研究使用了该字典所提供的笔画数，字形规范参考本字典及付永和《规范汉字》等。《信息处理用 GB.13000.1 字符集汉字部件规范》由国家语言文字工作委员会中文信息司提出，规定了 GB13000.1 字符的《汉字基础部件表》。本研究使用了其中的部件数信息。本研究中笔形的划分与称谓主要以张静贤《现代汉字教程》为依据，参考黄伯荣、廖序东主编《现代汉语》。本研究的笔顺使用国家语委和新闻出版署于 1997 年 4 月联合发布的《现代汉语通用字笔顺规范》。本研究的汉字拓扑类型的有关名称和信息以张旺熹(1990)[①]为依据。

5.汉字偏误的认定、分类和原因分析。

在有关语言研究的偏误分析中，“认定偏误不容易，给偏误分类更困难，而分析认定偏误的原因就尤其困难”已经是不争的共识，我们在分析东南亚华裔留学生的汉字偏误的过程中，也深深体会到了这一点。手写体与印刷体相比，各个体所表现出的

① 张旺熹《从汉字部件到汉字结构——谈对外汉字教学》，《世界汉语教学》1990 年第 2 期。

变化是多种多样的,我们对偏误的认定,也只能是按照汉字楷体的一般书写规范予以判断,遇有拿不准的极少数字,一方面翻查工具书,一方面请教有经验的老师帮助判断。关于汉字偏误类型的划分,我们主要参阅了张旺熹(1990)、施正宇(2000)和肖奚强(2002)[1]的分类方法和标准,并在此基础上根据研究对象语料的实际情况做了一些改进,本着尽量减少交叉现象,细化分类但又不失分别每一类的意义的原则,进行了分类,从汉字偏误部分的大小(即笔画、部件、整字)着眼,显示汉字偏误的层级性分布信息和一定理据性信息。造成一种偏误的原因往往是多方面的、多层次的,我们对偏误原因的分析,不求面面俱到(实际上也不可能做到),而尽量从我们在收集语料的过程中所发现的问题和语料的客观实际情况出发,推断出某种偏误最为可能的主要原因,以尽可能地避免主观性或者片面性。

(二)东南亚华裔留学生汉字偏误的概况及特点

1.偏误分类及分布。[2]

表2-9 东南亚华裔留学生汉字偏误分布情况总表

C							B					A	总计
C1			C2			C3	B1	B2			B3		
C1a	C1b	C1c	C2a	C2b	C2c			B2a	B2b	B2e			
146	336	497	19	25	551	29	246	11	12	186	363	65	2486
5.87	13.52	19.99	0.76	1.00	22.16	1.17	9.90	0.44	0.48	7.48	14.60	2.61	100%

注:①第四行为此类偏误字的个数;②第五行为此类偏误所占偏误总数的百分比(精确至小数点后二位,下同)。

---

① 施正宇《外国留学生字形书写偏误分析》,《汉语学习》2000年第2期;肖奚强《外国学生汉字偏误分析》,《世界汉语教学》2002年第2期。

② 限于精力和条件,我们分别对15名欧美、15名日韩留学生的汉字偏误情况做了抽样考察分析。

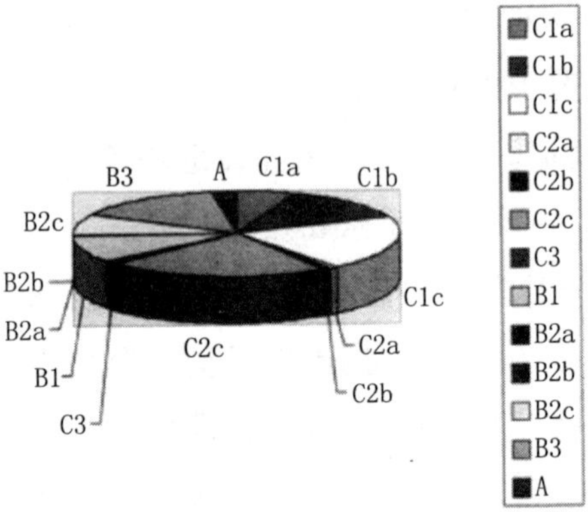

图 2-12 东南亚华裔留学生汉字偏误分布情况示意图

参考传统的分类方法，首先把东南亚华裔留学生的汉字偏误分为三大类：第一大类为错字（记为 C），第二大类为别字（记为 B），第三大类为不规范字（记为 A）。

第一大类（C）分为笔画错误（C1）、部件错误（C2）和其他（C3）。其中，C1 又分为：汉字所无的笔画错误（C1a），如“DDD”（品）、“亣”（共）、“笶”（笑）、“个”（个）；笔形错误和笔画组合关系错误（C1b），如“比”（比）、“手”（手）、“舍”（舍）、“皮”（皮）；笔画增减错误（C1c），如“便”（便）、“词”（词）、“饭”（饭）、“式”（式）。C2 又分为部件镜像位置改变（C2a），如“浞”（沿）、“歌”（歌）、“架”（架）、“随”（随）；部件增减（C2b），如“恴”（意）、“镸”（套）、“爱”（爱）、“馆”（馆）；部件错写或错用（C2c），如“次”（次）、“楚”（楚）、“点”（店）、“故”（故）。C3 为其他（由于上下文、第一语言或方言等影响所致），如“阯（阻）止”“浓（旅）游”“讠真（真）”“羊（半）”“门（问）题”“稍（微）笑”。

第二大类（B）分为字形相近（B1）；字音相近（B2）；音形皆近（B3）。B1 类如“华”（毕）、“外”（处）、“苹”（菜）、“报”（极）、“体”

(休)、"高"(亮);B3类如"搏"(博)、"怀"(坏)、"杨"(扬)、"陪"(培)、"期"(欺)、"历"(厉);B2又分为:声母相同(B2a),如"跟"(更)、"心"(兴)、"育"(意)、"经"(纪);韵母相同(B2b),如"比"(啤)、"重"(从)、"说"(所)、"逛"(旷);声韵母均同(B2c),如"乘"(承)、"到"(道)、"生"(声)、"受"(收)。

第三大类(A)为不规范字,如"們"(们)、"羣"(群)、"幷"(并)、"眞"(真)。

2.东南亚华裔留学生汉字偏误的总体特征。

第一,各偏误类型的量的分布不均衡。各偏误类型的量的分布的差异性从上面的图2-12我们可以看出,各种偏误类型的量的分布极不均衡。就三个大类而言,错字所占比例最大(1574, 63.31%),别字次之(847, 34.07%),不规范字所占比例最小(65,2.62%)。就小类而言,所占比例由大到小的排列次序为:(1)部件错写或错用C2c(22.16%);(2)笔画增减C1c(19.99%);(3)音形皆近偏误B3(14.60%);(4)笔形错误和笔画组合关系错误C1b(13.52%);(5)字形相近B1(9.90%);(6)声韵母均同B2c(7.48%);(7)汉字所无笔画C1a(5.87%);(8)不规范字A(2.61%);(9)其他(由于上下文、第一语言或方言等影响所致)C3(1.17%);(10)部件增减C2b(1.00%);(11)部件镜像位置改变C2a(0.76%);(12)韵母相同B2b(0.48%);(13)声同B2a(0.44%)。其中,(1)—(6)比例之和为87.65%,而(7)—(13)之和仅为12.34%。这启示我们:以往对汉字偏误不经量的分析,把各种偏误不分轻重主次地罗列出来,然后一视同仁地加以处理的做法是欠妥的;单凭主观印象而不对语料进行量化分析考察,就难以看到偏误的主流和支流,相应的汉字教学就缺乏有针对性的行之有效的教学策略。

第二，与欧美、日韩留学生的异同。根据我们的考察，东南亚华裔留学生汉字偏误的情况既不完全同于欧美留学生，也不完全同于日韩留学生。相同之处在于东南亚华裔留学生的偏误类型大部分和欧美、日韩留学生的偏误是一致的。不同之处在于，东南亚华裔留学生的偏误更加复杂多样，不仅具有前两者的错误类型，而且还有繁体、异体、旧体以及受其母语或汉语方言的影响所产生的偏误等。当然，各种偏误的量的分布也与欧美、日韩学习者存在较大的差异。这是东南亚华裔留学生汉字偏误的总体特征之一。

第三，差异性和不均衡性。根据我们收集语料的过程和抽样统计发现，在东南亚华裔留学生内部，汉字偏误分布又具有很明显的不平衡性，国别差异和个体差异也是显而易见的。从国别看来，新加坡、马来西亚、越南学生的偏误最少，泰国、菲律宾、印尼次之，缅甸、老挝、柬埔寨等则相对较多。个体差异表现在同一试卷或作文中，不仅不同国家的学生之间存在较大差异，同一国家同一级别学生的汉字偏误量也相差悬殊，有的甚至达几倍。这种情况也和学习程度相对均衡的欧美、日韩等国留学生有所不同。

3.关于偏误总体特征的成因及教学建议。

吕必松（1996）在谈到第二语言教学的总体设计时，总是把分析教学对象的特点放在首位，而且还特别强调了解教学对象的特点，“对确定教学内容、教学原则和教学方法等有决定性的作用”。学习者自身的因素不仅包括性别、年龄、性格、文化程度、家庭背景、社会阅历，以及在学习过程中所表现的学习能力、学习策略、学习动机、学习风格等个体因素，还包括来自不同国家、区域、不同民族或种族学生的相同和不同的群体特征。[①] 我们认为，东南亚华裔留学生汉字偏误的上述特点主要与其学习背景（家庭和社区背景、华文教育和华文媒体背景、本国语言文字背景等）密切相关（详见王爱平等，2002；尉万传，2004[②]）。

鉴于东南亚华裔留学生复杂特殊的语言文化背景，在实施教学活动前以及在教学活动中，都应该重视搞好学习者有关情况的调查。目前不少教师反映，同一班的留学生汉语汉字水平相差过大，以致很难组织有效的教学。这种情况恐怕与入学前对学习者的情况了解不充分、分班不够细致合理有很大关系。只有了解学习者汉语汉字基础、第一语言及方言等方面的"底细"，才能真正从多角度多层面了解其汉字偏误的原因，做到心中有数，因材施教，尽量缩小和弥补其在汉字学习上的不平衡性，而且还可以配合教学管理活动，在整体上提高教学效率。在汉字教学过程中，教师有必要及时收集有关汉字偏误的原始语料并加以整理，对其加大量化研究的力度，这样才能分清各种偏误类型的主次，从而更有针对性地加强对错别字的前瞻性预防和后续性补救。

---

① 吕必松《对外汉语教学概论（讲义）》，国家教委对外汉语教师资格审查委员会办公室，1996年。

② 王爱平、乔印伟、朱蓉玲《语言文化背景与汉语学习——对东南亚华裔学生的调查与思考》，《海外华文教育》2002年第3期；尉万传《东南亚华裔留学生汉语学习背景浅探》，《东南亚纵横》2004年第4期。

二　汉字偏误与其学习策略的关系①

(一) 引言

1.现代汉字的内在问题。

第一，字形字义衍化变形。从殷墟的甲骨文字形推断，汉字已有三千多年的历史。汉字从甲骨文衍变到小篆，小篆变为隶书，隶书又变成楷书，楷书成为现代汉字的圭臬。由于汉字是一种表意的语素文字，本身就有表意作用，这使它具有超方言和超时代的特质。可是随着汉字的长期衍化，字形的原貌已经改变，大多与其所代表的语素意义失去原有的联系而成为空泛的记号。再说，随着汉字的发展，各期都出现一字多形的异体字现象，②现代汉字也不例外，这些包括正体、俗体、古体、今体、繁体、简体等，又加上汉字的印刷体和手写体早有分歧，形符的位置不固定，这对学习汉字者构成多重的记忆负担，并且容易造成字形混淆。

第二，同音字数量多。现代汉语里有字的音节(不计声调区别)，大约 400 多个，加上四声的区别大约 1200 多个。一般常用字典收字大约八九千个，平均一个音节负担七八个字，可是实际情况并非平均分配。在《新华字典》(1979 年)里，读 eng(平声)的汉字只有“鞥”，读 yi(去声)的汉字就有“义、艺、意、易、异”等 69 个字，另外又有 15 个异体字，这种不一致的现象对初学者学习和记忆汉字构成额外的负担，写别字的现象也就不足为怪。

---

① 本部分选自吴英成《学生汉字偏误与其学习策略的关系》，《第三届国际汉语教学讨论会论文选》，1990 年。

② 蒋善国《汉字学》，上海教育出版社，1987 年。

第三，声旁表音功能弱。汉语从上古音演变至中古音，中古音衍变至现代音，各期的音韵结构有别，可是汉字的声符并没有随着语音变化而做相应的调整，这样一来许多声旁成为语音“化石”被保留下来，失掉其原来的表音功能，因此现代汉字声旁的有效表音率只有39%，①“秀才识字读半边”，三个字只能读对一个，而且声调不准，这无形中增加学习汉字者的记音负担。

2.汉字偏误的意义。

无论是说本族语的人或者学习外语的外族人，他们在学习语言的过程中经常会出现各类的偏误，这是一种自然且无法避免的正常现象。

在20世纪70年代以前，许多从事外语教学的研究者多以行为主义心理学为基础的结构主义语言学理论为依据提出“对比分析”(contrastive analysis)，他们认为偏误的产生是一种不自然的现象，这主要是由于学习者在学习目标语时受母语习惯干扰所致，但是实际情形并非如此单纯，而因母语干扰所产生的偏误只占总数的26%。②

70年代以后，研究者有鉴于对比分析的局限性，加上乔姆斯基转换生成语言学的冲击，认知心理学的抬头，“偏误分析”也就应运而生。他们认为学习者在学习语言的过程中通过系统的习得程序对目标语的规则进行有原则却不正确的归纳与推论而产生的一种语言系统，管它叫“中介语”。③ 这个语言系统不是

---

① 周有光《中国语文的现代化》，上海教育出版社，1986年。

② 吴英成《学生华文作文的偏误与其学习策略的初探性研究》，《第二届世界汉语华语文教学研讨会论文》，1988年。

③ Selinker L., Interlanguage, *International Review of Applied Linguistics*. 10: 73-10, 1972.

固定不变的，而是随着学习者不断地进行有原则的猜测，久而久之，慢慢地朝向目标语的规则靠拢。

由于现代汉字本身存有的内在问题无法也不可能完全匡正，这无形中添加了学习汉字者的记忆负担，在这种情况下，他们只好诉诸主观的对汉字的规则进行有原则却不正确的归纳和推论，因此出现汉字偏误的现象甚为普遍，不仅见于中小学作文、大学生的信件、街道的招贴、报章的广告、路边的标示，各类出版品中也是随时随地可见。实际上，大部分的汉字偏误正是由于现代汉字本身的内在问题而滋生的副产品，因此这些反馈信息正好提供我们研究汉字特质和设计汉字教学大纲的重要参考依据。

过去以汉字偏误为研究课题的文献多为研究者平日把学习者所犯的汉字偏误日积月累地记录下来，再依据汉字偏误的性质加以系统罗列说明或者制成各类错字表以供使用者参考。[①]还有学者进一步以量化法提出各类汉字偏误的比重，[②]但是他们并没有具体地提出汉字偏误的来源，无法给予偏误的现象提出学理上的解释。

(二) 理论框架

本研究是以偏误分析为基本的理论依据。首先，我们把学生的汉字偏误依据偏误的性质分为二类：不成汉字的"错字"和把甲字当成乙字的"别字"。

---

① 卢绍昌《华语论集》，1984 年，第 276－291 页；钟秋生《华文教学错别字辨析》，《世界华文教学探讨会论文》，1989 年；孙钧锡《汉字和汉字规范化》，教育科学出版社，1990 年，第 119－309 页。

② 谢月馨、林金珠、杨增国《中学作文错别字浅析》，《华文教学实践研讨会报告》，新加坡：新加坡课程策划署。

其次，我们从汉字的结构及其蕴含的信息量多寡把汉字偏误的本字分为独体字和合体字。独体字指汉字的一个字只有一个单独的形体，形构不能再分析。合体字指汉字由两个或两个以上的单字拼合而成的一个汉字。我们可以从合体字的构成方式再分成二类：一类是从组合的两个成分上显示字义，这类字文字学称为会意字，我们管它叫“合体字一”。另一类是由二个成分组成，一个成分表示义类，另一个成分表示字音，这类字文字学称为形声字，我们管它叫“合体字二”。

再次，我们再依据学生所犯的偏误原字和本字之间的具体表面策略形式差别来分析，这类差别可以分为五类：“添加”了某些不必要的或不正确的成分；“遗漏”了某些必要成分；“选择”了一个不正确的成分；某些成分的“次序”安排不妥当；“生造”一个新字。

最后，我们依据以上的分析探讨学生的汉字偏误与其学习策略是否有密切关系，继而探索偏误的来源。

（三）实验方法

1.对象。

受试对象均是从同院高中一年级班上随机抽取 30 名学生，男女生各半，年龄为十七或十八岁。他们皆修读英语为第一语言，其他学科例如化学、数学、经济、历史等也以英语为教学媒介语，所以他们接触英语的机会自然比较多。虽然新加坡教育部规定华族学生皆必须修读华语为第二语言，但是每星期上华语课只有三个小时，比之英语，他们在学院使用华语的机会偏少。

2.材料和步骤。

实验者预先录制一则 130 字的短文作为实验导引刺激物，受试者依据个人听到的字音全部以汉字记录下来，不准以其他语言或汉语拼音字母代换，也不许留空。由于本实验的目标是搜集受试者现阶段掌握汉字的能力作为分析学生汉字偏误的依据，所以受试者不准参考任何资料，也不许与其他受试者进行任何形式的讨论。受试时，实验者不需另加指导，不做任何暗示。

我们采用听力测试作为本实验的导引方式是考虑到以下的因素：(1)听力测试能够有效地引导受试者衍生足够数量的汉字偏误以便进行分析。(2)受试者的汉字偏误范围受到控制，这样才能进行同类等量的分析。(3)听力测试短文中的汉字的使用度频率受到控制，皆属高频率的常用字。

(四) 结果分析

1.汉字偏误性质。

表 2－10 汉字偏误性质的百分数

字构	独体字	合体字		总数
		合体字一	合体字二	
错字	(16)4.40* 例字：侇、畩（夜）**		(25)6.90 例字：絺（稀）	(41)11.30
别字	(46)12.60 例字：相、向（象）	(12)3.30 例字：缅、免（棉）	(265)72.80 例字：脑、闹（恼）	(323)88.70
总数	(62)17.00	(12)3.30	(290)79.70	(364)100.00

表内＊数字均系百分数，括号内的数字指偏误的数目，下表亦同；＊＊例字指偏误原字，括号内的字指偏误本字，下表亦同。

从汉字的结构着眼，属于合体字二偏误居首(79.60%)，其次是独体字偏误(17.10%)，合体字一偏误居末(3.30%)。由于合体字二占现代汉字总数的90%以上（孙钧锡，1990；蒋善国，

1987)，加上其蕴藏的信息载体量(义类和字音)较大，所以偏误也自然居最多。

从汉字偏误性质而言，属于别字偏误者高达88%，而且独体字、合体字一、合体字二皆有此类偏误，这主要归结于现代汉字的同音字数量多，所以学习者经常把音同、音近的甲字当成乙字而形成偏误。例如把音同字“相、向”当成“象”，把音近字“缅、免”当成“棉”。此种偏误现象属于合体字二尤为偏高，占72.80%，这主要是因为合体字二由表义类和表音的两个成分组成，信息载体量大，而声旁表音功能又不高，所以偏误也相对偏高。例如把音近字“闹”字当成“恼”，或把音同声旁同的“脑”字当成“恼”，可是，代换字绝非任意的，学习者必定以其习用字代替。至于因形体相似而产生的错字偏误只占11%，而且唯独合体字一没有此类偏误，这或许是因为合体字一偏误数量只占3.3%的缘故使然，再说独体字与合体字二的偏误的比重也不大，这正好说明因汉字形近相混所构成的学习难度较音同、音近代换为低。

2.表面策略形式。

表2－11　表面策略形式的百分数

字构	独体字	合体字		总数
		合体字一	合体字二	
添加	(10)2.80 例字:清 (青)	—	(5)1.35 例字:罩 (罩)	(15)4.15
遗漏	(1)0.25 例字:春 (春)	—	(1)0.25 例字:爱 (缓)	(2)0.5

（续表）

字构	独体字	合体字		总数
		合体字一	合体字二	
选择	(46)12.70 例字:长 （常）	(12)3.30 例字:联、练 （连）	(265)72.80 例字:庞、隆 （笼）	(323)88.8
次序	—	—	(1)0.25 例字:页 （顶）	(1)0.25
生造	(5)1.35 例字:晐 （夜）	—	(18)4.95 例字:晲 （傍）	(23)6.30
总数	(62)17.10	(12)3.30	(290)79.60	(364)100.00

从表 2－11 可以明显地看出受试者多因“选择”了一个不正确的成分而产生偏误，而且独体字、合体字一、合体字二皆有类似的现象，这与别字因现代汉字的同音字数量多，故受试者只好“选择”与本字音同、音近字加以代换是同出一辙的。至于受试者“添加”某些不必要成分和“遗漏”某些必要成分乃是由于形近和笔画繁杂衍生而成。合体字二的形符位置的不固定也因此产生因“次序”安排不适当而导致的偏误。汉字的长期演化，部分形声字的义符不能具体地表意，例如“傍”字，此次实验恰好有位受试者用形声字的造字法：从“日”“旁”声，生造“晲”字，虽然富有创意且合理，然而汉字的字形乃是约定俗成的，所以仍是视为错字，可是这也间接地反映因汉字本身存有的内在问题而产生的流弊。

从以上的分析中，我们可以清楚地看出学生汉字偏误的产生同他们对汉字系统所做的不完备假设而采取的表面策略形式有直接关系。换句话说，他们的汉字偏误的缘由乃是在先前旧有的学习经验中，对汉字进行有原则却过度泛化的表现，不是盲目地任意猜测，而现代汉字本身存有的内在问题更加剧汉字偏误问题的复杂化。

（五）建议

首先，汉字偏误分析能提供反馈信息，教师从中了解学生学习汉字的进展、学生学习汉字的难点和应该采取何种相应的补救教学。本研究发现由于合体字二在现代汉字中居首，加上蕴藏的信息载体量也较大，所以此类偏误也占最多。教师在教导学生识字时必须突出此难点，并告诉学生应该避免采取哪些不正确的泛化，这样才能达到预期的教学效果。

其次，教师可借此审查汉字教学大纲中哪些部分在教与学的过程中有不足之处，以便采取相应的补救措施。本研究发现汉字同音字数量多是形成别字产生的重要因素，所以教师在设计识字教学大纲时应该列此为教学核心。

再次，教师可借此了解学生学习汉字的障碍点和病源，以便找出汉字偏误的订正途径。本研究发现学生对汉字过度类化采取的表面策略形式有添加、遗漏、选择、次序、生造，教师可借此拟制订正的途径。

第四节　语用偏误

一　华语语用偏误考察[①]

(一)学生口语学习中存在的语用问题

我们先通过一些实例来观察和分析学生口语交际中的语用失误。以下三个方面的例子全部出自东南亚华裔学生之口。

1.误用礼貌性原则。

礼貌性原则在华语口语交际中同样是不可忽视的,这并不仅仅是因为中国是文明礼仪之邦,更重要的是因为它是人类语言交际的最起码的要求。不过,这种要求因不同语言存在自成体系的称呼语系统而使外语学习者难以把握。称呼语可以说是口语交际中首当其冲的障碍,加之称呼语反映着说话者对自己和听话者关系的理解,所以称呼语的恰当与否就成了制约交际成败的重要因素。请看实例:

有个学生因故要去警察局。她坐出租车时是这样说话的:

(1)司机,我要去……

在警察局,她对陌生的工作人员说:

(2)哥哥,我要办……

同样是她,在市场买肉时对毫无关系的卖肉者说:

---

① 本部分选自刘正文《华语教学的语用学思考》,《暨南学报》(人文科学与社会科学版)1998年第4期。

(3)阿叔,我要买……

以上三句出自一名印尼侨生之口。可能是受家庭和社区文化背景的影响,她较多地使用了自己认为是较亲近因而是比较保险的亲属称谓,却不知这些称谓的使用令听话人捧腹,更不知用错了场合。在例(1)中,她干脆用职业名称代替了称呼语。造成这种语用失误的部分原因还在于教科书的缺陷。

委婉和直率也体现着礼貌性原则,处理不好,就会影响交际的效果。请看下面的例子:

有学生在课堂上,忽然在大庭广众之下宣布:

(4)老师,我要去厕所/卫生间/洗手间。

甚至有学生"不辞而别"(这里不包括教师没有注意到该生等特殊情况)。

有时,师生在课堂上会出现这样的对话:

(5)师:你来回答这个问题好吗?

生:不好。

(4)(5)两例都是学生率直表达而不知如何使用委婉方式而造成的尴尬和不恰当。如果不加点破,学生可能会一直说下去。

2.误用语用前提。

任何交际,总存在一个交际双方共知或默认的语用前提,如果双方对这一前提的理解不一致,就会造成交际失误。对于留学生使用华语来说,一般是因为他们不了解华语所特有的使用规则而致误。例如:

学生在介绍旅游经历时,有人说:

(6)星期六上午我们到了黄山机场,明天我们爬上了黄山。

让他们介绍自己的城市和家庭时，有学生说：

(7)我的城市很大……

有个女生在介绍自己的一个朋友时，说：

(8a)A：我有一个女朋友在华师学习。

B：学习什么？

A：当然是学习华语。

例(6)中的“明天”在华语中是以说话时的“今天”为前提的，而学生却误用作以过去某一时间为前提的“第二天”。这是初级水平的学生尤其是侨生常犯的一个语用错误。例(7)是因为学生不明了华语的集体主义和英语的个人主义的语用文化差异所致。例(8a)，因为说话人自己是女性，所以她有“女朋友”就让中国人听起来觉得别扭，甚至会引起误解。这是因为学生不了解华语中“朋友”“女朋友”“女友”三个词各自不同的语用前提所造成的。对B的进一步提问，A用“当然”来表示强调，表明A认为B并不了解A及其朋友都是留学生这一语用前提。如果A能用如下的方式介绍，则既更显简洁，又可避免不必要的误解：

(8b)我有个朋友，(她也是女的，)(她)在华师学习华语。

以下两个典型的例子，更令人咋舌：

(9)我们班有14个人，5个男人，9个女人。

(10)那天晚上，我和一个中国女人去看了一场电影。

在这里，学生根本不理解“男人”和“女人”的语用条件，简单地把“男人”和“女人”等同于“男的”和“女的”来使用。误用例(10)甚至会产生不必要的麻烦。

3.违反表达的简洁性原则。

(11a)今天星期天，肯定上公共汽车的人很多，所以我要早一点出发，否则我就要迟到到教堂。

(12a)他每天每天都认真学习。

(13a)昨天晚上的电视上的节目很有意思，我一个晚上看电视，忘了我的作业还没做完。

例(11a)是由于学生不了解中国因为人多而产生的一些特殊说法(如：车很挤、挤车等)。另外，从话语焦点来看，也不同于华语的一般格式。通常应说成：

(11b)公共汽车肯定很挤。

(11c)否则我去教堂就要迟了。/否则我到教堂就迟了。

例(12a)是学生还没学习量词叠用的情况下出现的通病。事实上，由于先入为主，这种啰唆的习惯日后相当难以纠正。应当及早教给学生正确的说法：

(12b)他天天都认真学习。

(13b)昨(天)晚(上)的电视节目很有意思，我看了一个晚上电视，忘了做作业。

例(13a)问题之一是第二处“上的”二字的误用，“作业”前的“我的”并非一定要用，而后者更主要是受英语的影响。这方面更突出的例子还有：

(14)看了[着]他的样子要求我别离开他，谁能拒绝他的要求？

这是套用英语中定语从句后置的格式而并不了解华语使用简洁的偏正结构所致。这样的情形如不及时加以引导，即使到了中级阶段，学生还会出现这样的不伦不类的表达方式。比如：

(15)A：老李不是去北京饭店看朋友了吗，怎么这么快就回来了?

B:凑巧他在街上遇到那个朋友他要看的,然后……

(16)我怎么能把唯一的一块银元是我婆婆遗留给我的送给他?

如上所述,语用问题确实到了不容忽视的地步了。当然,这里仅仅是初级水平的东南亚华裔学生在口语交际中所出现的五花八门的语用失误的一个小小的侧面。搜集整理和研究这些语用失误无疑将会推动华语教学的健康发展。

(二)解决语用失误的对策

研究学生的语用失误,必须在现代语言学尤其是语用学理论的指导下进行,并据此提出相应的对策。从目前来看,这项研究至少要从以下三个方面入手。

1.要从语用学的角度重新审视和挖掘教材。

前文所举的(1)—(3)例,学生出错的原因之一是没有从课本中学到应该掌握的在现实口语交际中所必需的称呼语。我们使用的教材是1988年出版的《现代汉语教程说话课本》(以下简称《说话课本》)。《说话课本》一二册中出现的直接称呼语主要有“伯父、伯母、大夫、夫人、哥哥、老大爷、老师、师傅、同志、先生”等。这其中只有唯一的一个常用的中性的称呼语“同志”,出现次数最多的也是它:第一次是买辞典时用的(L8,P82,B1,表示第8课,第82页,第一册。下同),以下依次是在银行换美钞(L42,P311,B1)、打听厕所(L49,P369,B1)、买衣服(L63,P99,B2)、在火车上称呼“列车员同志”(L77,P205,B2)等。可见,编者认为“同志”是初级学生应该首先掌握的中性称呼语。然而,在现今的语言交际中，我们听到“同志”的场合越来越少，何况这样的称呼语从外国学生的口中说出是否贴切还是一个有争议的问题。当然，课本中也出现了“先生”一词，最早见于L27（P176，B1）中，但却不是直接称呼语：

A：高一新先生家住几楼，您知道吗？

B：知道。他住二门六号。

另外，L96（P351，B2）中的“东郭先生”也不是直接称呼语。不过，同一课的《读写课本》中的小话剧《东郭先生和狼》一课，确有狼对东郭先生称呼“先生”的，但那多少带有一点对读书人称呼的味道。“先生”在《说话课本》中直接用作称呼语仅出现在L82（P245，B2）中，但那还是一个司机对大科学家爱因斯坦的称呼。而现实生活中，口语里“先生”和“小姐”等早就取代了“同志”的位置。《说话课本》在这方面应该说多少有点落后于时代的语用变化了。倘若教师只强调“同志”在称呼上的时代滞后性，甚至干脆认为留学生使用“同志”来称呼有失妥当，而又没有介绍当今常用的中性称呼语，那么学生在实际交际中出现诸如前文的笑话也就不足为怪了。对于华裔学生来说，由于家庭文化背景的影响，张口用亲属称谓来称呼周围的熟人乃至一般的人已成了一种文化定势。

又如，关于去一个地方或拜访某人，教材中介绍了“上”“参观”“访问”三个词。前两个首次均出现在L21（P118—119，B1）中，后两个还出现在L39（P281，P285，B1）中：

1.A：上哪儿？

B：去礼堂看电影。

2.A：你去不去参观？

B：不去。

3.A：来北京以后，你访问了他几次？

B:访问了他两次。

4.A:故宫你参观了几次?

B:参观了两次了。

其中的“参观”“访问”作为口语练习以扩大词汇量来说无可非议,但这毕竟是比较正式的用词。学生在口语中一般会用“去过”“玩过”,但对“我上你家去玩”“上门”“登门拜访”之类中“上”和“登”的含义就并不清楚了。在学习到“听说你的大作即将出版,我真为你高兴!”(L95,P346,B2)时,学生会对“大作”大惑不解。教师可联系曾学过的“您贵姓?”(L19)等例子来说明华语中普遍存在的尊敬、抬举交际对方的文化心理,从而将语用问题放在一个更广阔的民族文化的背景中去让学生理解。事实证明,学生对此兴趣盎然,记忆深刻。如果教材对“上”之类的语用含义做些注释,肯定对学生大有裨益。

当然,教材中也有对语用问题处理得较好的地方,如关于询问年龄,在L43和L56两课中就很好地体现了交际的礼貌性原则和礼貌级差。尽管这在《说话课本》中不太多见,但只要我们善于运用语用理论,重新审视教材,将语感优势上升为理论,再通过教学让学生掌握语用梯度,学生一定能够学会正确地使用鲜活的口语。

2.要从语用学的角度审视当今的社会语用现状,教材编写要跟上时代。

语言是变化的,尤其是处在改革开放、经济迅猛发展的今天。社会的政治、经济、文化、意识等的发展变化都会引起社会语用产生微妙的变化。比如,“男孩(子)/女孩(子)”就是当今中国受过相当程度教育的年轻人常挂在嘴边的词语,它们的意思就是年轻的男女。

仍然拿称呼语来说，北方相对南方来说，“同志”的流通率会高些。但南方由于外向型经济的发展，借助于开放的风气，率先普及了“先生”“小姐”之类几曾作古的称呼语，并且已经推广到了北方。对这样的语用变化现状我们不能有丝毫的漠视心理。

此外，如“工作”和“打工”，“坐出租车”和“打的”，“公共汽车”和“巴士”(包括“大巴”“中巴”和“小巴”)之类，教材无法及时反映，但教师却不能熟视无睹。俗话说，登高才能望远。用语用学的目光去审视当今纷繁的语用现状，在编写华语教学的文化大纲和教材时，更多地注意今天的语用实际，无疑将会对口语的教学产生巨大的推动作用。在此之前，教师更应该在清楚地了解了语用发展脉络的基础上，大胆地在教学中加以补充。

3.要从学习者的语用现状出发，剖析典型失误，正本清源。

教学不能脱离学生的实际，挖掘教材和把握语言现实都是为了更好地提高学生的语言交际能力。为此，需要特别注意：

第一，抓住典型例子，细致剖析，举一反三。比如，学生常说：

(17a)因为晚上我不会睡觉，所以早上不会起床。

(18a)天气太热，我晚上不会睡觉。

这是学生中常见的典型口误。这两例，学生本意是要说“睡不着/了/好觉”“起不了床”。但学生在还没学习“可能补语”时，似乎可以说成：

(17b)因为晚上我不能睡觉，所以早上不能起床。

(18b)天气太热，我晚上不能睡觉。

但学生为什么没用“不能”而一概使用“不会”呢？可见，学生存在的主要问题是不了解“会”和“能”的语用差异。上课的重点应该是创造具体语境，让学生通过回答实际问题来感悟“会”和“能”的不同语用条件。比如：

A1：你会说泰语吗？/你会不会说泰语？

B2：上课能随便说印尼话吗？/上课能不能随便说印尼话？为什么？

A2：今天会下雨吗？/今天会不会下雨？

B2：今天能下雨吗？/今天能不能下雨？为什么？

通过引导学生结合具体真实的语境进行分析、比较，学生对“会”和“能”各自不同的两种语用条件便有了感性认识：“$会_1$”表示“能力”，“$会_2$”表示“可能”；“$能_1$”表示“环境的许可”，“$能_2$”表示“情理上的许可”（当然，“$能_1$”和“$能_2$”在理解上可能有交叉。鉴于初级学生的实际水平，教学中可放在相同的“许可”这一条件上）。对B组追问的“为什么”，旨在让学生从自然的语境中去体悟“许可”的语用条件。在这种情况下，水到渠成地告诉学生表示“许可”与否的语用环境，只能用“能/不能”，不能用“会/不会”。至此，让学生自己来纠正前面的例子，则学生很容易理解错误的根源。但在以后学习“可能补语”一节时，则不能满足于学生已有的这种认识，还要进一步引导学生弄清楚下面各组内句子的语用差异：

(17b)因为晚上我不能睡觉，所以早上不能起床。

(17c)因为晚上我睡不着觉，所以早上起不了床。

(18b)天气太热，我晚上不能睡觉。

(18c)天气太热，我晚上睡不着/好觉。

(18d)明天要考试了，我还没复习好，今晚不能睡觉了。

通过比较，学生认识到“不能V”表示强调原因，而“V不C”

则强调结果。再回过头来看，原来的(17a)和(18a)应该说成(17c)和(18c)才是最恰当的。①

对于侨生来说，这样的典型语用失误还有“要”和“想”、“去”和“来”之间的瓜葛等。

第二，要了解学生交际中语用失误的历史根源，才能有的放矢地进行纠正。

印尼学生多数学习过英语，由于先入为主，英语学习对华语学习的负迁移现象难以避免，以致出现上文中例(14)、(15)B 和(16)之类的病句。类似的问题还有：

(19)我遇到了你的爱人在路上。

(20)我觉得不安全跟他一起骑自行车。

(21)我[已经]九个月了在广州学华语。

(22)8 点半早上，先我们放行李在房间里。

上述错误，虽然可以部分地看作语法问题，但归到语用失误来解决更易奏效。解决这一问题，不仅要了解学生现实的语用心理和习惯，更要了解他们过去的语用心理和习惯。印尼学生口语比较啰唆，因为他们以为能够把话说得长，滔滔不绝，纵然是冗长拖沓，也是华语口语能力强的表现。

以上分为三个方面来论述只是为了行文的方便，事实上三者之间是不可分割的。强调从学生的典型语用失误出发，需要教师平时注意观察积累，尽量做到新课开始前能对学生可能出现的问题有预见，同时需要善于利用、挖掘和补充教材。比如，L26 第一次介绍了表示“许可”的“能”的用法，而 L38 第一次介

① 吕叔湘主编《现代汉语八百词》，商务印书馆，1980 年。

绍了表示“能力”的“会”的用法。如果在教学“会”的时候，能预见到学生的语用失误，如(17a)和(18a)之类，积极引导，将错误尽早消灭在萌芽状态，甚至一步到位，直接教给学生正确说法，避免错误说法先入为主，无疑会收到良好的效果。又如，在教学“可能补语”的 L71—73 时，更应联系前面的教材，深挖教材的内在逻辑性，并密切联系学生的语用实际。同样，应该以教材为基础，联系当今的社会语用现状，尤其要注意学习者当时所生活的地区的语用现状，并根据学习者将来的工作性质和需要来调整和补充教材。教师应审时度势，大胆而谨慎地介绍和引入新的语用发展和变化的情况，让学生学到最新鲜的又有一定稳定性的语用策略，切实提高他们的交际能力。

另外，上述三方面只能是概而言之。因为任何语言都离不开它赖以存在的特定民族的政治、经济、文化和社会心理等诸多因素的影响，语用从本质上来说，与语法、语义是浑然一体的，统一于语言这个交际工具之中。① 所以，在华语教学中，谈到语用问题同样不能抛开语法、语义。我们需要运用现代语言学(包括语法学、语义学、语用学等)的观点来指导整个华语的教和学。

二 东南亚学生华语拒绝言语行为分析②

近 20 多年来，语用学界对礼貌理论研究颇多，学者们从各个角度对礼貌理论进行了验证，尤其对请求、道歉、拒绝等言语行为中的礼貌问题做了有益的探索。拒绝是日常生活中使用频

---

① 胡文仲主编《文化与交际》，外语教学与研究出版社，1994 年。

② 本部分选自唐玲《汉语拒绝言语行为及东南亚华裔留学生习得情况分析》，《暨南大学华文学院学报》2004 年第 2 期。

率相当高的言语行为,"拒绝语是一种本质上威胁请求者正面子的面子威胁行为"①。拒绝对方的请求最能威胁被拒绝者的面子,因此人们在实施这一行为时常常要考虑礼貌问题,用一些策略来减缓对对方面子的威胁。有学者通过对中美大学生拒绝言语行为的调查,验证了 Brown 和 Levinson 提出的观点,即"直接性程度的确与礼貌策略有线性关系,即语言越间接越礼貌"。② 有研究比较了中美拒绝行为的表层策略和深层策略,发现"中国比美国更倾向于用客观辅助行为语以及假同意策略,美国更多使用主观辅助行为语以及直接拒绝方式"。③ 语言和文化是不可分的,中国人素来主张"和为贵""谦恭礼让",在拒绝时习惯使用间接的方式以显得委婉、礼貌。委婉、强烈和直接、间接分别从主观愿望、语言表现两个不同的维度来分析拒绝行为。这里要考察的是:实施拒绝言语行为时,中国人主观愿望(强烈、委婉)和语言表现(直接、间接)的数字对应关系以及影响拒绝者选择不同拒绝方式的因素;具有良好听说读写能力的华裔留学生能否得体地拒绝,成功、有效地实施这一言语行为,华裔留学生实施拒绝行为的主要问题是什么;最后根据分析的结果提出教学建议。分析的材料来自实际调查问卷,在分析中国人的拒绝行为时,为使材料更充分,补充了文学作品中的部分语料。

(一) 几个概念的界定

本部分从语用及留学生习得方面考察拒绝这一言语行为。

---

① Brown & Levinson, *Polotenes*. New York: Cambridge University Press, 1987.

② 王爱华《英汉拒绝言语行为表达模式调查》,《外语教学与研究》2001 年第 3 期。

③ 马月兰《从语篇表层谈中、美拒绝策略》,《齐齐哈尔大学学报》(哲学社会科学版)1999 年第 4 期。

根据语气的不同，我们把拒绝者的主观愿望分为强烈拒绝、委婉拒绝，完全由拒绝者个人决定选择哪种语气。根据实际表达情况，把拒绝分为直接拒绝和间接拒绝两种方式。“直接拒绝”指毫无保留的拒绝或否定，即中心行为语中出现表示句子功能的行为动词或出现“‘不’+行为动词”的格式，或者有表明不愿意或没有能力答应请求的词语，如例(1)—(4)。

(1)我拒绝和你去看电影。(出现表示句子功能的行为动词“拒绝”)

(2)我不去，你自己去好了。(“不”+行为动词)

(3)我不想借给你啊，它对我很重要。(表明不愿意，“不想”)

(4)对不起，我不能去，我有事。(表明没有能力，“不能”)

“间接拒绝”指直接拒绝以外的拒绝，拒绝者使用各种策略，听话人根据语用原则、共知信息推导出它们为拒绝言语行为。如例(5)(6)。

(5)对不起，我的朋友正等着看这本书。(拒绝借书请求)

(6)你才进来一星期，按要求至少要三个月呢。(拒绝出院请求)

(二) 调查设计

1.受试。

受试在问卷中均是拒绝者。调查分两部分：一部分在大专以上学历的中国人(汉语为母语)中进行，均为中青年，共 40 人，男女各 20 人，有效答卷 36 份；另一部分在暨南大学华文学院中级汉语水平的东南亚华裔留学生中进行，均为中青年，学过一年以上汉语，具有良好的听说读写能力，共30人，男女各15人，有效答卷25份。

2.问卷。

研究采用问卷调查法。调查问卷的设计考虑拒绝者的年龄、汉语水平、性别，把权势、社会距离、请求的强加程度作为控制因素。权势指“社会地位高于或低于被拒绝者”；社会距离指“与被拒绝者的亲疏熟识程度”；强加程度指“请求事件的难易程度”。比较“父亲请你关门”和“普通朋友请你代他去机场接人”，后者被拒绝者的权势低、社会距离远、请求的强加程度大。

问卷共设计了10个不同的情景题目(S1—S10)，涉及日常生活的各个方面。考虑到留学生来自不同的文化背景，而且学校环境比较单一，对留学生的调查问卷进行了少量修改，使设定的语境更接近他们的日常生活。这10个情景为：S1同学借笔；S2父母收入不高而孩子要买昂贵的玩具；S3不熟悉的人邀请看电影；S4室友在你想睡觉时要看电视；S5学生以非正常理由请假(留学生)/秘书请主任擦窗户(汉语本族人)；S6好友父母询问你不愿回答的问题；S7陌生人请借200元钱；S8同学询问令你尴尬的问题；S9表现一般的学生请求当班长(留学生)/不符条件的亲戚要求升职(汉浯本族人)；S10妈妈正生病，老板邀请去他家玩。

在答题方式上，采取语篇补全测试，只给出明确的情景和请求的具体话语，不给出答题提示，让受试自由写出答语。根据答应、拒绝的程度，分为四类(A.高兴地答应；B.勉强答应；C.强烈拒绝；D.委婉地拒绝)，供受试选择，以便从受试的主观愿望和语言表现两方面结合分析拒绝言语行为。受试独立完成问卷，不受时间的限制，有不懂的字词可以查阅字典。

（三）调查结果及分析

1.基本情况。

在中国人的调查问卷中收集到拒绝语157条，其中：强烈拒绝28条，占17.8%；委婉拒绝129条，占82.2%。直接拒绝17条，占10.8%；间接拒绝140条，占89.2%。留学生的调查问卷中共收集到拒绝语146条，其中：强烈拒绝34条，占23.8%；委婉拒绝112条，占76.2%。直接拒绝38条，占26.6%；间接拒绝108条，占73.4%。

2.中国人拒绝言语行为情况分析。

调查表明中国人在拒绝时，主观上常常希望用委婉的方式。委婉拒绝主要通过间接拒绝来实现；也可能采用直接的方式，但使用的场合非常有限。如：

(7)李市长，不啦不啦，我们就只见你一面。这么晚了，不打搅你，不打搅你。（请上访的人进家坐）

(8)虽然我们是亲戚，但是由于升职是有条件的，所以我不能答应你。（S9）

即当对方提出邀请、提供帮助或请求的内容违背了某种原则时，拒绝者虽然想委婉地表示拒绝，却可能选择直接拒绝的方式。例(7)虽然直接拒绝对方的请求，但它符合Leech的礼貌原则中慷慨准则下尽量少使自己得益的次准则，不仅没有显得不礼貌，反而比较客气。例(8)因为对方的请求违背了工作原则，而选择了直接拒绝的方式，避免含糊，但此时一般不用表示主观拒绝的“我不想”“我不愿”等主观性辅助行为语，而是使用表示受客观条件限制的“不能”等客观性辅助行为语来实施拒绝行为，或者添加模糊词语表示不确定，如“可能不行”“也许不能”等以缓和语气，减轻冲突。

中国人的强烈拒绝占全部拒绝的17.8%，该比例略低于留学生(23.8%)，表明中国人比东南亚华裔更倾向于委婉地表示拒绝。在强烈拒绝的例子中，我们发现强烈拒绝的对象主要是陌生人，或者对方提出的请求不符合其身份、属于不恰当的要求时；有时也可能是请求内容违背了社会原则或某种规定等。如：

(9) 我又不认识你，为什么要借钱给你？(S7)

(10)你自己不会擦啊？(S5)

(11)不行的，希望你能凭自己的实力获得升职。(S9)

例(9)陌生人提出较大的请求；例(10)请求内容不符合请求者的身份；例(11)请求内容违背了升职原则。对于社会权势高于自己的人，在调查中我们没发现一个强烈拒绝的例子。王爱华(2001)指出“Brown & Levinson 的三个社会因素对言语行为起着重要的作用，但作用方式在两种语言(中英)中却不完全一样”。权势、社会距离、强加程度都是影响拒绝方式的因素，其作用、影响的大小即使在同一语言的同一言语行为中也是不平衡的。相对于拒绝者来说，被拒绝者权势越高、越熟识、请求越小，拒绝越委婉间接。调查表明，在汉语拒绝言语行为中，按对拒绝强烈程度影响从大到小依次为：权势→强加程度→社会距离。

Blum kulka(1989)就操澳大利亚英语、加拿大法语、希伯来语、阿根廷西班牙语的人使用请求策略的现象进行对比分析，发现语言中的间接现象具有普遍意义，在不同的社会文化中被广泛使用。[①] 从调查问卷中拒绝语实际的语言表现看，在实施拒

---

① Blum kulka, S., *Cross-Cultural Pragmatics: Requests and Apologies*. Ablex Publishing Corporation, 1989.

绝时中国人也常使用间接方式。委婉拒绝主要采用间接方式，即使强烈拒绝的时候也可能采用间接方式，原因是不愿直接拒绝对方，严重威胁对方面子。当然，间接拒绝的方式不一定总是委婉的，有时也能表达强烈的语气，如反问句就常常用正反对、拒绝对方的场合，并传达某种感情或表达某种态度，语气一般较强烈。在我们的调查中，强烈拒绝中使用间接拒绝的16例，其中使用反问句的10例，占全部强烈拒绝的35.9%。如：

(12)为什么要和你去？(S3)

(13)我不认识你，为什么会借给你？(S7)

反问句可以表达强烈的语气，甚至比有些表示否定能力或意愿的直接拒绝更不礼貌，试比较上面两例和下面两例：

(14)谢谢你的好意，我有工作不能离开。(S3)

(15)对不起，我不想借给你。(S3)

调查结果表明，中国人在表示强烈拒绝时主要通过直接拒绝和反问句来实现，两种方式占强烈拒绝的78.2%；偶尔用反问句以外的其他间接拒绝方式，但句式都较简单，少修饰语、附加语，且很少有商量的余地。如：

(16)对不起，我没钱。(S7)

(17)我不认识你。(S7)

3.留学生习得情况分析。

留学生的委婉拒绝率略低于中国人，但相差不大(低6%)，表明中国人与东南亚华裔留学生表示拒绝时的主观愿望接近，且使用的拒绝策略存在很多共性，这可能是因为本文调查的是有一些中华文化背景的东南亚华裔留学生。在这些国家，华人华侨普遍重视中华传统文化的学习和传承，很多华人社区存在

“双文化”现象，这些背景造成了东南亚华裔学生语言与文化方面显著的群体特征，并直接影响他们用汉语实施拒绝言语行为时主观愿望的选择。但不可否认，由于各国社会政治、经济、文化、教育等方面的发展极不平衡和个体情况的多样性，这些华裔留学生的内部存在较大的国别和个体差异。

留学生的直接拒绝比例远远高出中国人(高近20%)，在委婉拒绝中有17例是直接拒绝，占委婉拒绝的15.1%，说明他们想委婉地表示拒绝却不得其法，往往是直接地拒绝对方。这种拒绝方式在本国可能是得体的、委婉的，但在和中国人用汉语打交道时却显得不得体，会严重伤害对方面子，造成交际障碍，或使交际失败，更有甚者使双方产生误会、感情破裂。强烈拒绝时，留学生主要采用直接拒绝的方式，占61.8%；间接拒绝占39.2%，但其中反问句式只有3例，占8.8%，这可能与留学生对反问句的语用功能不甚清楚或者平时使用反问句的机会少有关。与中国人相比，留学生过多采用直接拒绝的方式表示强烈拒绝，或者只用一般的间接拒绝表示强烈拒绝而没有表现出强烈的语气。可见具有中级汉语水平的东南亚华裔留学生尚未能得体地用汉语与汉族人进行拒绝言语行为的跨文化交际。

实施拒绝言语行为时，留学生主要存在两个方面的问题：

第一，语言表达表现在过度简单、过度复杂和不会表达。如：

(18)不能了，我已经选好班长了。(S9)

(19)不行，我今天晚上有事儿。(S3)

(20)不可以，我没有钱，你去公安局寻找吧。(S7)

(21)我凭什么相信你呢？你是哪位？(S7)

(22)我很忙。(S10)

(23)好像不可以吧,因为我只有一支,而且我最喜欢拿这支笔来写字。(S1)

(24)只要你有责任感,就能当班长。当班长是为人民服务一样的,所以你应该向雷锋学习做同学们的好班长。(S9)

(25)不行,这支笔是很珍贵的。如果你交我一万块钱的押金才行。(S1)

(26)不上就不行,如果你可以不上,那别的同学知道了他们也想不上,我就会被校长批评啊!(S5)

(27)我真的不知道她的事情。(S6)

(28)不好意思,我也没有那么多钱啊。(S7)

(29)那个是很贵的,咱家没有那么多钱。(S2)

根据调查问卷,(18)—(24)是留学生主观上希望委婉拒绝的例子,(25)—(29)是他们希望强烈拒绝的例子。(18)—(20)使用了直接拒绝方式,表述简单干脆,(21)是反问句式,(22)虽然没有直接拒绝,但过于简单且无附加语。这些拒绝的语气均较强硬,没有商量的余地。(23)(24)则过于复杂,意在委婉拒绝,拐弯抹角,结果拒绝的意思并没表达出来。(25)(26)强烈拒绝,也存在过于复杂的问题,使得表达不得体或太啰唆。(27)—(29)都用了语气较为委婉的间接表达,且使用了表明诚意、歉意等的词语,结果没有表现出强烈拒绝的原意。想委婉不知怎样委婉,想强烈不懂如何强烈,上述例子都是留学生不成功、不得体的表达。

第二,语用失误。表现在语言语用失误(使用不符合本族人语言习惯的形式或套用母语的表达方式而造成）和社交语用失误（对目的语社会的文化准则缺乏了解而造成）。从我们的调查来看，留学生在施行拒绝这一言语行为时的社交语用失误是比较明显的，尤其是对何种场合使用何种拒绝方式不甚清楚，过度使用委婉拒绝，或不适当地使用强烈拒绝，以致在拒绝时使对方难以接受。在留学生的语料中，强烈拒绝高于中国人，在情景S1、S2、S5、S6、S7中都经常使用，如：

(30)不可以，这是别人送给我作为我的生日礼物的。(S1)

(31)这玩具很贵了，我不能买给你。(S2)

(32)什么？我第一次听到这件事，真的不知道。(S6)

(30)—(32)强烈地拒绝朋友的父母、自己的孩子、同学提出的非不合原则或情理的请求是不符合中国人的文化习惯的，可能使被拒绝者觉得不被尊重，自尊心受到伤害，以致造成交际障碍。中国人在情景S1、S2、S6中基本上不使用强烈拒绝。这说明留学生对中国的文化准则、文化背景缺乏足够的了解，在交际中对自身身份认识不清。

(33)哎呀！我妈妈病了，家里今天没有人，我明天去可以吗？(S10)

(34)对不起，因为我母亲生病了，我要照顾她不能去，下次再请我，好吗？(S10)

(33)(34)委婉地拒绝对方，为了突出自己表达的委婉，拒绝者提供了其他选择："我明天去可以吗？""下次再请我，好吗？"拒绝者本想使表达更委婉，但没考虑可能明天对方有事，也可能对方暂时不想再提出邀请等情况，实际上使对方陷入了为难的境地。研究表明"母语使用者和外语学习者对表达'请求'策略的礼貌判断上具有很大的相似性，但也存在一些差异。主要表现为，外语学习者对同一语境中语言形式礼貌的定位级别过于‘敏感’”①。这种敏感性也体现在留学生习得拒绝言语行为的过程中，(33)(34)就主要是留学生对拒绝言语行为的理解和表达过度敏感所致。

(四) 结论与建议

1.结论。

请求的对象、强加程度等因素影响中国人采用何种拒绝方式，按影响从大到小依次为：权势→强加程度→社会距离。虽然在实际交际中，拒绝是否委婉还会受拒绝者的表情、语调等影响，但调查也表明在汉语拒绝言语行为中，直接与强烈、间接与委婉有较明显的对应。委婉拒绝里间接拒绝占绝对优势，当中国人想委婉地拒绝时往往采用间接拒绝；而强烈拒绝中直接拒绝和反问句占大多数。间接拒绝一般表达委婉的语气，但有时也能表达强烈的语气，比如反问句；直接拒绝则一般用于拒绝者想强烈拒绝的时候。

在表示拒绝时，具有良好听说读写能力的东南亚华裔留学生与中国人有着相近的主观愿望，即大都希望用委婉的语气拒绝对方的请求，但仍存在语言表达和语用失误两个方面的问题。作为一个群体，东南亚华裔留学生具有不同程度的中国文化背景知识和文化习惯，与欧美留学生相比有培养语用能力的优势，但中国文化毕竟不是唯一的，甚至往往不是他们的主导文化，在与汉族人用汉语进行交际时，他们既受到语言水平的限制，也存

① 转引自何兆熊《新编语用学概要》，上海外语教育出版社，2000年。

在语用、文化方面的障碍。

鉴于本研究调查样本不大，没有考虑东南亚各国之间的差异，而且没有考察性别差异的影响，以上只是初步的结论，今后我们将做进一步的研究验证。

2.建议。

培养留学生的交际能力，“应该把同一意义的不同表达方式以及哪些更直率或更严厉等色彩差异介绍给学生，使他们适应各种交际环境的需要”①。留学生不能正确、得体地实施拒绝这一言语行为跟教学中疏于对留学生语用能力的培养不无关系。对外汉语教学应该加强对留学生尤其是中高级阶段留学生语用知识的教学，提高其语用能力，帮助学生学会在不同场合用得体的语言来表达自己的思想，以进行有效交际。

作为一种语用现象，拒绝方式与文化的关系极为密切。在提高语用能力方面，东南亚华裔留学生有着历史和现实的文化优势，教学中应发挥这一优势，教学重点应与欧美、非华裔学生相区别。如东南亚学生都有委婉拒绝的主观愿望，但对采用不同拒绝方式的场合认识不清，教学中应加强这方面知识的输入和练习。

另外，课堂教学的对话操练实际上只是师生之间、同学之间的对话，社会角色、对话内容均比较单一。因此，我们提倡真实语境教学，增加课外交际，尽可能提供真实多样的语境，这些都有助于发展学生的语用能力。

---

① 转引自邓恩明《编写对外汉语教材的心理学思考》，《语言文字应用》1998年第2期。

第三章

华语中介语研究

第一节　马来西亚华裔学生语码混合行为及态度[①]

一　华裔语言使用简况

马来西亚的华人生活在非常复杂的语言环境里。长期融合在多个种族、多元文化和多种语言的氛围之中,使当地华裔在生活习惯、思想行为和语言等方面都受到一些冲击和影响。语言的接触通常是在一个交际频繁的社会中,同时存在几种不同的民族语言或地域方言时发生的。马来西亚许多华人从小就接触各种汉语方言、华语、马来语和英语,甚至泰米尔语[②]和泰语。[③]如此复杂的语言环境导致当地华裔在使用华语时出现了特殊的风貌,来自不同地区的华裔使用的华语也会出现不同的变体。一个常见的多语现象是语码混合(code-mixing)。这种说话形式已经成为当地人的语言习惯,其中最常见的是说华语时夹杂了英语、马来语、粤语或闽南语。例如:“他的 nasib(马来语,“运

① 本部分选自庄晓龄《马来西亚华裔大学生语码混合行为及态度》,《中国社会语言学》2010 年第 1 期。

② 马来西亚称淡米尔语。

③ 许嘉璐、陈章太《语言文字学及其应用研究》,广东教育出版社,1999 年。

气"之义)死北(闽南语,"非常"之义)好,考试不用读也会 pass(英语,"及格"之义)。"

马来西亚的华人用华语与他人沟通或交流时,大多操一口非常马来西亚式的华语。所谓马来西亚式的华语无论在语音、词汇和语法上都跟普通话有一定程度的差异。尤其是说华语时夹杂其他语言是马来西亚华语的一大特色。这种华语普遍称为"罗惹"①华语。"罗惹"是一种印度食物,用多种蔬菜和其他食材再配上特制的酱料混合在一起食用。因此,当地人便用此词语比喻多种语言混合使用的现象,这种混合语也被普遍称为"罗惹语"②。根据 Asmah Haji Omar(2007),"罗惹语"含有语码混合和语码转换两种现象,而一个话语中,可能出现其中一个现象,也可能出现两种现象。③ 换言之,"罗惹"华语可以说是"华方英巫之马赛克现象",即夹杂了华语、方言、英语和马来语的一种语言变体。我们综合各家对语码混合的说法,④把"语码混合"定义为在交际的过程中,生活在多元多语环境,各语言相互影响的后果下,相同的语码使用者有意或无意地夹杂使用另一个语种的词语,或者不假思索地混杂使用几个语码。

语言态度制约了该言语集团的语言使用情况,也影响了该

---

① "罗惹"音译自马来语 rojak,是马来西亚各民族都熟悉的一种食物。

② "罗惹语",马来语称 bahasa rojak,bahasa 即语言。马来西亚人把混杂多种语言的话语称为"罗惹语",不管话语中的基本语言或主要语言是何种语言。

③ Asmah Haji Omar,Sonomi Pertemuan Bahasa:Di Manakah Letaknya Bahasa Rojak? 罗惹语言讲座论文,马来西亚吉隆坡国家语文出版局,2007 年。

④ 王德春《语言学概论》,上海外语教育出版社,1997 年;Holmes,J.,*An Introduction to Sociolinguistics* (*2nd Edition*). Harlow,England:Longman,Pearson Education. 2001;Wardhaugh,R.,*An Introduction to Sociolinguistics* (*4th Edition*). Cowley:Blackwell. 2002;徐大明主编《语言变异与变化》,上海教育出版社,2006 年。

语言的演变和发展。[1] 语言态度是反映在语言使用者在哪个场合使用该语言和他使用该语言的确实频率，以及对语言作为交际沟通或对语言的统一和标准化的看法的改变。[2] 华语在马来西亚向来被当地华人社会视为“母语”，因此华裔青年对使用母语、方言和其他语文所持的看法将左右华语在马来西亚的发展。

根据新加坡的一则新闻报道《杂菜式华语——对不起，你在讲华语吗?》，受访的新加坡大学生说:“我觉得自己有能力讲标准的华语，只是有些时候太麻烦了，一些东西平时都习惯用英语讲出来，用华语就要多动脑筋想正确的词汇。”这则报道也指出许多年轻人认为，“说杂菜式华语更贴近生活，而且已经成了一种习惯”，“没有必要时时讲标准的华语”，“和朋友谈话时用标准华语很难融入，因为大家对杂菜式华语都有亲切感，况且有些事物，只有以英语说明才听得懂”。1965 年 8 月之前马新曾是“一家”，换言之，两国的历史背景和地理环境有极深的渊源，两国人民相互往来也很紧密。那么，新加坡大学生对使用华语的态度跟马来西亚大学生对华语的使用态度是否会有相似之处？目前马来西亚华人社会关于语码混合、语码转换等相关课题的研究不多，也缺乏对语码混合的理论解释；有鉴于此，笔者通过此研究，初步探讨马来西亚华裔大学生的语码混合现象，以及他们对语码混合所持的态度。

---

① “中国语言生活状况报告”课题组《中国语言生活状况报告》(2007)(上编)，商务印书馆，2008 年。

② 游汝杰、邹嘉彦《社会语言学教程》，复旦大学出版社，2004 年；王铁琨《珍爱和保护中华语言资源的语言规划尝试——以“语言生活监测研究”和“中国语言资源有声数据库建设”为例》，马来西亚华语国际学术研讨会论文，吉隆坡马来亚大学语言暨语言学学院与马来西亚华语规范理事会联办，2009 年。

二 资料收集与分析

(一) 资料收集

本研究的研究对象是马来西亚马来亚大学(简称马大)的华裔本科生。这些研究对象来自马来西亚各地。研究者通过两个渠道收集语料,具体进行语料收集的是两位马大语言暨语言学学院汉语语言学系三年级学生(以下称语料收集者)。

第一,在校园内外学生常聚集活动的地点进行语料收集,探讨华裔大学生使用华语时语码混合的现象。两位语料收集者在华裔大学生常休息、用餐、等候巴士(公交车)的地方收集语料。他们通过偶遇抽样方式选择对象(至少两位),并且不动声色地在对象的附近聆听和笔录对象们的谈话,以期获得最原始的语料来反映语言使用的实际情况。不过语料收集者也随身(隐蔽地)携带和开启小型录音机以录下实际对话(按:录音较模糊,作用是在笔录不清楚时参照)。同时他们也将自己平时跟同学交谈时所发现的语码混用实例记录下来。

第二,本研究也采用问卷调查,然后经过"非正式面谈"以作审核之用,所收集到的部分资料用来分析华裔大学生对语码混合现象的看法,从中探讨他们的语言态度并预测马来西亚华语的发展趋势。问卷由研究者设计,都是选择题(按:每个问题所提供的选择答案都附加一项"其他:请注明________",以便受试者可以提供其他资料)。与本研究课题有关的问题有:(1)马大华裔生选择哪种语言作为使用华语时的"夹杂语言"。(2)马大华裔生能否接受夹杂使用语言及原因。(3)马大华裔生使用语码混合的原因。(4)马大华裔生对语码混合现象的看法。

上述问题和所获取的资料都直接在下文罗列与讨论。参与回答问卷及非正式面谈的研究对象共有100位,年龄介于20—25岁,来自马来西亚各地,在马大各学院就读本科,可以说是马来西亚华裔年青一代的"缩影"。这些研究对象中,至少接受过六年华文教育(小学阶段)的有14人,达到中考程度的有45人,而在大学修读华文的则有41人。选择研究对象是根据偶遇抽样的方式进行的。语料收集者也随意地在校园里寻找研究对象。每位收集者负责寻找50位研究对象,前提是:受访者必须是华裔,学过华文。受访者的男女人数尽量相等。受访者尽量来自不同的省份,但城乡不论(本研究不考虑城乡差异的问题)。

谈话语料收集和问卷调查同时进行,共用时两个月。

(二) 资料分析

语料和问卷资料的整理和分析显示,马大华裔生在使用华语与他人沟通时都出现了语码混用的现象,差别只在于夹杂语码的多寡。

1. 语码混合的语种。

研究总共收集了507个语码混合的句子。这些句子有的夹杂了一种语言(如英语、马来语)或方言(如粤语、闽南语),但其中也有不少句子同时夹杂了超过一种语言或方言,如英语和马来语、英语和某种方言。在统计数据时,重复出现的词语也重复计算,因为此部分主要是分析夹杂各种语言或方言的频率而非出现什么词语的频率。统计情况见表3-1。

表3－1　夹杂各种语言或方言的句子统计

夹杂的语言或方言	句数	百分比(%)
英语	312	62
马来语	95	19
粤语	42	8
闽南语	28	5
超过一种语言或方言	30	6
总计	507	100

第一，夹杂英语的现象。

从原始语料看，夹杂英语的句子占了62%。其词语的内容跟本科生的校园生活有密切关系，也包括了科技词语、连接词等。跟校园学习生活相关的词语包括 presentation，tutorial，send，lecturer，credit hour，assignment，course mate，thesis，present，tutor，register，interview，result，notice，class，point form，proposal 等。科技词语多与电脑、电脑操作、电脑零件、手机等相关，如 SMS，format，diskette，CD，password，burn，save，e-mail，delete，print 等。此外，还有一部分连接语，如 so，then，but 等；惊叹语，如 My god!、Oh no! 等。其他的词语还包括 meet，call，shopping，staple，complain，settle 等。例句如：

(1)你要记得 renew 书。

(2)他的人很 blur 的。

(3)你可不可以帮我 burn 这张 CD。

(4)我 miss 掉四点的 bus。

(5)我们几个感情比较 close。

上述混杂使用的词语都有对等的华语词语，但是许多学生都在自然的情况下自觉或不自觉地在说话时夹杂了这些英语词语。众所周知，英语不论在经济、科技或知识领域都是强势的语言，因此马大的学生在校园里听到或需要使用英语的机会相当高，特别是理工科的学生，耳濡目染之下，即使说华语也无法避免穿插英语。在众多语料中，有个特殊的现象：

(6)每天 SMS 来 SMS 去也要很多钱一下。

此句把英语缩略词 SMS（简讯）当成动词使用，并把它汉化，融入汉语"……来……去"形式里。汉语有"看来看去、说来说去"，表示动作重复或长时间进行，因而出现了"SMS 来 SMS 去"的夹杂形式。这种形式的用法引申出来的汉英夹杂的短语还有"shop 来 shop 去、kick 来 kick 去"。这种混杂式的用法在校园里很普遍。

第二，夹杂马来语的现象。

资料显示夹杂马来语的句子数量名列第二，共 95 句，占了 19%。不过跟夹杂英语的情况不太相似，马来语词语跟学生在校园的学习生活相关的较少，只有如 bentang（报告）、kuliah（讲堂课）、kumpulan（组别）等。数量比较多的反而是一般用语，如 kacau（打扰）、tahan（支持）、agak（预测）、agak-agak（大概）、malu（羞耻）、ulu（偏僻）、canggih（精致）等。此外还有少部分跟食物相关的词语，如 nasi lemak（马来椰浆饭）、roti canai（印度煎饼）、satay（沙爹）、mamak 档（印度穆斯林经营的饮食摊档）等。例如：

(7)我等下还要 bentang。

(8)你的 kuliah 在哪里上？

(9)我要读书，你不要 kacau 我。

(10)我可以 tahan(支持)到十点。

(11)我 agak 下个礼拜就可以做好。

其实,马来语中科学技术领域的词语大部分都借自英语。由于高等学府使用的通用语是英语,而且近一两年来,大学为了提升学生的就业竞争能力,日益重视英语,因此夹杂英语的句子的数目远远超过夹杂马来语的句子数目。

原始语料中也出现一种跟英语夹杂使用方式类似的句子:

(12)我已经把那个菜 terbalik 来 terbalik 去了,还是洗不干净。

Terbalik 在马来语是"翻"的意思,"terbalik 来 terbalik 去"即"翻来翻去"。这个"……来……去"的短语结构跟夹杂英语的"shop 来 shop 去"短语形式有异曲同工之妙。

第三,夹杂方言的现象。

粤语在马来西亚是强势方言,特别在首都吉隆坡,粤语是许多华人交谈时使用的语言。在香港电影、电视节目的带动下,许多华人即使不太能说标准地道的粤语,至少也能听懂或说一两句流行的粤语词语。此外,马来亚大学位于吉隆坡和八打灵交界的地方,来自外地的学生在此住上一段时间后,多少也能学会一点粤语。因此,语料中出现了夹杂粤语的句子,占了8%。这些粤语词语包括"痫线(精神病)""扎(抬杠)""补番数(偿还)""笃爆(揭穿)""着数(好处)""赶窘(紧张)""激(气、生气)""串(嚣张)""叻(利害、好)""掂(行、好)""不愣(向来)"等。例如:

(13)我会讲你"痫线"的。

(14)我们饮茶的时候最爱"扎"他。

(15)明天请你"补番数"。

(16)你做么“笃爆”我?

(17)我有什么“着数”呢?

夹杂粤语的语料多出现在闲聊时。年轻人认为这样的夹杂可制造轻松的气氛、增添趣味。

马来西亚华裔人口中说闽南语的最多,占了37.7%,特别是在某些州属,如槟城、登嘉楼、吉兰丹等。不过近20年来,许多说闽南语的人都到吉隆坡一带深造、谋生计,而后落地生根,因此吉隆坡一带也可听到有人用闽南语交谈。大学生交谈时混合使用闽南语词汇也就不足为奇了。例如:

(18)给他激到很“逼仄”(急躁)。

(19)真“告喇”(够力,表示程度之大,如很厉害:他这个人真够力)。

(20)我“嘛是”(也是)这样。

夹杂的闽南语词语都是一般用语。在学习过程中,学生并没有跟讲师使用闽南语谈话的习惯,只有在日常跟朋友闲聊时才用。因此,这类夹杂华语和闽南语的句子不多,仅有28例。

第四,夹杂多语的现象。

夹杂多语的现象可谓名副其实的“罗惹”语言。一般夹杂双语,但严重的话可能出现夹杂三语甚至四语的情况。例如:

(21)Sastera fac.(马+英:文学院)的 burger(英:汉堡包)很好吃。

(22)拜一 SS2(地区名称)的 pasar malam(马:夜市)有很多东西吃,但是很讨厌要过《星洲》前面的 round about(英:交通圈),每次都很塞车。

(23)在 UM 里面坐 motor(英:摩托车)竟然没有戴

helmet(英:头盔)?

(24)现在的 junior(英:新生)很“串”(粤:嚣张)。

(25)他的 course mate(英:系友)很 kiashu(闽:怕输)。

上述语料主要是夹杂英语(英)和马来语(马),话题普遍上跟校园生活有关。

2.华裔本科生的语言态度。

从问卷调查所取得的资料,我们进一步分析马大华裔生对使用语言所持有的态度。此外,依据目前马来西亚华语的发展情况,也初步预测马来西亚华语的发展趋势。

第一,资料显示,马大华裔生使用华语时均夹杂其他语言。

百分之百的华裔生在使用华语与他人交谈时都夹杂其他语言或方言。将问卷结果与实地收集的资料对比,我们发现二者的情况相当一致。根据问卷调查,学生选择夹杂的语言(可以复选)的情况如下:学生选择夹杂的主要是方言(92 人)和英语(91 人),且两者的人数仅相差一人。在夹杂方言时,大多数选择了粤语和闽南语,少数夹杂客家话、福州话和潮州话。排在第三的是马来语(65 人)。一些学生也选修外语,因此一部分学生在交谈时也夹杂了外语(24 人)。

值得关注的是,实地收集的资料显示,夹杂英语的句数(312)远远超过方言(粤语和闽南语)的句数(70),这或许跟收集资料的地点有关。由于实地资料是在校园内外学生集聚的地方采集的,学生谈话的内容必然跟校园学习生活相关,因此很多时候学生所夹杂的语言是学习生活中常使用的英语。而研究对象在填写问卷时所考虑的却是“任何时候在不同的场合”所夹杂使用的语言;由于他们交谈内容所涉及的范围比较广,研究对象多在问卷中经常夹杂使用的语言项目中选择了方言。比较问卷结果发现，选择英语者（91 人）与选择方言者（92 人）人数不相上下。可见尽管方言亲切，华裔大学生还是会使用英语。

华裔跟当地马来民族长期生活在一起，日常用语多少受到马来语的影响。某些马来语词汇已经融入华人的语言里，对照前文则不难理解为何学生在说华语时会夹杂马来语词语。

第二，绝大部分受访学生对夹杂使用语言或方言的现象持接受态度。

研究对象是否认为混合使用不同的语言或方言，尤其说话词语，并非大不了的问题？他们能够接受在说话时本身或对方使用“语码混合”的现象吗？调查结果显示 92% 的受访学生认为可以接受，仅有 8% 的受访学生觉得无法接受。

研究对象在问卷中说明了接受语码混合的原因（只能单选），多数人提出的原因是方便沟通，容易表达，只要能听懂便可；其次是马来西亚是多元种族、语言和文化的国家。持以上两种观点者分别有 30 人和 27 人。这个结果显示许多大学生认为语言只是沟通的工具，只求大家能听懂，其他的大可不必在意。多语社会导致语言在碰撞中产生变异，其中最常见的便是语码转换或混合。语言使用者长期在复杂的语言环境中接触到不同的语种，因此很随意地混杂使用不同语言。哪个语种的词语先出现在脑海里便用哪个，而往往这个词语是他们最熟悉的。例如，与其说“买光盘”，他们宁可用“买 CD”；与其说“多少个学分”，他们宁可用“多少 credit hour”。久而久之，他们对 CD 或 credit hour 的华语说法反倒不太确定，也懒得去思考或斟酌，最后甚至说不出来。这种不认真使用语言的态度最终会导致语言水平下降。

接受语码混合的其他原因还包括生动有趣、传神、富有本地色彩、已经成为习惯、无法避免、非正式交际、比较亲切等。其中有两个研究对象表示夹杂其他语言是为了避免他族明白说话的内容。其实这个理由不合逻辑，反而应该是在使用英语或马来语交谈时夹杂华语或方言，他族才很难会了解说话的内容。无论如何，在交际的原则上，这种行为并不符合礼貌原则。此外，也仅有两名来自语言学院的学生认为使用语码混合是语言能力不强所致。可见大多数学生都没意识到自己说不出单一语种的话语，其实跟本身掌握该语文的能力有很大的关系。这是值得关注的现象。

表 3－2　接受使用语码混合的原因

序号	原因	人数
1	方便沟通、容易表达	30
2	多元民族、文化和语言的自然现象	27
3	已成习惯	15
4	生动、有趣、传神	9
5	富有本地色彩	4
6	亲切	3
7	语言能力不强	2
8	避免其他种族明白谈话的内容	2
总数		92

不接受使用语码混合的学生仅 8 人，他们提供的原因如表 3－3 所示：

表 3－3 不接受使用语码混合的原因

序号	原因	人数
1	造成污染	3
2	应该用标准话语	2
3	造成文化破坏	2
4	不是好事	1
总数		8

上述调查结果可以证实，一般大学生对语言的使用完全不了解，甚至存在错误的观念，即只要能沟通就行了，管它是否纯正，或是否对语言的发展与文化的传承带来负面影响。这种随便、懒于动脑筋的语言使用态度便自然地产生出一群无法仅靠一种语言便可以充分表达内心思想的青年。因此，许多马来西亚华裔虽然懂得多种语言，但却不能也不会操纯正的某一种语言。

第三，使用语码混合的原因。

问卷调查的结果显示，研究对象使用语码混合的原因(可以复选)主要是“习惯了这样的表达方式”。

表 3－4 使用语码混合的原因

序号	原因	人数
1	习惯性	88
2	方便理解/沟通	67
3	词穷	63
4	生动有趣	29
5	直接引用其他人的话语	19
6	引起注意	5
7	其他	4

表 3－4 中的数据说明，几乎所有的学生说华语时都习惯性

地夹杂其他语言或方言。既然身边的人都这么说话，其他人就很自然地也跟着这么说。久而久之，不管自己脑子里的存档有没有对等的词，其他语言的词便先脱口而出。最终产生了不夹杂反倒支支吾吾、不能顺畅地把思想感情表达出来的现象。

由于大家习惯了如此说话，一些常用或学习上相关的他语词语如 present（作报告）、tutorial（导修课）、roommate（室友）等，以及事先从其他语言中习得的词语如 CD（光碟）、copy（拷贝）、download（下载）等，都无法用对等的华语词语来表达。

方便理解或沟通是许多学生选择的第二个原因。这与习惯性地使用其他语言的词语来取代华语词语密切相关。由于习惯性地使用某些英语、马来语或方言词语，久而久之大家都对原有的华语词语感到陌生，甚至完全不认识。既然多数人对这些华语词语不认识，为了方便理解和沟通，小部分认识这些词语的人也弃之不用。可想而知，这种恶性循环对语言掌握能力的负面影响十分巨大。

由于上述恶性循环的负面影响，紧随"方便理解或沟通"的原因是"词穷"（63 人选择）。所谓词穷的情况是学生一时想不起某些华语词语，有些则不确定某些词语是否正确，因此便退而选择比较熟悉和确定的其他语言的词语。

除了上述供选择的原因外，其他学生所提供的原因中，有人提到夹杂使用其他语言是因为没有对等的华语词语，例如 miss call（"回家后给我一个 miss call"），学生无法找出一个华语词语替代 miss call；更有人说"讲爽而已"（即好玩的意思）。这两种情况也说明了学生使用语言的心态，自认为没有对等的词语就用现成的，简单方便，不需劳神。这多少也反映了年青一辈对待语言使用的不认真态度。

综上分析，大多数学生对待语言的态度是可以满足沟通就行了，不必考虑用词是否规范。这种语言态度导致学生对许多华语词语，无论是意义还是用法，都缺乏应有的语感；或者在需要用到某些词语的时候，想不到贴切的华语词汇，只好退而求其次，改用其他语言了。

第四，对语码混合现象的看法。

前文探讨了学生是否接受语码混合的说话方式，那么，他们对产生这种现象的外在因素或语言大环境的看法又是怎样的呢？接受语码混合使用的原因是否跟对语码混合现象的看法息息相关呢？调查结果显示超过半数的学生认为马来西亚华语夹杂其他语言是多元社会的自然现象，而且具有当地色彩。

表 3－5 对语码混合现象的看法

序号	原因	人次
1	多元社会的现象	69
2	本地色彩	60
3	大势所趋	40
4	丰富话语	37
5	语言污染	34
6	华语无法与其他语言的词语竞争	1
7	其他	2

马来西亚是一个多元种族、文化和语言的国家，语言作为人们的交际工具也显得“多姿多彩”，“五花八门”，且颇具地方色彩。69 个学生认为语码混合是多元社会的现象，60 人认为这种表达方式具有当地特色，不是坏事，因此也不排斥这种现象。

在大多数人都持有这种语言态度和语言习惯的氛围之下，少数人便会受到影响，甚至有人认为讲得太纯正反而显得做作，无法融入朋友群中。有40个学生觉得使用夹杂的语言是大势所趋。此外，37个学生觉得夹杂语言的表达方式可以丰富话语，让话语更生动有趣。从前文相关分析的语料中，我们可以探测到这种观点的痕迹，特别是夹杂方言的语料，例“我们饮茶的时候最爱‘扎’他”“哇，你这样很‘串’嗒”等。不过，也有34个学生认为使用夹杂的语言是语言污染。持有这种看法的学生认为他们反对使用不伦不类的语言，甚至觉得这会对语言的掌握能力造成负面的影响，会降低马来西亚华人的华语水平。部分人认为夹杂不同的语码妨碍沟通，因为不是所有的人都能理解夹杂的词语的意思。来自不同州属的马来西亚人可能只听得懂当地流行的方言，如果夹杂了别种方言，则可能无法沟通或造成误解。这一点又跟前文相关的调查结果相矛盾：他们一方面接受使用语码混合（92人接受）；另一方面却又批评这种现象，特别是当他们听不懂的时候。

三　总结

本研究的调查对象大部分都认为，在使用华语时出现语码混合现象是多元种族和文化的自然现象，不必太在意，也不必刻意去纠正。这种语言态度跟新加坡大学生对待语文的态度如出一辙。然而，参照前文相关的调查结果和资料分析，我们看得出部分马大华裔生对语文所持的态度是矛盾的：他们一方面认为马来西亚华语夹杂其他语种的现象是多元种族和文化的语言特色，是多语社会无法避免的语言现象；另一方面他们也认为这种现象是不可取的，因为语言会因此而受到污染。这群学生虽然意识到华语使用的情况令人担忧，可是却无意识去改变，也无能力去改变。因此，这种现象如果持续下去，马来西亚的华语可能演变成另一种洋泾浜（pidgin）或克里奥尔语（creole）。

Asmah Haji Omar 特别提到马来社会对语言混杂使用感到担忧，主要因为他们担心马来西亚人可能使用混杂的语言来思考，而混杂的事物是没有系统、没有条理和混乱的。使用没有条理或混乱的语言，将反映使用者混乱的思路或清晰思考能力的缺乏。更何况语言跟民族文化有密不可分的关系，杂乱的语言使用习惯肯定也对民族文化的传承造成冲击，同时对社会的标准构成伤害。[①] 这也是各方必须谨慎考虑的问题。她的观点可作为马来西亚华人对使用华语的态度的借鉴。

第二节 华裔与非华裔语用策略对比分析

一 应答称赞的语用策略对比[②]

二语习得不仅包括语音、词汇、语法等语言知识的习得，也包括语用能力的习得，它使习得者在一定的社会文化背景下可

① Asmah Haji Omar, *Sonomi Pertemuan Bahasa: Di Manakah Letaknya Bahasa Rojak*? 罗惹语言讲座论文，马来西亚吉隆坡国家语文出版局，2007 年。

② 本部分选自亓海峰、李晓蓉《汉语作为第二语言语用习得的调查与分析》，《云南师范大学学报》（对外汉语教学与研究版）2011 年第 1 期。

以选择恰当的语言形式得体地表达自己，达到交际目的。据Kasper(1995)的研究，[①]来自西方国家的汉语学习者在听到别人的赞美时，常以直接接受的方式来回应，比如：

A：你的儿子真聪明！

B：是的，我为他感到骄傲。

但是，这种回答在中国人看来是不得体的，甚至是骄傲自大的，这种不恰当的表达就是由于习得者受到了母语语用习惯的影响。因此，我们要想知道在对外汉语教学中如何发展习得者的语用能力，二语习得中语用能力的发展与母语的语言背景有什么关系。另外，随着海外华裔背景的汉语学习者数量的增加，对二语习得也提出了新的问题，华裔背景的汉语学习者是否更容易形成和发展汉语语用能力，语用能力的习得主要受到哪些因素的影响？

为了探究这些问题，我们以美国卡内基梅隆大学汉语高级班的 40 个学生为调查对象，以称赞语的应答为例，对他们使用汉语的语用能力进行了调查。2010 年 9 月我们在上海复旦大学抽样调查了 30 个大学生，将美国学生使用汉语的称赞应答策略与中国学生的调查结果进行了对比。下面对我们的调查过程和结果进行具体的分析、讨论。

（一）调查数据的采集

1.受试人的情况。

我们首先以美国卡内基梅隆大学汉语高级班的 40 个学生

---

① Kasper, G., Interlanguage Pragmatics in Verschueren. *Handbook of Pragmatics*. Amsterdam: John Benjamins Publishing Co. 1995.

为调查对象进行问卷调查。这些学生的年龄都在18—22岁之间,其中30个学生有华裔背景,10个学生没有华裔背景,这些调查人中男女比例基本平衡,40位学生的具体情况见表3－6。

表3－6　美国卡内基梅隆大学受试者的基本情况

文化背景	人数	性别	人数	出生地	人数	母语	人数
华裔背景	30	男	21	在美国出生	22	英语,汉语	22
非华裔背景	10	女	19	不在美国出生	18		18

从表中可以看出具有华裔背景的学生比较多,他们有很多相似之处,但是内部又有些差别,比如他们家庭的移民情况、读大学之前的语言生活状况、与其他说汉语的中国人接触的情况等。我们对这些学生进行了进一步的分组,大致可以分为两组:组1为出生在美国、母语是英语的华裔学生;组2为出生在中国、母语是汉语的华裔学生。

为了与中国人的语用策略进行对比分析,我们又在上海复旦大学抽样调查了30位学生,这些受试人年龄在20至22岁之间,男、女比例相同。

2.问卷设计。

问卷包括两个部分:第一部分采用了二语习得调查中常用的LCP(Language Contact Paper)问卷,它对受试人的语言背景进行全面的调查,针对各种类型的语言习得者从不同的角度提出问题,如家庭人口状况、语言习得历史、学习第二语言的原因、学习时间、家庭中使用语言的状况、与其他社区的人的语言交际状况等。第二部分采用了二语习得调查中常用的DCT(Discourse Completion Task)问卷,它用于收集学生言语交际行为表现的数据，DCT问卷在语用研究的资料收集方面应用广泛。在DCT问卷中，我们在问卷说明和场景设计中使用的语言是英文和中文，回答问题时要求受试人使用中文。为了了解受试人在一定的生活场景中怎么用汉语应答称赞，我们在DCT问卷中设计了三个生活场景：场景1——一位教授对你刚做完的报告进行称赞；场景2——一位朋友看了你的中文作文后称赞你的汉字写得好；场景3——你的同学称赞你新买的手机款式好。要求调查人根据这些场景对称赞做出应答。

为了对调查人应答称赞的语用策略进行比较分析，我们将应答称赞的语用策略分为四类：接受称赞、感谢并自我贬低、拒绝、不回应。根据学生回答问卷的情况，将他们的每种答案都归入相应的语用策略中。下面对每种策略进行具体说明。

接受称赞是指承认并且欣赏来自别人的称赞，比如：

A：你的发型太酷了！

B：谢谢！我很喜欢这个发型。

感谢并自我贬低是指对别人的称赞表示感谢，同时对自己进行一定程度的贬低，以表明谦虚，比如：

A：你的报告太棒了！

B：谢谢！不过我出了一些错误，可能你没有注意到。

拒绝是指对来自别人的称赞表示否定、不同意或者怀疑。比如：

对话1 A：你的鞋子很漂亮，在哪里买的？

B：哪里，哪里，它的样子已经过时了。

对话 2 A：你做的蛋糕真好吃。

B：是吗？你真的喜欢吗？

对话 3 A：你的体形真好。

B：唉，不是的，我吃得太多，长胖了不少。

不回应是指听到别人的称赞什么也不说或转换话题。比如：

A：你的报告太棒了！

B：我很累了，我们去吃饭吧。

3. 调查过程。

我们在卡内基梅隆大学汉语高级班的 3 个班中发放了 96 份问卷，回收了 40 份有效问卷，调查利用了学生的课间休息和讨论课时间，问卷在教师的指导下进行。在完成对美国学生的调查和数据分析以后，2010 年 9 月我们又在复旦大学随机调查了 30 个中国大学生。

（二）调查结果

1. 卡内基梅隆大学学生的调查结果。

从调查结果看，这些学生对称赞策略的选择顺序分别为：拒绝、接受、感谢和自我贬低。没有人使用不回应的策略，使用感谢并自我贬低的人也很少，只有 3 个调查人使用了这一策略，占 10%。有 60% 的学生面对称赞使用的是拒绝的应答策略。有 30% 的学生面对称赞使用的是接受的应答策略。

为了了解华裔学生和非华裔学生在称赞应答的语用策略上有什么不同，我们根据学生的文化背景对调查结果进行了分组统计，具体情况见表 3－7。

表 3-7 华裔学生和非华裔学生的调查结果

称赞应答策略	受试人			
	华裔学生	比例	非华裔学生	比例
接受	11	36%	2	20%
接受感谢并自我贬低	3	10%	0	0
拒绝	16	54%	8	80%
不回应	0	0	0	0

从华裔学生和非华裔学生的比例看，非华裔学生使用拒绝策略的比例更高，有 80%的学生面对别人的称赞使用了拒绝的应答策略，而华裔学生中只有一半人(54%)使用拒绝的应答策略；非华裔学生中没有人使用感谢并自我贬低的应答策略，华裔学生中有 3 个人(10%)使用了感谢并自我贬低的策略。

在这 30 位华裔学生中，有的人出生在美国，母语是英语，属于第二代或第三、四代移民，有的人出生在中国，母语是汉语，在美国接受教育，学龄阶段随父母移民到美国，属于第一代移民。由于华裔学生内部也存在着一定差别，所以我们对这些华裔学生的调查问卷又进行了进一步的比较，结果如表 3-8。

表 3-8 华裔学生内部的比较

称赞应答策略	华裔受试人			
	母语是汉语的第一代移民	比例	母语是英语的二代以上移民	比例
接受	8	40%	3	22%
感谢并自我贬低	2	20%	1	8%
拒绝	8	40%	8	70%
什么也不说	0	0	0	0

从表 3-8 看，这些学生中出生在中国、母语为汉语的第一代移民听到别人的称赞时，使用接受和拒绝策略的比例相同，而

出生在美国、母语为英语的二代以上移民在应答称赞时，使用拒绝策略的比例远远高于接受策略。

2. 中国大学生的调查结果。

我们随机调查的30个中国大学生对称赞回应策略的选择顺序分别是：拒绝、感谢并自我贬低、直接接受，没有人使用不回应的策略。这些中国学生面对别人的称赞主要使用拒绝的策略，比例为90%，另外有部分学生使用感谢并自我贬低的策略，比例为7%，使用了直接接受策略的比例是3%。

（三）对调查结果的分析和讨论

1. 调查结果与汉语和英语称赞应答策略的比较。

有学者对汉语本族语者和英语本族语者的称赞策略、称赞应答策略进行过研究。① 根据他们的研究，中国人最喜欢使用的称赞应答策略是拒绝。Chen（1993）的调查显示有96%的中国人面对别人的称赞会否定、怀疑或不同意，因为在中国文化中直接接受别人的称赞是骄傲、不谦虚的表现，与之明显不同的就是美国人的称赞应答策略，绝大多数美国人面对别人的称赞会直接接受或表示感谢，这样可以最大限度地肯定自己，并肯定对方，是一种积极的交际行为。如果出于谦虚、礼貌拒绝别人的称赞，称赞方会认为自己做出了错误的判断，导致交际行为的失败。我们对中国大学生的抽样调查也显示出拒绝是中国人最喜欢使用的称赞应答策略。

---

① Chen, R., Responding to compliments: A contrastive study of politeness strategies between American English and Chinese speakers. *Journal of Pragmatics*. 1993; Nelson, G. L, Bakary, W. E., Egyptian and American compliments: Focus on second language learners. *Speech acts across cultures: Challenges to communication in a second language*. Berlin: Mouton de Gruyter, 1996.

不少学者都认为语用习得中母语的语用习惯能起到非常重要的作用，习得者往往直接转用母语的语用习惯。[①] 从我们在卡内基梅隆大学的调查结果看，在语用习得中母语确实产生了比较重要的作用，有30%的受试者面对称赞使用了直接接受的应答方式，其中非华裔学生中有20%的人使用直接接受的策略，比如问卷的场景3中"你买了一个新手机，你的同学看到了，对你说这个手机酷极了"，有些学生回答"对，它是我看到的最酷的手机""是的，它很酷"，在汉语中这种应答方式是不合适的，这种应答方式很明显受到了英语的影响。

但是，我们也应该注意到在调查中大部分美国学生在使用汉语进行称赞应答时选择了拒绝的策略，使用拒绝策略的比例是60%，并且非华裔的美国学生使用拒绝策略的比例更高，为80%。从这个调查结果可以知道这些学生在习得汉语的过程中，不仅习得了汉语的知识，也发展了语用能力。从问卷看，很多学生面对别人的称赞喜欢以"哪里哪里"来应答，比如问卷的场景1中"你刚做完一个报告，听完报告，教授说你的报告做得非常好"，在这个场景中有不少学生使用了"哪里哪里"或"哪里哪里，还差得远呢"来应答别人的称赞，我们认为这可能与"哪里哪里"在对外汉语教材中的大量使用有关。由此可知教学中明确、显性的信息输入有利于二语习得中语用能力的发展。

---

① Takahashi, T & Beebe, L. M., The Development of Pragmatic Competence by Japanese Learners of English. *JALT Journal*. 1987(8), Cross-Cultural and Inter-language; Yu, M., *Cross-Cultural and Inferlong uage Pragmatics: Developing Communicative Competence in a Second Language*. Harvard University, Cambridge, 1999.

2.华裔学生和非华裔学生的比较。

在我们的调查中，华裔学生和非华裔学生在语用习得上表现出一定的不同。从称赞应答策略看，华裔学生使用接受策略的比例比非华裔学生高，华裔学生中有36%的人直接接受别人的称赞，非华裔学生中有20%的人接受别人的称赞，看起来华裔学生的应答方式更接近于美国人的语用策略，这与我们的预测有所不同。为什么会出现这样的结果呢？

我们对华裔学生的背景进行了细致的调查，根据他们的母语和出生地的不同，可以将华裔学生分为两个组。组1是在美国出生的华裔学生，有12个，他们母语是英语，教育语言也是英语，他们的祖父母或更早的祖辈移民到美国。组2是不在美国出生的华裔学生，有18个，他们在中国出生，都在美国生活了10年以上，母语是汉语，教育语言是英语，他们是第一代移民。

从称赞应答策略的对比看，组1使用拒绝的比例是70%，使用接受的比例是22%，而非华裔学生使用拒绝的比例是80%，接受的比例是20%。组1的语用方式与非华裔学生十分接近，可见，华裔的背景在语用习得中所起的作用并不明显。

再看组2的称赞应答方式，他们使用拒绝、接受和感谢并自我贬低的比例分别是40%、40%、20%。面对别人的称赞，他们使用接受的比例显然比组1高，也比美国本族的非华裔学生高。我们在问卷的第一部分对受试人的学习动机、移民背景和文化认同等问题都进行了详细的调查。组2的这部分学生虽然出生在中国，母语是汉语，但是他们的教育语言主要是英语，生活中的交际语言也基本是英语，汉语的使用范围有限，更重要的是，虽然他们出生在中国，但是在自我身份认同方面，他们比其他两组学生更希望别人把他们当作美国人，希望融入美国社会。这是很多第一代移民的共同心理。自我身份的认同会影响到文化的认同，也会影响到语言生活的各个方面，所以组 2 中大部分人缺乏内在的学习汉语的强烈动机，并且更希望接受美国文化。

相比之下，其他两组受试人学习汉语的动机更强。组 1 中出生在美国的华裔受试人一般是第二代或第三代移民，他们在美国已经有了稳定的生活，他们的祖辈希望他们学习汉语、传承中国文化，他们有明确的学习动机；非华裔的受试人学习汉语主要是出于对汉语和中国文化的兴趣，他们希望跟中国人交往，了解中国文化，他们自身有内化的学习动机。

学习动机和身份认同在二语语用习得中起到了重要作用。

3.结论。

第一，第二语言习得的过程也是语用能力培养的过程，学习者的语用能力可以在课堂中形成和发展，教学中有意识的、有计划的语用训练和明确的、显性的信息输入可以促进学习者的语用习得。因此，在对外汉语教学中，不论是教材的设计还是教师的课堂教学都应该重视语用教学。

第二，华裔的背景在汉语作为二语的语用习得中并没有起到显著的正面作用，非华裔者也可以形成、发展汉语的语用能力。

第三，学习动机和身份认同、文化认同在语用习得中起着很重要的作用，内化的学习动机和对目的语文化的认同可以促进语用能力的发展。在对外汉语教学中利用多种方法激发学生的学习动机、引导学生体会中国人在社交中的规约，逐步认同中华文化是促进汉语语用习得的有效途径。

二 商业性场景中协商策略对比[①]

语用能力涉及语言形式、功能和场景的综合映射。[②] 比如“请求”，说话人需要知道有几种请求的语言结构，同时也要分析场景的信息，从而根据场景中对话者的情况选择恰当的形式完成请求功能。本文关注的服务性场景是指和服务性行业的人接触的场景，比如在商场和买方的对话、在饭店与服务员的交谈、在售票处与售票员的交流等。这些场景都是在目的语环境中的学习者频繁遇到的情境，此类情境中的语言交际带有明确的目的性，学习者在完成不同任务时往往会涉及一种语用能力，即“协商策略”。这里所谓的协商策略，是指学习者用目标语言的语言形式来最大程度地实现自己的交际目的（自定目标的最大化）。尽管“协商”所需要的语言形式在目的语课堂教学活动中会涉及，但课堂教学却很少明确地传授协商的策略，学习者所获得的策略输入应该主要源自课外的观察、模仿和实践。出于这样的认识，本研究选定目的语环境的服务性场景作为考察情境，对美国华裔与非华裔大学生在该情境中的汉语协商策略的发展做对比研究，具体问题：两类汉语学习者中，哪一类的协商策略使用更接近于汉语母语者的标准？美国华裔和非华裔学生在服务性场景中的汉语协商策略的发展是否有差异？

---

① 本部分选自肖峰、史中琦《目的语环境中语用能力的发展：美国华裔与非华裔学生在服务性场景中汉语协商策略的比较》，《世界华文教育》2014 年第 2 期。

② Bachman, L. F. & Palmer, A. S., *Language Testing in Practice*. Oxford: Oxford University Press, 2010.

（一）实验设计

1.被试。

被试是16名中级水平的汉语学习者，华裔和非华裔学生各8人，均来自于一个为期8周的上海汉语集训项目，均无海外学习语言的经历，之前的汉语学习经历平均为两年。此外，8名中国汉语母语者参加了本研究，其数据作为参照的标准。

2.数据收集。

语际语用学研究的数据收集方式可分为三类：(1)多项选择题，让被试根据语境选择恰当的策略。(2)语段填空，让被试阅读或者听场景的描述，然后根据场景给出合适的表达。(3)收集接近真实情景中的对话，如角色扮演、半开放式访谈、口语面试以及对被试真实交际的录音和录像。前两类方法的优势在于它们可以控制一些场景中的变量，不足是这种控制好的场景不能代表实际生活的场景。而完全真实的场景(录音和录像)虽然能捕捉到学习者最真实的表达，可每个被试所遇到的情景会有很多差异，收集到的数据难以做系统的对比。为了平衡控制性场景和真实场景的利弊，本研究采用角色扮演的方式来收集数据。

在本研究所需完成的任务中，被试扮演买家，决定从一个自由市场的一家店铺里买一件自己看中的衬衫。根据角色卡片的内容，学习者知道这件衬衫的预期价格是50元人民币。他们需要利用自己已有的协商经验来完成这个任务。具体目标是用最少的钱买下这件衬衫，不过成交的价格是根据协商的具体情况来定，不一定要坚持以50元成交。扮演卖家的是一个母语为汉语的中国大学生。根据角色卡片的内容，她被告知这件衬衫的底价是50元，她需要实现利益的最大化。对所有被试，衬衫的标价都是200元，最后的成交价根据协商的具体情况来定。如果觉得价格不合适，可以不成交。为了最大程度地模拟真实交易，扮演卖家的人在参加研究前去自由市场观摩，充分了解真实情景中协商的情况。交际任务分别在第一周和第六周进行。8名母语汉语者也分别完成一次这样的任务，作为母语者协商策略标准。所有角色扮演活动全程录音，所录制的数据都被转写出来。我们首先分析母语者数据，标记出不同类型的协商策略，然后参照这个标准标记出学习者使用的策略，并进行比对分析。

另外，为了降低因参与研究的汉语母语者人数少而可能带来的片面性，本研究先转写并标记好母语者准协商策略并做成量表，然后另请30名汉语母语着（男女比例为1∶1）阅读每条协商策略后回答两个问题：(1)你是否常用这样的策略？(1＝从不，2＝不常，3＝常常)(2)你的朋友和家人是否常用这样的策略？(1＝从不，2＝不常，3＝常常)每条策略的使用频率得分为两个问题所给数字之和，只有得到5分和6分的策略项才入选为母语者的协商策略标准，并用于检测学习者的策略的使用频率。

（二）数据分析及结果

1.汉语协商策略的类型和使用频率。

统计结果显示：8名参与研究的汉语母语者协商策略的使用频次与30名中国人的协商策略频率量表的数值基本一致。具体数据见表3－9。

表 3－9

策略编号	协商策略	8 名汉语母语者（次数）	30 人频率量表结果（分数 2－6）
1	挑剔产品质量	47	6
2	因达不成协议而表明要离开	39	6
3	表达想买的诚意	35	6
4	表示会介绍朋友来买	21	6
5	比较相同商品在不同店里的价格	18	6
6	比较不同商品在所在店的价格	16	5
7	直接说明没有足够的钱	7	5
8	称赞想买的商品	6	5

除了“直接说明没有足够的钱”（策略 7）和“称赞想买的商品”（策略 8）以外，前六种策略都是被每个母语者被试所使用，他们人均使用策略的次数为 24 次。他们使用频率最高的三种协商策略是“挑剔产品质量”（策略 1）、“表明要离开”（策略 2）和“表达想买的诚意”（策略 3）。这三种策略占所有策略使用数量的 64%，是整个协商过程中的基础。

对于学习者的数据分析，我们看三个参数：组内人均策略使用数、每条策略使用的数量和策略类型频率。华裔和非华裔学习者的数据将分别与汉语母语者进行比较，此外学习者于第一周、第六周的数据也将进行比较，以分析两类学习者协商策略的发展情况。

2.学习者第一周数据。

表 3－10

策略编号	使用频率		
	华裔	非华裔	母语者
1	4	0	47

（续表）

策略编号	使用频率		
	华裔	非华裔	母语者
2	1	0	39
3	0	0	35
4	0	0	21
5	16	12	18
6	11	6	16
7	21	22	7
8	17	18	6
人均策略使用次数	9	7	24

表 3－11

组别	人均策略数量	策略类型(种)	最频繁策略类型
母语者	24	8	1,2,3
华裔	9	6	7,8,5
非华裔	7	4	7,8,5

从表 3－10 和表 3－11 中，我们发现华裔和非华裔在第一周协商策略的使用没有明显区别。他们人均使用策略的数量都比母语者少很多，使用最频繁的策略按频率由高到低都是“直接说明没有足够的钱”（策略 7）、“称赞想买的商品”（策略 8）和“比较相同商品在不同店里的价格”（策略 5）。这和汉语母语者使用最频繁的三条策略完全不同。就策略类型来说，华裔比非华裔学习者多使用两种策略（策略 1、策略 2），可是这两种策略只是零星出现在个别华裔学生的表达中，所以不能看成是华裔和非华裔学习者的差异。

3.学习者第六周数据。

表 3－12

策略编号	使用频率		
	华裔	非华裔	母语者
1	30	23	47
2	35	20	39
3	22	8	35
4	0	0	21
5	16	18	18
6	11	6	16
7	8	10	7
8	8	10	6
人均策略使用次数	16	12	24

表 3－13

组别	人均策略数量	策略类型(种)	最频繁策略类型
母语者	24	8	1,2,3
华裔	16	7	2,1,3
非华裔	11	7	1,2,5

从表 3－12 和表 3－13 中,我们发现两类学习者的协商策略使用都向着汉语母语者标准靠拢,且华裔学习者比非华裔学习者更接近该标准。从策略类型上来说,非华裔学习者使用了除“表示会介绍朋友来买”(策略 4)以外的七种策略,和华裔学习者的表现一样。就最频繁使用的策略来说,华裔学习者最常使用的三种策略达到了汉语母语者的标准,但每种策略的使用频率还和母语者有所不同;而非华裔学习者最频繁使用的三种策略中有两种和母语者一致(策略 1、策略 2),第三种还是和母语者不同。

这些数据说明,华裔和非华裔学习者在第六周都整体向母语者标准接近，增加了目标高频策略的应用，也降低了非目标策略的使用频率。然而，两类学习者数据的比较说明华裔学习者所取得的进步和非华裔学习者有着明显的差异。首先，六周后，华裔学习者人均使用的策略数量（16 次）明显多于非华裔学生（11 次）。其次，就策略类型来看，六周后华裔学生使用的策略尽管还没有和母语者完全一致，但是他们使用最频繁的策略已经和母语者一致，而非华裔学习者使用最频繁的策略和目标策略还不完全一致。再次，就每条最高频的使用数量来看，华裔学习者也明显优于非华裔学习者。

（三）结论

通过以上数据的分析，我们发现华裔和非华裔学习者在六周目的语环境的学习中，于服务性场景中协商语用能力均有提高，总的发展趋向是汉语母语者的策略标准。两类学习者的起点基本一致，但六周的发展却存在明显差异，华裔学习者所取得的进步要明显大于非华裔学习者。此外，我们还发现汉语学习者在目的语环境中的协商策略习得是有选择的。那些被母语者频繁使用的策略（策略 1、策略 2、策略 3）更容易被学习者注意，因而更容易被模仿和掌握。从统计数据来看，华裔和非华裔在对目标协商策略的关注上存在差异。华裔学生更易于习得汉语母语者使用的高频策略，这可能是因为他们对汉语母语者的语言行为更敏感，而这种敏感很可能源自他们在家庭中所受到的汉语影响。非华裔学生可能也关注到了自身和母语者之间策略使用的差异，这能够帮助他们降低对不恰当策略的使用，但是他们可能还缺乏对这些差异的分析和辨别，所以他们的习得效果明显不如华裔学习者。

第四章

华语认知研究

第一节 印尼留学生汉语声母感知实验[①]

语音感知既是言语交际的基础，也是二语习得的首要环节。二语学习者总是先感知目的语，然后才自由地产出目的语。Flege(1995)在其“语音学习模型”中提出，L2 学习者只有一个音系空间，涵盖 L1 和 L2 范畴，而在初始状态，该空间只有 L1 感知范畴。[②] 因此，印尼留学生常常把“肚子饱了”听成“兔子跑了”。研究印尼留学生普通话声母感知的特点，找出其感知偏误的规律及其成因，分析其母语对普通话声母感知的影响，将有利于教师在课堂教学中有的放矢地开展语音听辨训练，并为编写出适合印尼留学生的汉语听说教材提供有关参考。

一 研究方法和过程

（一）实验材料设计

为了排除音节之间的干扰，本实验所用的材料控制为普通

---

① 本部分选自王功平《印尼留学生汉语声母感知实验研究》，《语言教学与研究》2008 年第 5 期。

② Flege, J. E., Second language speech learning: theory, findings and problems. In W. Strange (ed.) *Speech Perception and Linguisitic Experience: Issues in Cross-Language Research Timonium, MD*: York Press, 1995.

话单音节,共计 213 个。设计过程考虑了以下要求:包含普通话的 21 个声母(不包括零声母),每个声母的出现频率均在 8 次以上,组合能力强的声母如 n、l 等在 10 次以上;保证每一声母可能的韵母组合类型(四呼)全面;为了排除声调对声母感知的影响,一般情况下选择第一声的声韵组合,除非该组合没有第一声;对于相似声母,同类声韵组合的声调基本相同,音节在大纲中相应的字词等级基本平衡。所有感知实验的音节都进行了随机排列,尽量排除相同或相近声母的干扰。

(二)被试

二语语音习得,包括语音感知,是初级阶段二语学习者的重要学习任务之一,语音习得规律,包括语音感知规律,对初级阶段二语学习者来说显得尤为重要。因此,本实验的被试对象控制为印尼初级汉语学习者(以下简称印尼留学生),其中:初级上 16 人,他们学习汉语时间在 2 个月以上、3 个月以内;初级下 14 人,他们学习汉语的时间在 6 个月以上、12 个月以内。男生 11 人,女生 19 人,年龄在 20 至 30 岁之间。所有被试报告听力均为正常。

(三)实验任务和过程

感知实验材料先由 2 位(男女各 1 位)普通话标准的中国大学生朗读,用电脑在语音实验室录音。两人均取得普通话一级乙等证书。朗读的语速适中,每个音节朗读 2 遍,其中男生 1 遍,女生 1 遍;每遍之间间隔 2 秒,两个音节之间间隔 3 秒。

感知实验采用听后填空的方式(让被试根据听到的音节在相应的空格里写出声母),而没有采用多项选择和判断正误等形式,以减少猜测作答的可能。为了避免被试听清了声母而不会写的现象发生,21 个声母全部呈现在实验材料上供被试查阅。

二　实验结果与讨论

(一) 总体偏误比率较大

实验结果显示，印尼留学生感知汉语单音节声母时，无论是偏误类型还是偏误比率都比较大。其中，偏误类型指某个声母被感知成其他声母的种类。偏误类型最大的是声母 c：被误听成了 ch、zh、s、z、sh、q、t、d、x 共 9 个不同的声母。全部声母的平均感知偏误类型达到了 4.5 个，即 1 个声母可能被误听成了 4.5 个别的声母。偏误比率指感知某个声母时，实际发生的偏误数量，除以该声母在整个实验中出现的总次数。偏误比率最大的也是声母 c，高达 58.67%，全部声母的平均感知偏误比率也达到了 25.2%。这说明声母感知是印尼留学生学习汉语的难点之一。21 个声母的感知偏误类型、偏误比率及其排序详见表 4－1。

表 4－1　声母感知偏误类型、偏误比率及其排序

声母	偏误类型数量	偏误类型名次	声母	偏误比率%	偏误比率名次	声母	偏误类型数量	偏误类型名次	声母	偏误比率%	偏误比率名次
c	9	1	c	58.67	1	t	4	5	r	20.95	12
z	7	2	z	51.33	2	b	4	5	b	14.44	13
p	6	3	zh	47.33	3	k	4	5	t	12.38	14
q	6	3	ch	46	4	s	4	5	h	10.83	15
j	6	3	s	42.67	5	zh	4	5	g	8.33	16
ch	6	3	sh	36	6	n	3	6	l	8	17
l	5	4	j	34.67	7	r	3	6	d	5.78	18
h	5	4	k	33.33	8	sh	3	6	n	4.89	19
x	5	4	x	32	9	f	1	7	m	2.67	20
m	4	5	q	28.67	10	d	1	7	f	1.67	21
g	4	5	p	28.33	11	平均	4.5			25.2	

（二）感知偏误分布不均衡

从表 4－1 可以看出，印尼留学生感知不同声母发生偏误的比率有很大的差异。其中，感知偏误类型最大的 c(9)与最小的 f(1)相差 8 倍；感知偏误比率最大的 c(58.67%)与最小的 f(1.67%)相差更大，接近 34 倍。统计数据还显示，声母听辨偏误的比率排序与我们通常的声母教学顺序有着很大的差异。

这种声母感知偏误的不均衡性，在不同发音部位和发音方法中也有明显表现。通过对双唇、唇齿、舌尖中、舌根、舌面、舌尖前和舌尖后 7 个发音部位的感知偏误比率进行非参数检验，$p = 0.000 < 0.01$，实验得出：不同发音部位之间的感知偏误比率差异显著。经过进一步比较，7 个发音部位感知偏误比率从小到大的排列顺序为：舌尖中(4.7%)＜唇齿(8.3%)＜双唇(12.5%)＜舌根(16%)＜舌面(28.9%)＜舌尖后(40%)＜舌尖前(47.8%)。其中感知偏误比率最大的发音部位是最小的9.2倍。

类似地，通过对塞、塞擦、擦、鼻、边五种发音方法的感知偏误比率进行非参数检验，$p = 0.000 < 0.01$，实验得出：该五种发音方法的感知偏误比率差异显著。经过进一步比较，五种发音方法的感知偏误比率从小到大的排列顺序为：鼻音(3.2%)＜边音(8%)＜塞音(15.6%)＜擦音(25.9%)＜塞擦音(42.1%)。感知偏误比率最大的发音方法是最小的 12.2 倍。

（三）感知偏误不对称

为了弄清印尼留学生感知某一声母发生偏误时，到底将该声母误听成了哪些声母，该声母误听成另一声母时，与其后接的韵母有无关系，我们对被感知声母与感知成的偏误声母之间的对应关系，及其后接韵母的情况进行了逐一分类统计。并计算出各个声母的每一偏误类型在其整个偏误中所占的比率。在对外汉语教学中，一般认为印尼留学生(包括部分其他国家的留学生)感知 b—p、d—t、z—c 等这些发音近似的声母时，相互之间的偏误比率是差不多的，即声母 A 被误听成声母 B 的比率，与声母 B 被误听成声母 A 的比率差不多相等。通过实验发现，声母 A 被误听成声母 B 的比率，与声母 B 被误听成声母 A 的比率并不相等，有时相差甚远。如声母 b 被误听成声母 p 的比率，占整个 b 感知偏误的 53.8%；而声母 p 被误听成声母 b 的比率，仅占 p 整个感知偏误的 7.8%，前者是后者 6.8 倍。再如声母 z 被误听成声母 c 的比率，占整个 z 感知偏误的 41.6%；而声母 c 被误听成声母 z 的比率，仅占整个 c 感知偏误的 4.5%，前者是后者的 9.2 倍。

声母感知偏误的不对称性，除了在具有不送气送气这组区别特征的声母之间体现明显外，在不具有该区别特征的声母之间也有着明显的表现。如声母 n 被误听成声母 l 的比率，占整个 n 感知偏误的 27.3%；而声母 l 被误听成声母 n 的比率，仅占整个 l 感知偏误的 5.6%，前者是后者的 4.9 倍。再如声母 r 被误听成声母 l 的比率，占整个 r 感知偏误的 72.7%；而声母 l 被误听成声母 r 的比率，仅占整个 l 感知偏误的 11.1%，前者是后者的 6.5 倍。

统计结果显示，声母感知偏误的不对称性还具有如下规律：不送气音被感知为送气音的比率(18.59%)，往往大于送气音被感知为不送气音的比率(14.48%)，前者是后者的 1.3 倍。浊音被感知为清音的比率(2.81%)远远大于清音被感知为浊音的比率(0.11%)，前者是后者的 25.5 倍。

（四）声母感知偏误的韵母组合倾向性

某一声母的感知偏误发生时，与该声母后的韵母类型有着很强的倾向性关系。包括两种情况：一是某一声母感知偏误的发生，倾向于与某一个（或某一类）韵母的组合。如声母 d 的感知偏误，倾向于与齐齿呼类韵母的组合，占了该声母全部感知偏误的 96%。二是某一声母被错误地感知成另外某个声母时，同该声母与何类韵母的组合相关。如声母 n 发生感知偏误有三种可能，即被误听为 m、l 和 r，尽管该三种偏误占声母 n 总偏误的比例不等，但是，当 n 被误听为 m 时，100% 是 n 与齐齿呼韵母的组合；当它被误听为 l 或 r 时，100% 是与 n 合口呼类韵母的组合。

三　声母感知偏误原因分析

（一）语际因素干扰

指印尼语辅音系统与汉语声母系统之间的差异，对印尼留学生感知汉语声母造成的影响。实验结果表明，印尼语辅音系统中没有的汉语声母，其感知偏误发生的比率都比较高。如 zh、ch、sh，感知偏误的比率均高达 35% 以上，均居于前六位。反之，印尼语辅音系统中有，并且发音方法也相似的汉语声母，其感知偏误发生的比率都比较低，如 f、m、n、d、l、g 感知偏误的比率均小于 10%，居于后六位。类似地，凡是印尼语辅音系统中没有的汉语声母发音部位和发音方法，其感知偏误发生的比率都比较高，如发音部位舌尖前、舌尖后和发音方法塞擦的偏误比率分别高达 47.8%、40% 和 42.1%。反之，则都比较低，如发音部位舌尖中的偏误比率只有 5.5%。因此，语际因素是印尼留学生产生汉语声母感知偏误的主要原因之一。

（二）语内因素干扰

指由于汉语声母系统内部声母之间的发音部位（或发音方法）相同（或相近），对印尼留学生感知汉语声母所造成的影响。如汉语声母系统中的舌尖前音 z、c、s，尽管印尼语辅音系统中也有，但是印尼留学生感知这几个声母的偏误比率仍然很高，甚至比印尼语辅音系统中没有的相应汉语声母 zh、ch、sh 的感知偏误率还高。其原因除了语际因素干扰外，主要是语内因素的干扰：一方面，汉语声母 z、c、s 的发音部位完全相同，发音方法也相似，因此，z、c、s 之间很容易互相混淆。另一方面，汉语声母系统中，z、c、s 与对应的 zh、ch、sh 间，发音方法完全相同，只是发音部位有差异，但这种部位上的差异比较小，因此听辨起来很容易对应混淆。此外，汉语的 zh、ch、sh 对印尼初级学习者来说是全新的，刚刚学习后，在脑子中有着深刻的印象，加上总是担心听错它们，拿不准是 z、c、s 还是 zh、ch、sh 时，一般都感知为 zh、ch、sh。这样，z、c、s 的感知偏误率反倒比 zh、ch、sh 的还高。

（三）标记性迁移普遍原则的制约

根据标记理论，清音属于无标记的，而浊音属于有标记的。[①] 语言的标记性迁移原则认为，不论目的语的某种语言形式是有标记的还是无标记的，L2 学习者的中介语系统往往都表现为无标记的。[②] 因此，印尼留学生将汉语声母系统中有标记浊音声母听成无标记清音声母的比率，远远大于将汉语清音声母误听成浊音声母的比率，前者是后者的 25.5 倍。

---

① 桂诗春《应用语言学》，湖南教育出版社，1987 年。

② 周小兵、李海鸥主编《对外汉语教学入门》，中山大学出版社，2004 年。

（四）语音识别心理机制的影响

认知心理学研究表明，对语言单元的处理过程，既存在顺向的序列加工模式，也存在顺向、逆向双向作用的平行分布加工（PDP）模式。[①]

同样，印尼留学生听辨汉语声母时，也存在平行分布加工（PDP）作用模式。具体体现为声母后面的韵母对前面声母听辨的影响。前面讲到声母之间听辨偏误不对称，其中的一个规律是不送气声母被误听成送气声母的比率，高于送气声母被误听成不送气声母的比率，这主要是印尼留学生最初区分送气—不送气这一对区别特征时，主要是以时长来区别的，还没有注意到音强、频率、音征等多种识别特征。而声母一旦与后面韵母拼合，其音长容易被后面可以随意延长的韵母所影响。因此，印尼留学生多将短的不送气声母误听成长的送气声母。

（五）汉语声母发音声学特征的影响

汉语声母发音的声学特征，往往受到后接元音逆同化作用的影响而发生很大的变化。[②] 这样，一般情况下发音不同、声学特征差别较大的两个声母或几个声母，由于受后接元音的影响而具有非常相似的声学特征，从而出现某一声母被误听为另一声母时，总是带有很强的韵母组合倾向性。如实验中，声母 d 被感知为 t 时，96%都是 d 与齐齿呼韵母的组合，而与开口呼韵母的组合不到 4%。这是因为声母 d、t 与齐齿呼韵母组合时，两者的声学特征变得非常相似：强度分别为 -3.5 dB 和 -2dB，两者相差仅 1.5 dB；中心频率分别为 4700Hz 和 4725Hz，二者相

---

① M.W.艾森克、M.T.基恩《认知心理学》，华东师范大学出版社，2004 年。

② 吴宗济、林茂灿《实验语音学概要》，高等教育出版社，1989 年。

差仅 25Hz，音征长度分别为 25.5mm 和 33mm，二者相差仅7.5 mm。而当 d、t 与开口呼韵母组合时，二者的声学特征则相距甚远：强度分别为 - 5dB 和 4.5dB，二者相差达 9.5dB；中心频率分别为 4400Hz 和 1850Hz，二者相差达 2550Hz，音征长度分别为 40.5 mm 和 25.5mm，二者相差达 15mm。[1] 因此，d 被误听为 t 时，自然就倾向于与齐齿呼韵母的组合。

四　声母教学建议

根据本实验研究的结果，对印尼留学生进行汉语声母教学时，除了采用对比法、带音法、图示法、夸张法、手势法等常用的二语语音教学方法之外，[2]还应该采用如下专门针对印尼留学生的汉语声母教学对策。

（一）科学地确定声母听辨教学难度等级序列

根据听辨实验和多角度统计分析的结果，对印尼留学生的汉语声母教学，不宜沿用国内传统的声母教学顺序，而应该综合考虑留学生声母感知偏误的特点，以及产生偏误的语际、语内、心理加工机制、声母声学特征等多种因素，科学地确定适合印尼留学生的声母听辨教学难度等级序列。见图 4 - 1。

f、m、n、d、l、g	<	h、t、b、r	<	p、q、x、k、j	<	sh、s、ch、zh	<	z、c
1		2		3		4		5

图 4 - 1　印尼学生汉语声母听辨教学难度等级序列

图 4 - 1 中的五个方框分别表示针对印尼留学生的 5 个汉

① 吴宗济《汉语普通话单音节语图册》，中国社会科学出版社，1986 年。

② 杨惠元《汉语听力说话教学法》，北京语言学院出版社，1996 年；周小兵、李海鸥主编《对外汉语教学入门》，中山大学出版社，2004 年。

语声母听辨教学难度等级，数字越大，难度等级越高。不同方框之间的声母听辨教学难度等级序列一般相对稳定，同一方框内的声母听辨教学难度等级序列可以根据不同的教学环境等具体情况做出适当的调整。

（二）声母对比教学网络化

对比教学是进行二语语音教学最常用的方法之一，但在实际对比过程中，通常只在两个或三个声母之间展开对比。并且对比时，双向用力大致均等。通过感知实验得出，印尼留学生感知汉语某个声母发生偏误时：不仅仅限于错成另外的一个或两个声母，而是错成另外的多个声母；错成的多个声母的比率并不相等；声母之间的感知偏误并不对称。因此，进行对比教学时：(1)要将某个声母与多个声母进行网络化对比。如图 4－2 所示，教学声母 c 时，不仅要将 c 与 ch、z 进行对比，还应该将 c 与 zh、s 等进行对比。(2)与不同的偏误声母进行对比时，不能平均用力。(3)偏误声母之间的双向对比也不能平均用力。

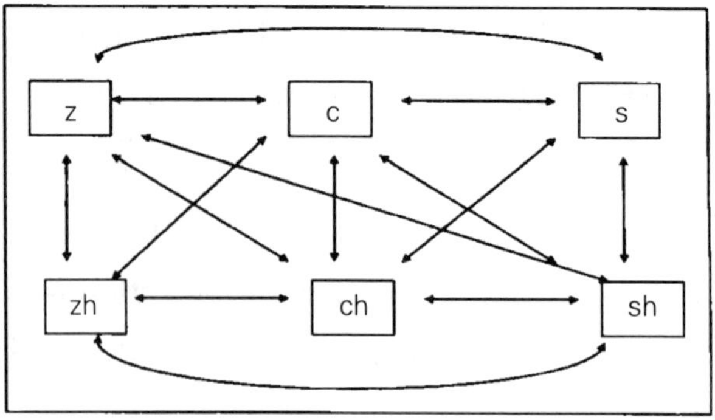

图 4－2　声母之间对比听辨教学网络化示意图

(三) 考虑与韵母的组合情况

对某个声母进行听辨教学时，应该根据它与不同韵母的组合来调整教学重点或难点，例如声母 d，本来是一个感知难度不大的声母，但是当它与齐齿呼韵母组合时，就很容易与 t 相混淆。统计发现，声母 d 的感知偏误 96% 发生在与齐齿呼韵母的组合上。这说明我们进行声母 d 的听辨教学时，应着重听辨 d 与 i、iao、ie、iu 等齐齿呼韵母组合的音节，而不必花大量时间听辨 d 与开口呼韵母（如 a、ao、e 等）和合口呼韵母（如 u、uo、ui 等）组合的音节。

第二节　海外华人学生华语心理词典的特点与成因[①]

"心理词典"或曰"大脑词库"是研究者主观虚拟出来的，但又是客观存在于人脑的一个系统。[②] 言语表达，需要表达者从心理词典里提取词汇及其他相关知识，展开话语编制，使要表达的思想内容与一定的语言形式相匹配，最后形成口头说出的或书面写出的话语。口头说出的话语是声音与意义的统一体，书面写出的话语是声音与意义、文字的统一体。心理词典里的词汇储存、词汇表征以及表达时的词汇提取情况，是话语输出成败、话语质量优劣的决定因素。表达者所输出的话语，是其心理

---

① 本部分选自王魁京《海外华人学生汉语心理词典的特点与成因》，《语言教学与研究》2006 年第 4 期。

② 杨亦鸣、曹明、沈兴安《国外大脑词库研究概观》，《当代语言学》2001 年第 2 期。

词典里的词汇储存、词汇表征以及词汇提取情况得以被观察的窗口。心理词典的建立及其特点，与表达者的语言学习性质、语言学习经历与经验、语言技能获得过程等因素紧密相关。这里拟透过海外华人和非华人留学生所输出的书面形式的话语，对他们的汉语心理词典的差异及形成原因进行探讨。

一　研究方法、被试情况及语料情况

(一) 研究方法

有了一定的汉语学习经历与经验，并不同程度地掌握了汉语的海外华人和非华人留学生都属于“双语者”。对双语者心理词典的研究是认知心理学研究的一个热点。认知心理学的研究一般采用心理实验的方法。该方法能控制环境，能一次只操纵一个变化因素以避免众多的不可操纵的因素。但为了便于控制，往往要制造一个相当人工化的环境，在这种非自然的人工化的环境中，“被试”可能会采用非常规的、正常言语中不会采用的策略去处理问题(杨亦鸣等，2001)。认知心理学的研究侧重于阅读理解活动中的“词汇表征”和加工机制的探讨，而从自然的言语表达角度展开的研究还很少见。

本部分将以海外华人与非华人留学生的汉语书面表达为观察点，通过对表达者的书面形式的话语语料做分析，以探求他们的心理词典的差异及成因。具体做法是：先收集学生作文，建立小型语料库，而后通过话语语料分析，揭示表达者心理词典里的词或语素的语音表征、语义表征、正字法表征、语素间的结构关系表征以及词汇提取时的音、义、形(汉字)匹配等方面的问题。这些问题大都由作文中的“有问题的字”来表现，因此，我们主要分析作文中“有问题的字”。

（二）被试情况

第一组：美籍华人大学生15人。男3人，女12人，年龄20岁左右。生于美国7人，生于中国大陆5人，生于中国台湾2人，生于越南1人。第二组：美籍华人大学生13人。男7人，女6人，年龄20岁左右。总体汉语水平比第一组高，其中生于美国2人，生于中国大陆4人，生于中国台湾3人，生于中国香港1人，生于新加坡1人。第三组：非华人留学生66人。韩国38人，日本28人。男16人，女50人，年龄20岁左右。多数为大学中文专业本科三年级学生，少数为大学毕业后来华进修汉语者。

第一、第二组被试的基本语言情况：(1)汉语学习仍属于一定意义上的第一语言学习。(2)汉语技能获得过程基本上是先“语”后“文”。(3)学习经历复杂，学习环境变化大。生于长于美国或幼年移民美国者，只有所在家庭和业余中文学校这样的小的汉语环境；生于中国本土，接受过一定时间的正规语文教育之后移民美国者，语言环境前后变化很大。(4)汉语水平差别大。生于长于美国或幼年移民美国者，上过当地的中文学校，但那毕竟属于业余性质的学习，成效有限，学生的汉语水平普遍较低。在中国国内读到小学四年级以上移民美国者，汉语水平相对较高，但因移民之后的环境变化，汉语水平有所降低。第三组被试的基本情况：(1)汉语学习纯属第二语言学习、外语学习。多数人上大学时才开始接触汉语、学习汉语。(2)汉语技能获得过程基本上是“语”“文”同步，即听说与读写技能的获得相隔时间不长。(3)来中国之前，汉语学习只有课堂小环境。学汉语之前有一定的认、写汉字的经验。(4)汉语水平属于留学生汉语专业本科二、三年级。

通过对两类被试基本情况的考察,我们认为他们的汉语“心理词典”一定存在某些差异,差异会以怎样的形式表现?差异形成的原因是什么?下面将通过语料分析寻找答案。

(三)语料情况

本部分所用语料皆来自学生作文,包括分班考试作文、期中期末考试作文、平时课堂作文。写作文时第一组被试使用了词典,第二组、第三组未使用词典。不会写的字用汉语拼音表示。共收集到作文 234 篇,163 324 字。从 163 324 字中人工检索出“有问题的字”1794 例,分“只会拼音的字”“同音别字”“非同音别字”“不成字的错字”“‘的、地、得’混用”五类。见表 4－2。

表 4－2 三组被试汉语书面表达中“有问题的字”的类型及统计

被试	作文篇数	总字数	有问题的字的类型及所占比例					
			总计	只会拼音的字	同音别字	非同音别字	不成字的错字	“的、地、得”混用
第一组 15 人	66	41410	618 14.92‰	47 1.13‰	270 6.52‰	123 2.97‰	88 2.12‰	90 2.17‰
第二组 13 人	89	76068	1012 13.30‰	544 7.15‰	250 3.28‰	137 1.80‰	38 0.49‰	43 0.56‰
第三组 66 人	79	45846	164 3.57‰	28 0.61‰	64 1.39‰	33 0.71‰	39 0.85‰	数量少不计

二　语料分析

（一）只会拼音的字

“只会拼音的字”是只会写字音，不会写相应的字形，这表明被试心理词典里的某些词或语素的语音表征基本清楚，正字法表征还不清楚。词或语素的语音表征基本清楚，其语义表征是否清楚呢？有两种可能：一种可能是整个词的语义和各语素的语义表征大体清楚，只是不会写那些汉字，如“quán（拳）头、shǔ（暑）假、yuè（阅）读”中的“拳、暑、阅”。另一种可能是整个词的语义表征大体清楚，词里边的语素的语义表征不清楚，如“包kuò（括）、bào qiàn（抱）（歉）”中的“括、抱、歉”。语素义表征不清楚，要实现汉字跟语素义的恰当匹配就很困难。

“只会拼音的字”三组被试都有，表明大家都有汉字储备不足的问题，心理词典的词汇储存、词汇的语素义表征、正字法表征也有一定的共性。三组被试所不同的是：“只会拼音的字”数量差别很大。作文时第一组被试使用了词典，第二组未使用，“只会拼音的字”第一组比第二组少，这不难理解。但在都未使用词典的情况下，第二组被试的“只会拼音的字”却比第三组多那么多，这是怎么回事？“只会拼音的字”数量多，意味着被试的以音、义联结为特征的心理词汇比以音、义、形（汉字）联结为特征的心理词汇要多很多。第三组被试的“只会拼音的字”数量少，意味着上述两种类型的心理词汇数量悬殊不大。而这种差异是怎么形成的呢？应该先看看他们心理词典的建立过程。

第一组、第二组被试大都是从幼儿开始接触汉语、学习汉语。他们虽然跟生长于中国本土并连续接受正规语文教育的中国学生有所不同，但从一定意义上讲，他们的汉语学习仍属于第一语言学习，汉语言技能获得过程也是先“语”后“文”，即都是在汉语为主要交际工具的家庭环境中，在近乎无意识状态下，先获得汉语听说技能，由此建立起以音、义联结为基本特征的能应对听说任务需要的心理词典，而后通过接受正规或非正规中文教育获得汉语读写技能，由此建立起以音、义、形（汉字）联结为基本特征的应对读写任务需要的“心理词典”。先后建立起来的心理词典水平层次不同，从前者发展到后者，在时间上有一定距离。第三组被试的情况与此不同，他们虽然在学汉语之前已有一定的汉字认写经验，但那毕竟不是用在汉语里的汉字，他们的汉语学习纯属第二语言学习，纯属外语学习，即都是从成年时才开始接触汉语，在接受正规的外语教育情况下，大体同步地获得汉语听、说、读、写技能。由此建立起来的心理词典里边的词汇，由音、义联结发展到音、义、形（汉字）联结，时间间隔距离不大，两方面的词汇数量悬殊也不大。

两类被试的心理词汇数量差别大，词汇表征情况也不一致，主要原因是心理词典的建立过程不同。“只会拼音的字”的数量多少正好为此提供了直接的证据。

（二）同音别字

表4－3　三组被试的同音别字情况

被试	作文总字数	同音别字类型及所占比例		
		总字数及比例	单纯型同音别字	非单纯型同音别字
第一组（使用了词典）	41 410	270（6.52‰）	172	98
第二组（未使用词典）	76 068	250（3.28‰）	164	86
第三组（未使用词典）	41 087	54（1.39‰）	14	40

同音别字跟正字的声韵完全相同(字调差别本文不予考虑),偏旁部件无形同或形似关系。这类别字可以进一步分为"单纯型"和"非单纯型"两种。

1.单纯型同音别字。

单纯型同音别字跟正字读音相同,偏旁部件无形同或形似关系。这表明别字的产生跟主体对汉字偏旁部件的认知无直接关系。作文时第一组被试使用了词典,第二组未使用,单纯型同音别字都很多,数量比较接近。这表明在有词典可查的情况下,第一组被试仍意识不到自己写了别字。有些别字如"一(以)前、以(已)经、文张(章)、知(之)前、在(再)"等,第一组、第二组被试都有,这些字都是高频字,它们所构成的词也是高频词。第三组被试的单纯型同音别字只有三个。两类被试的"心理词典"在这方面存在明显的差异。

第一组、第二组被试的"有问题的字"多数是高频字,它们作为语素的代表所构成的词也大都是高频词。为何高频词的储存记忆、语素的语义表征、正字法表征还会出那么多差错?这个问题值得注意。认知心理学研究者认为:在词汇判断和命名实验中,被试对不同使用频率的词的反应速度不同,对高频词的反应快于对低频词的反应,这可以说明心理词汇是按频率储存的。在词汇记忆实验中,高意象词和具体词总是比低意象词和抽象词更好回忆起来,而且,在词汇判断实验中高意象词只能启动高意象词,具体词只能启动具体词,抽象词也只能启动抽象词,这可能说明高意象词和低意象词、具体词和抽象词是分别储存的。[①]

---

① 李荣宝、彭聃龄《双语表征研究的理论与实验方法》,《当代语言学》2001年第4期。

也就是说，高频高意象词比低频低意象词的识记、提取情况要好。如果是高频的，但又是低意象的词，它们表征、识记、提取该是怎样一种情形呢？研究者还没有结论。

在语言事实中，高频词并不都是高意象词，高意象词也并不都是高频词，许多高频词往往是低意象词。词的意象性低，其语义透明度相对较低，心理表征的清晰度也会低，识记相对困难一些。反之，表征清晰度高，识记相对容易一些。第一组、第二组被试的单纯型同音别字所构成的词，许多是高频低意象词，差错的大量发生不难理解：(1)被试心理词典里的高频低意象词是在部分语素的形、义表征模糊状态下被整体地记忆储存的。也就是说，词的音、义整体表征大体清楚，词里边的部分语素的形、义表征却不清楚，语素之间的语义关系表征更模糊。(2)被试心理词典里的高频低意象词之所以以这样的方式储存，也跟主体先“语”后“文”的汉语技能获得过程有关。主体先掌握了汉语听说技能，在听说的活动中经常使用这些词。词的使用频率高，词里边的语素的意义和正字法表征之间的关系反而越不被注意。加之词的意象性低，语素义的透明度也低，语素义和汉字之间的匹配关系也不容易捕捉。中国中小学生也有类似现象发生，比如把“像”写成“向”等。(3)与高频低意象词相关的单纯型同音别字的产生，也跟可作为不同语素的代表的同音、异形、异义的汉字数量多、记忆不确定有关。词汇提取时哪个汉字究竟该跟哪个语素相匹配，容易犯糊涂。

第三组被试的这类“别字”只有三个，数量很少。这也跟主体“语”“文”基本同步的语言技能获得过程有关。在学汉语时，高频低意象词的音、义、形，几乎是同时被感知的。有的词，学习者在掌握时会有难度，但难度越高越容易引起注意。语素义、正字法、语素间的语义关系表征等虽然不很清楚，但在词的音、义、形匹配方面出错的概率相对会少。

2.非单纯型同音别字。

非单纯型同音别字跟正字声韵相同，偏旁部件存在或缺少、或误加、或错用三种明显的规则。第一组、第二组被试的这类别字数量比较接近，第三组被试的这类别字也有相当的数量，错误规律也都一样。这表明：(1)三组被试在汉字认知上存在共性。与这类别字相关的正字大都是形声字。形声字形旁表征清晰度低，声旁表征清晰度高，声旁意识比较强，这一特点三组被试都很明显。(2)三组被试"心理词典"里的词汇储存与表征存在共性。许多词是以音、义整体联结形式储存于记忆之中的，词里边的某个语素的语义、语素间的关系和正字法表征(尤其是字的偏旁部件表征)不清楚，表达者自己意识不到。(3)第三组被试的这类别字的数量比第一组、第二组少一些，这反映了他们的心理词汇储存量比第一组、第二组少，词汇难度也明显比第一组、第二组低一些，从根本上说，这还是跟第三组被试的"语""文"基本同步的汉语技能获得过程有关。

(三) 非同音别字

表4-4　三组被试的非同音别字情况

被试	作文总字数	非同音别字类型及所占比例		
		总字数及比例	单纯型非同音别字	非单纯型非同音别字
第一组(使用了词典)	41 410	123(2.97‰)	59	64
第二组(未使用词典)	76 068	137(1.80‰)	80	57
第三组(未使用词典)	41 087	33(0.71‰)	7	26

非同音别字跟正字在读音方面，有的是声母不同，有的是韵母不同。这类别字可以进一步划分为“单纯型”和“非单纯型”。

1.单纯型非同音别字。

单纯型非同音别字跟正字在读音上，或声母不同，或韵母不同，或声韵完全不同，在偏旁部件上别字跟正字基本上无形同或形似关系。这表明别字的产生与主体对汉字偏旁部件的认知无关。这类别字情况复杂，如字音的“声母错误”和“韵母错误”，直接影响到语素义及其正字法表征，致使大量别字的产生。海外华人学生这类错误相当普遍，根源是汉语方音太重。第三组被试不存在这样的问题。

“其他错误”可进一步分为：(1)“字形辨识错误”，是主体对字形整体辨识不清、表征模糊造成的。如“成办(为)、井(开)始、并(关)系、双(从)方、方或(式)”等。(2)“相关性错误”，是主体对含有相同语素的、语义具有一定相关性的一组词，在语素之间的搭配关系方面表征模糊造成的。如“出息/休息→＊出休、眼光/光亮→＊眼亮、旅游/旅馆→＊游馆、教学/学校→＊教校、活动/运动→＊活运、意识/认识→＊意知”等。(3)“其他语言干扰”所导致的错误，指汉语方言以外的其他语言因素干扰，导致汉语语素的音、义、形匹配不当。如第一组、第二组被试所写的“老(旧)中国、全(整)个、失(忘)了”等，受英语词 old、all、lose 干扰很明显。从日本学生的汉语书面表达中偶尔能见到一两个只在日语里使用的汉字，对主体的“心理词典”影响不大。另外，有少数别字如“欢(让)、如(恨)不得、结彪(局)”等，产生原因不明。

两类被试的“心理词典”的差异，最明显之处是海外华人学生受汉语方言语音的影响，韩、日留学生不存在这方面问题，其他问题的例证较少，有待进一步研究。

2.非单纯型非同音别字。

非单纯型非同音别字跟正字读音不同，偏旁或部件或缺少、或误加、或错乱规则明显。作文时第一组被试使用了词典，第二组被试未使用词典，这类别字的数量仍比较接近。第三组被试的这类别字也有相当的数量。有些别字如“扁（篇）、遍（篇）、些（此）、别（另）”等三组被试都有。这表明三组被试的“心理词典”的共性特征比较明显，别字的产生与主体对语素义的理解不确切有关，与语素的形、义匹配关系的表征不确切有关，也与他们对汉字偏旁部件的认知错误或书写时的失误有关。

（四）不成字的“错字”

不成字的“错字”包括：(1)笔画或部件误加。如“初”字“刀”旁多一点、“式”字的右边多一撇。(2)笔画或部件缺少。如“直”字里边少一横、“步”字下边少一撇、“单”字少了“丷”、“籍”字少了“⺮”。(3)部件错乱。如“衤”旁写成“礻”旁、“脑”写成“月”加“凶”、“穿”写成“穴”下加“衣”、“赶”写成“是”加“旱”、“廊”写成“广”下加“朗”、“室”字写成“户”字头等。第一组 100 例，第二组 38 例，第三组 41 例。它们纯属汉字本身的问题，对学习者的“心理词典”影响不大。

（五）“的、地、得”混用

第一组 90 例，第二组 43 例，第三组极少，忽略不计。海外华人学生问题最突出，原因是这三个词读音相近，口语中常用，语法意义差别不被注意，形、义表征模糊，跟高频低意象词的错误性质类似。

三　结论

通过对海外华人学生与非华人韩国、日本留学生书面形式话语中“有问题的字”的分析，可以发现：两类被试的汉语“心理词典”既有相同性也有差异性。

相同性的主要表现：(1)“心理词典”里词汇的储存方式以音、义整体联结占主导地位。大家都有词或语素的音、义、形(汉字)联结关系不清楚的问题；都有部分语素的形、义表征和语素间的意义关系表征模糊的问题。词汇提取时不能实现语素义跟汉字的恰当匹配。(2)代表某个语素的汉字，以“非单纯型同音别字”“非单纯型非同音别字”出现时，都有偏旁部件误加、减少、错乱的问题，规则一致。(3)代表某个语素的汉字如果是形声字，声旁表征比较清楚，形旁表征比较模糊，声旁效应显著，字义跟语素义的联结关系不清楚。

差异性的主要表现：(1)两类被试心理词典的建立过程不同。心理词典从应对听说任务需要发展到应对读写任务需要，有时间距离和水平层次上的差别。非华人学生基本上不存在这样的问题。(2)两类被试的心理词典里的词汇储存数量有差别，词汇难度有差别。(3)心理词典里的词汇，整个词的音、义表征大体清楚，语素的形、义表征不清楚，语素之间的关系表征不清楚。在高频低意象词方面，海外华人学生表现得最明显，非华人韩、日留学生也有类似的问题，但数量很少。(4)海外华人学生的心理词汇受汉语方言语音和其他因素的干扰明显，非华人学生这类问题不存在，或表现不明显。

总之，与非华人的韩、日学生的汉语心理词典相比较，海外华人学生的汉语心理词典有自己明显的特点。特点形成的根本原因是,两类学习者的汉语学习性质不同、汉语学习经历与经验不同、汉语言技能的获得过程不同。认识两类学生的汉语心理词典的特点或差异及其形成原因,对更有针对性地开展面向不同对象的汉语教学有重要的启示意义。

第三节 印尼学生华语主动句被动句命题表征的项目顺序[①]

心理学界普遍认为,读者理解句子,就是要对句子的语言表达进行解码并且建构有关该句所表达的世界知识的命题表征。[②] 近期,笔者采用 Klaus Oberauer 改进后的句子—图形验证任务技术[③]分别探讨了中国学生汉语主动句和被动句,以及印尼学生印尼语主动句和被动句的命题表征的项目顺序特点(句子中"施事"和"受事"称为项目),结果发现,人们理解主动句、被动句所建构的命题表征的项目顺序存在着频率效应,具体地讲,中国学生理解汉语主动句、被动句所形成的命题表征中项目顺序与汉语言中使用频率高的汉语主动句的语言表达项目顺

① 本部分选自张金桥《印尼留学生汉语主动句被动句命题表征项目顺序》,《心理学探新》2006 年第 2 期。

② 梁宁建《当代认知心理学》,上海教育出版社,2003 年;桂诗春《新编心理语言学》,上海外语教育出版社,2002 年。

③ Klaus Oberauer, Oliver Wilhelm, Effects of Directionality in Deductive Reasoning: The Comprehension of Single Relational Premises. *Journal of Experimental Psychology: Learning, Memory and Cognition*. 2000, 26(6): 1702 - 1712.

序一致，均为“施事→受事”，而印尼学生理解印尼语主动句、被动句所形成的命题表征中项目顺序与印尼语中使用频率高的印尼语被动句的语言表达顺序一致，均为“受事→施事”。

一个值得探讨的问题是，印尼留学生阅读汉语主动句、被动句所形成的命题表征中项目顺序有何特点？是否受到其母语主动句、被动句理解特点的影响？如果有影响，这种作用对不同汉语水平的印尼留学生是否相同？

实验采用 Klaus Oberauer 的句子—图形验证任务，探讨不同汉语水平的印尼留学生汉语主动句、被动句理解的命题表征项目顺序特点，从而揭示印尼留学生汉语简单句理解的心理加工规律。

一　研究方法

（一）被试

印尼留学生 34 名，初级汉语水平者 18 名，HSK 成绩 4 级以下（包括 4 级），男 8 名，女 10 名；中级汉语水平者 16 名，HSK 成绩在 6—8 级，男 7 名，女 9 名。所有被试裸视或矫正视力正常，母语均为印尼语，无阅读障碍。

（二）实验材料

为了排除语义因素的影响，实验中所采用的句子均为语义水平较低的可逆句。所谓可逆句，就是句子项目互换位置后为一个语义合理的句子，如“小李打了小张”就是可逆句（项目位置互换后为“小张打了小李”，虽与原句内容不同，但语义是合理的）。①

---

①　江新、荆其诚《句法和语义在汉语简单句理解中的作用》，《心理学报》1999 年第 4 期。

实验材料分为2个版本，每个版本包括24个句子，主动句、被动句各12个，随机排列。第一版本中的主动句在意义不变情况下转换为第二版本中的被动句，如第一版本中的主动句“小李打了小张”，则第二版本中的被动句为“小张被小李打了”；第一版本中的被动句在意义不变情况下转换为第二版本中的主动句，如第一版本中的被动句“白老鼠被黑老鼠追”，则第二版中的主动句为“黑老鼠追白老鼠”。这样，可以保证两个版本中句子内容一致。

采用2×2×2混合实验设计，自变量为汉语水平(被试间因素，初级、中级2个水平)，句子类型(被试内因素，主动句、被动句2个水平)，句图关系(被试内因素，一致、不一致2个水平)，因变量是被试对图形的判断时间以及正确率。实验材料版本与被试采用拉丁方抵消平衡，将两组被试随机分成两半，一半被试完成版本1，一半被试完成版本2。

24个汉语可逆句中，主动句和被动句各占半，句图关系一致与不一致的各占一半。为了防止被试反应的定势，所呈现的图形中能正确反映句子内容的句子占一半(6个主动句，句图关系一致3个，不一致3个；6个被动句，句图关系一致3个，不一致3个)，不能正确反映句子内容的句子占一半(6个主动句，句图关系一致3个，不一致3个；6个被动句，句图关系一致3个，不一致3个)。图形不能正确反映句子的内容，特指句子两个项目的动作关系是错误的。呈现的第一个图形中没有体现动作关系，例如“小张被小李打了”，若随后呈现的第一个图形为“小张”，该图形中只有小张站立的情况，而没有“打”或“被打”的动作，这是为了防止第一个图形中存在动作关系影响实验结果。

同时，对实验材料还进行了评定实验。首先，对实验句子的典型性进行了评定。两名专家对两个版本中汉语主动句、被动句的典型性进行了1—7级等级评定，结果为6.16±0.93，这表明所选句子都是典型的主动句和被动句；同时两名专家评分的皮尔逊相关系数为r=0.78，p＜0.001，这表明专家的评分是可信的。其次，对实验图形进行了评定。由来自同一群体但不参加正式实验的5名印尼留学生分别对反映项目的图形以及反映句子意义的图形进行了1—7级等级评定。将实验句子中所有第一项目的图形平均等级评定分数（6.01±0.77）与所有第二项目的图形平均等级评定分数（6.20±0.95）进行匹配t检验，差异不显著（p＞0.05），这表明实验者对反映项目图形的评定没有差异。将实验句子中所有正确反映句子意义的图形平均等级评定分数（6.54±0.42）（如判断图形"小李打了小张"正确反映句子"小李打了小张"意义的等级评定）与实验句子中所有错误反映句子意义的图形平均等级评定分数（6.32±0.51）（如判断图形"小李没有打小张"错误反映句子"小李没有打小张"意义的等级评定）进行匹配t检验，差异也不显著（p＞0.05），这表明实验者能正确区别正确反映与错误反映句子意义的图形。

（三）程序与步骤

实验采用动窗技术和句子—图形验证程式，在微机上进行。开始前，主试指导被试将他们右手的大拇指放在空格键上，右手食指置于J键（肯定键）上，左手食指置于F键（否定键）上。屏幕中心出现准备信息，当被试准备好后，让其按下空格键，屏幕中间出现一个句子。告诉被试用他们自己觉得适当的、正常的速度来阅读，并要求被试读懂所呈现句子的意思。阅读完后按下空格键，句子消失图形呈现。首先在屏幕中间呈现一个图形（代表一个项目，如“小李”），1秒后，呈现第二个图形（代表一个句子，如“小李打小张”）。图形呈现后，要求读者判断所呈现图形能否反映句子的内容。若判断为是，则按下肯定键J；若判断为否，则按下否定键F。

正式开始实验之前，有10个句子辨别任务练习，使被试熟悉实验程式并学会正确按肯定键J和否定键F。实验开始时，被试接受实验者的指导，并由实验者大声阅读。

（四）实验逻辑

如果句图关系一致的反应时比句图关系不一致的反应时快，则表明命题表征项目顺序与句子的语言表达项目顺序一致；如果句图关系一致的反应时比句图关系不一致的反应时慢，则表明命题表征项目顺序与句子的语言表达项目顺序相反；如果句图关系一致的反应时与句图关系不一致的反应时之间无差异，则表明命题表征项目顺序具有随机性。

二　结果与分析

记录被试正确判断的平均反应时以及正确率。首先，删除正确率在75%以下的被试3名，其中初级汉语水平者2名，中级汉语水平者1名，以确保所有的分析及结果推论都针对那些认真完成任务的被试。然后，求出所有被试正确判断的反应时和次数的平均数，并删除在±3个标准差之外的反应时数据，删除数据占总数据的2.04%，结果见表4－5。在以下处理中，F_1均指以被试为随机误差的方差分析值，而F_2指以项目为随机误差的方差分析值。

表 4-5 被试的平均反应时(ms)和正确率(%)

			初级汉语水平者	中级汉语水平者
被动句	一致	反应时	1908(218)	1821(171)
		正确率	94.3(7.88)	97.8(3.13)
	不一致	反应时	2088(237)	1681(178)
		正确率	95.7(8.19)	97.3(4.07)
主动句	一致	反应时	2101(216)	1832(180)
		正确率	94.7(8.81)	97.4(3.87)
	不一致	反应时	1871(229)	1652(160)
		正确率	94.1(9.75)	98.1(2.79)

(一) 初级汉语水平印尼留学生汉语主动句、被动句命题表征项目顺序特点

首先,对表 4-5 中初级汉语水平者的反应时进行方差分析。

初级汉语水平印尼留学生阅读汉语主动句时,句图关系一致的反应时(1908ms)要快于句图关系不一致的反应时(2088ms),且差异显著($F_{1(1,30)}=6.89$, $p<0.05$; $F_{2(1,22)}=7.02$, $p<0.05$)。这表明,他们理解汉语主动句后所形成的命题表征中的项目顺序为"受事→施事"。

初级汉语水平印尼留学生阅读汉语被动句时,句图关系一致的反应时(2101ms)要慢于句图关系不一致的反应时(1871ms),且差异显著($F_{1(1,30)}=12.72$, $p=0.001$; $F_{2(1,22)}=7.39$, $p<0.05$)。这表明,他们理解汉语被动句后所形成的命题表征中的项目顺序也为"受事→施事"。

其次,对表 4-5 中初级汉语水平者的正确率进行方差分析,结果句图关系一致的和句图关系不一致的正确率差异均不显著。

被试平均反应时和正确率皮尔逊的相关分析表明不存在速

度一准确性交换（speed-accuracy trade off）效应（$r = 0.08$，$p > 0.05$），这说明上述基于反应时间的分析是可靠的。

综合上述统计结果，初级汉语水平印尼留学生在阅读汉语主动句、被动句后，所形成的命题表征中项目顺序均为“受事→施事”。

（二）中级汉语水平印尼留学生汉语主动句、被动句命题表征项目顺序特点

首先，对表4－5中级汉语水平者的反应时进行方差分析。

中级汉语水平印尼留学生阅读汉语主动句时，句图关系一致的反应时（1821ms）慢于句图关系不一致的反应时（1681ms），且差异显著（$F_{1(1,28)} = 8.03$，$p < 0.01$；$F_{2(1,22)} = 6.09$，$p < 0.05$）。这表明，他们理解汉语主动句后所形成的命题表征中的项目顺序为“施事→受事”。

中级汉语水平印尼留学生阅读汉语被动句时，句图关系一致的反应时（1832ms）慢于句图关系不一致的反应时（1652ms），且差异显著（$F_{1(1,28)} = 9.52$，$p < 0.01$；$F_{2(1,22)} = 9.31$，$p < 0.01$）。这表明，他们理解汉语被动句后所形成的命题表征中的项目顺序为“受事→施事”。

其次，对表4－5中级汉语水平者的正确率进行方差分析，结果表明句图关系一致的与句图关系不一致的正确率差异也均不显著。

被试平均反应时和正确率的皮尔逊相关分析表明不存在速度一准确性交换效应（$r = 0.17$，$p > 0.05$），这说明上述基于反应时间的分析是可靠的。

综合上述统计结果，中级汉语水平印尼留学生阅读汉语主

动句形成的命题表征项目顺序为“施事→受事”，而阅读汉语被动句形成的命题表征项目顺序为“受事→施事”。

三 讨论与结论

（一）讨论

印尼留学生是初级汉语水平者，其理解汉语主动句、被动句所形成的命题表征项目顺序与其理解印尼语主动句、被动句的命题表征项目顺序一致，均为“受事→施事”。

这可能与初级目的语水平的留学生理解目的语的心理加工特点有关，一些研究表明，初级目的语水平的留学生理解目的语句子必须经历“转码”“注释”等阶段，[①]具体地讲，“转码”就是将目的语（汉语）句子的语码转化为母语（印尼语）形式的语码，“注释”就是对转码后的母语（印尼语）语码的意义做出注释。最后建构起关于汉语语言表达（表层结构）的命题表征（深层结构）。这样，经历过“转码”和“注释”过程的初级汉语水平留学生理解汉语主动句、被动句就类似于理解转码后的印尼语主动句、被动句的情况，从而表现为初级汉语水平印尼留学生理解汉语主动句、被动句所建构的命题表征项目顺序为“受事→施事”。

对于中级汉语水平的印尼留学生而言，理解汉语主动句后所形成的命题表征项目顺序为“施事→受事”，与中国学生理解汉语主动句、被动句的命题表征项目顺序一致，而其理解汉语被动句的命题表征项目顺序为“受事→施事”，与其理解印尼语主动句、被动句的命题表征项目顺序一致。

---

① 王魁京《第二语言学习理论研究》，北京师范大学出版社，1998 年；Ellis R. *The Study of Second Language Acquisition*. Oxford：Oxford University Press，1994，35—49。

（二）结论

初级汉语水平印尼留学生理解汉语主动句、被动句后所形成的命题表征的项目顺序均为“受事→施事”。

中级汉语水平印尼留学生理解汉语主动句后所形成的命题表征项目顺序为“施事→受事”。

中级汉语水平印尼留学生理解汉语被动句后所形成的命题表征项目顺序为“受事→施事”。

第四节　印尼华裔学生汉字正字法意识的形成与发展[①]

正字法是使文字的拼写合于标准的方法。任何一种文字都有自己的正字法规则，用于规范文字的书写和使用。[②] 拼音文字（如英语、印尼语）正字法规则主要表现为字母的线性组合与排列方式。汉字是由不同功能的部件和笔画组合而成的二维结构，汉字的部件与笔画的组字功能与分布规律构成汉字正字法的重要内容。汉字属于表意文字，与拼音文字相比，其正字法深度更深。[③]

那么，汉语作为第二语言的外国留学生的汉字正字法意识发展有何特点？二语习得界对此进行了为数不多的研究，主要

① 本部分选自张金桥《印尼华裔留学生汉字正字法意识的形成与发展》，《语言文字应用》2008 年第 2 期。

② 彭聃龄、谭力海《语言心理学》，北京师范大学出版社，1991 年。

③ 张积家、王惠萍《汉字词的正字法深度与阅读时间的研究》，《心理学报》1996 年第 4 期。

集中在母语为拼音文字的外国留学生的汉字正字法意识方面。如鹿士义(2002)考察了母语为拼音文字的汉语学习者低、中、高三个年级的汉字正字法意识的发展情况。低年级和中年级均没有形成正字法意识,直到高年级才形成汉字正字法意识,汉字正字法意识萌发时间需要2年左右;高年级留学生汉字正字法意识形成后,左右结构汉字的正字法意识要优于上下结构。Wang & Liu(2003)以76名美国学生为被试,考察了美国学生在汉语学习中汉字正字法意识的形成与发展情况,得到了与鹿士义类似的结果。王建勤(2004)的研究则表明,零起点的欧美留学生经过3个月的正式课堂学习并没有形成汉字正字法意识。综合上述研究结果,与汉字正字法差异较大的母语为拼音文字的外国留学生,其形成正字法意识较晚且较难。①

印尼华裔留学生是一个特殊的群体,他们的母语印尼语属于拼音文字;同时他们是华裔,他们与家人及在华人圈常常用汉语普通话或方言交流。他们的汉字正字法意识发展有何特点?他们和拼音文字的外国留学生具有相同的发展特点?抑或表现出自己独特的规律?这是一个很有意义的问题,然而目前没有相关的研究报告。

本研究主要关注两个问题:(1)印尼华裔留学生正字法意识何时形成?不同结构的汉字正字法意识何时出现?(2)印尼华裔留学生正字法意识的发展有何特点?不同结构类型汉字的正

① 鹿士义《母语为拼音文字的学习者汉字正字法意识发展的研究》,《语言教学与研究》2002年第3期;Wang M, Perfetti C. A. & Liu Y., Alphabetic readers quickly acquire orthographic structure in learning to read Chinese, *Scientific Studies of Reading*. 2003(3);王建勤《欧美学生汉字部件认知效应的实验研究》,《汉语研究与应用》(二),中国社会科学出版社,2004年。

字法意识是否表现出优势效应？这种优势效应在不同的年级阶段表现出什么特点？

一　研究方法

（一）被试

暨南大学华文学院54名印尼华裔留学生：低年级22名（男9名，女13名），正式课堂学习年限为0.5—1年；中年级18名（男8名，女10名），正式课堂学习年限为1—1.5年；高年级14名（男6名，女8名），正式课堂学习年限为1.5—2.5年。

（二）实验材料

本研究选取了左右、上下两种最常见的汉字结构。依据《信息交换用汉字编码字符集·基本集》（GB2312－80）和《汉语水平词汇与汉字等级大纲》，从目前所使用的对外汉语教材中选取双部件合体字24个（左右、上下各12个），笔画在5—12画范围内，平均笔画为8.125画。这些汉字均为最常用字和常用字（且部件也为最常见的），平均频率为1.094‰。经检验，两种结构类型字的笔画和平均频率均无显著差异。

将所选汉字依照实验目的各造假字、非字24个。具体做法是：将真字（如“往”）部件调换其相对位置得到非字（如“主彳”），非字不但失掉了音、义，而且也不具备形的完整性，即不符合正字法规则。将真字某个部件代之以其他部件组成假字（如“彳刂”）。所有字调换后部件与原部件笔画数相等，频率相当，组字位置一致。假字虽无音、义，但具备形的完整性，即符合正字法规则。另外，为了让被试Yes和No反应数量平衡，增加24个合体字，与24个真字一起作为填充材料，其判断成绩均不作为计分用，这样共得实验用字 96 个(48 个判断为正确,48 个判断为错误)。同时,练习用字 10 个,用于被试熟悉实验程序。

(三) 实验设计

根据本研究目的,并结合李娟等(2000)[①]和鹿士义(2002)的实验研究,本研究采用了两种实验设计分别探讨印尼华裔留学生汉字正字法意识的形成和发展问题。

首先,以被试正确反应的平均反应时(以下简称反应时)和平均错误率(以下简称错误率)为因变量指标,以考察正字法意识的形成情况。采用的是 3×2×2 混合设计。年级为组间变量,包括低年级、中年级、高年级三种水平。字的种类和结构类型为组内变量。字的种类包括假字、非字两种水平,结构类型包括左右、上下两种水平。

其次,以被试假字与非字的反应时之差和被试假字与非字的错误率之差作为正字法意识大小的因变量指标,考察正字法意识的发展变化情况。采用的是 3×2 混合设计。年级为组间变量,包括初年级、中年级、高年级三种水平;结构类型为组内变量,包括左右、上下两种水平。

(四) 程序

运用 E-Prime 实验程序在专用的语言认知实验室完成,所有实验软件及外周设备均与清华同方电脑相连。采用真假字判断的实验任务。将刺激材料以黑色宋体依次呈现在屏幕上,被试的任务是尽可能快速、准确地分别用左右手按键对所看到的刺激做出真假字的是否判断,J 键为"是汉字",F 键为"不是汉

---

① 李娟、傅小兰、林仲贤《学龄儿童汉语正字法意识发展的研究》,《心理学报》2000 年第 2 期。

字”。被试按键反应后下一个项目自动呈现，若被试没有反应，3000ms 后该项目自动消失。呈现和计时精确率达到 1ms。被试使用何种刺激材料是随机的。

二　结果与分析

本研究只记录假字和非字的反应时和错误率，结果见表 4－6(采用 SPSS11.0 处理数据)。

表 4－6　各年级印尼华裔留学生在各种条件下的反应时(ms)与错误率(%)

条件		低年级		中年级		高年级	
		反应时	错误率	反应时	错误率	反应时	错误率
左右	假字	1394 (129)	52.75 (10.8)	1266 (119)	58.27 (11.69)	1103 (120)	67.64 (16.32)
	非字	1285 (110)	32.66 (11.3)	1032 (134)	13.05 (7.22)	793 (125)	6.49 (4.38)
	假字非字之差	109 (41)	20.09 (14.4)	234 (80)	45.22 (12.71)	310 (94)	61.15 (15.75)
上下	假字	1375 (106)	37.50 (17.9)	1235 (110)	38.87 (11.69)	1045 (112)	35.76 (13.54)
	非字	1368 (116)	30.77 (10.8)	1091 (115)	20.36 (10.40)	809 (153)	4.99 (3.58)
	假字非字之差	7 (10)	6.73 (7.15)	143 (48)	18.51 (11.46)	236 (68)	30.77 (14.31)

说明：表中括号外为平均数，括号内为标准差。

(一) 印尼华裔留学生正字法意识形成的统计检验

以反应时和错误率为因变量指标，分别对三个年级进行系统的统计检验。

首先，对低年级进行 2(字的种类)×2(结构类型)重复测量方差分析。以反应时为因变量指标，字的种类的主效应显著，$F_{(1,21)} = 6.22, p < 0.05$，假字反应时(1385ms)要慢于非字

(1327ms)，这表明印尼华裔留学生在低年级时已经具有了正字法意识。结构类型主效应不显著，$F_{(1,21)}=2.12, p>0.05$。字的种类与结构类型的交互作用显著，$F_{(1,21)}=4.97, p=0.037<0.05$。简单效应检验表明，左右结构汉字的假字与非字的反应时差异显著，$F_{(1,21)}=7.22, p<0.05$，假字反应时(1394ms)要慢于非字(1285ms)；上下结构汉字的假字与非字差异不显著，$F_{(1,21)}=0.087, p>0.05$。以正确率为因变量指标，字的种类的主效应显著，$F_{(1,21)}=69.19, p=0.000$，假字错误率(45.12%)要远远高于非字(31.71%)，这也表明印尼华裔留学生在低年级时已经具有了正字法意识。结构类型主效应显著，$F_{(1,21)}=27.183, p=0.000$。字的种类与结构类型的交互作用显著，$F_{(1,21)}=6.742, p<0.05$。简单效应检验表明，左右结构汉字的假字与非字的错误率差异显著，$F_{(1,21)}=43.09, p=0.000$，假字错误率(52.75%)要高于非字(32.76%)；上下结构汉字的假字与非字差异达边缘性显著水平，$F_{(1,21)}=4.023, p=0.052$，假字错误率(37.50%)要略高于非字(30.77%)。综合上述统计结果，印尼华裔留学生在低年级时已经具有了清晰的汉字正字法意识；这种汉字正字法意识主要是关于左右结构汉字的正字法意识。

其次，对中年级和高年级也进行2×2重复测量方差分析。结果发现，无论是反应时指标还是错误率指标，字的种类的主效应十分显著，并且左右结构和上下结构的假字与非字差异也十分显著。综合上述统计结果，中年级和高年级印尼华裔留学生不仅具备清晰的正字法意识，而且汉字正字法意识在左右结构和上下结构的汉字中均有体现。

（二）印尼华裔留学生正字法意识发展的统计检验

首先，以被试假字与非字的反应时之差作为正字法意识大小的因变量指标，考察正字法意识发展变化情况。对表 4－6 相关数据进行 3×2 方差分析。结果发现，年级的主效应显著，$F_{(2,51)}=136.83$，$p=0.000$。利用 Pairwise Comparisons 进一步进行两两比较，发现高年级与中年级（$p<0.01$）、高年级与低年级（$p<0.001$）、中年级与低年级（$p<0.01$）差异均显著。结构类型的主效应显著，$F_{(2,51)}=51.76$，$p=0.000$。左右结构的正字法意识程度（218ms）要大于上下结构（129ms）。年级与结构类型的交互作用不显著，$F_{(2,51)}=0.433$，$p>0.05$。低、中、高年级时均表现了左右结构汉字正字法意识程度好于上下结构，p 值分别为 0.001、0.01、0.05。

接着，以被试假字与非字的错误率之差作为正字法意识大小的因变量指标，考察正字法意识发展变化情况。对表 4－6 相关数据进行 3×2 方差分析。结果发现，年级的主效应显著，$F_{(2,51)}=42.53$，$p=0.000$。利用 Pairwise Comparisons 进一步进行两两比较，发现高年级与中年级（$p<0.01$）、高年级与低年级（$p<0.001$）、中年级与低年级（$p<0.001$）差异均显著。结构类型的主效应显著，$F_{(2,51)}=148.59$，$p=0.000$。左右结构的正字法意识程度（42.15%）要大于上下结构（18.67%）。年级与结构类型的交互作用显著，$F_{(2,51)}=6.487$，$p<0.05$。低、中、高年级时均表现了左右结构汉字正字法意识程度好于上下结构，p 值分别为 0.001、0.000、0.000。

综合上述反应时差和错误率差的统计结果，印尼华裔留学生正字法意识大小随着年级逐步发展，左右结构汉字的正字法意识要优于上下结构汉字的正字法意识，这种优势作用在三个年级中均有表现。

图 4－3 和图 4－4 分别以反应时之差和错误率之差为指标，反映了印尼华裔留学生汉字正字法意识的发展情况。

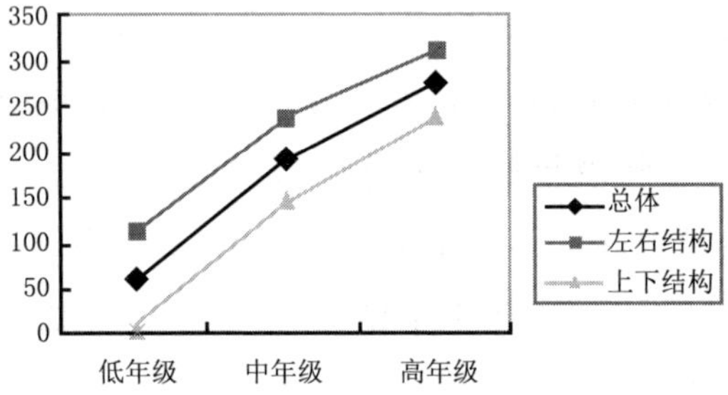

图 4－3　反应时之差指标条件下印尼华裔留学生汉字正字法意识的年级发展趋势

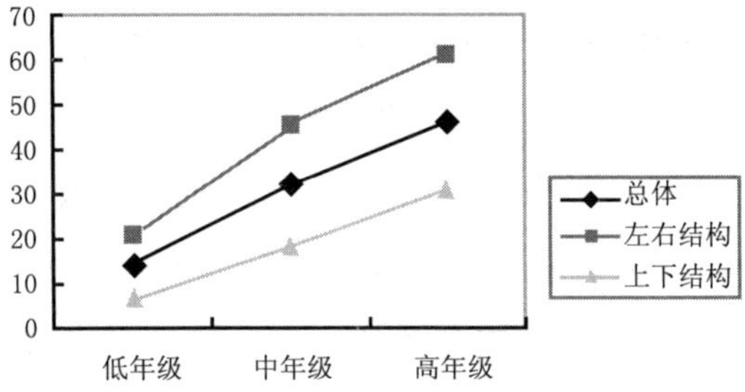

图 4－4　错误率之差指标条件下印尼华裔留学生汉字正字法意识的年级发展趋势

三　讨论与结论

（一）讨论

1. 印尼华裔留学生汉字正字法意识的形成。

作为由部件和笔画组合成的平面结构的表意符号系统，汉字蕴含着丰富的信息内容，它包括汉字及其构成部件的形体特征，重要的是，还包括构成汉字的部件位置信息及部件组合特点。学习者只有经过一段时间的汉语学习，才可能抽取关于汉字的部件位置信息及组合规律，从而形成汉字正字法意识，表现为在汉字识别中对位置合法的部件组合的拒绝比较慢且错误率高。

低年级的印尼华裔留学生，也就是经过0.5—1年的汉语正式课堂学习，已经形成了汉字正字法意识。这与鹿士义(2002)和Wang等(2003)的研究结论不一致，他们的研究表明，母语为拼音文字的外国留学生至少需要2年的正式课堂学习才形成汉字正字法意识。但与李娟等(2000)的研究结论基本一致，他们的研究表明，中国儿童低年级时形成了汉字正字法意识。

为什么母语同样是拼音文字，印尼华裔留学生汉字正字法意识形成得要早一些呢？为什么印尼华裔留学生与中国儿童汉字正字法意识形成时间都在低年级呢？实验后对参加本次实验的印尼华裔留学生进行了调查，结果表明，他们在正式学习汉语之前均有不同程度的非正式汉语学习的经历，如他们生活在国外，在家庭或同乡或华人圈中常用方言(如潮州话、客家话、闽南话)或普通话交流与沟通；父母也会教他们一些常见的汉字和词汇。对母语为拼音文字的非华裔外国留学生调查结果则表明，他们在正式学习汉语前几乎没有任何学习汉语的经历。另外，中国儿童在小学低年级正式学习汉语之前，也有大量汉语学习的经历，如幼儿园阶段的语言训练以及在生活中的汉语口语交流。结合上述分析，印尼华裔留学生汉字正字法意识形成得较早的原因，可能与其有非正式的汉语学习经历有关，这些汉语学习经历对其正字法意识的形成具有促进作用。

低年级印尼华裔留学生已形成汉字正字法意识，但这种正字法意识主要体现在左右结构汉字中，而在上下结构汉字中体现不明显。这可能与不同结构类型的汉字在汉语中的频率分布特点和印尼华裔留学生汉语学习的阶段有关。据统计，现代汉字中左右结构占 64.93%，上下结构占 21.12%。[①] 由于汉语学习的材料中左右结构汉字的数量相对较多，印尼华裔留学生对这类汉字相对较熟悉，虽然处于低年级的学习阶段，但仍然能形成左右结构汉字的正字法意识；汉语学习材料中上下结构汉字的数量相对较少，又处于低年级的学习阶段，他们对这类汉字相对不熟悉，这些都不足以使他们形成上下结构汉字的正字法意识。当然，随着学习时间的增加，这种情况发生了变化。比如，在中高年级学习阶段，虽然与左右结构汉字相比，上下结构汉字数量相对较少，但与低年级学习阶段相比，汉语学习材料中上下结构汉字的绝对数量增多，这或许能促使印尼华裔留学生在中高年级时形成清晰的上下结构汉字的正字法意识。

2.印尼华裔留学生汉字正字法意识的发展。

印尼华裔留学生的汉字正字法意识随着年级逐步发展。随着汉语学习时间的增加，输入的汉语语料越来越多，印尼华裔留学生归纳出汉字的部件位置信息及组合特点的可能性越来越大，相应地，汉字正字法意识也就越来越强。因此，学习时间可能是印尼华裔留学生汉字正字法意识发展的重要条件。

印尼华裔留学生左右结构汉字的正字法意识要优于上下结构汉字，这种优势作用在三个年级中均有表现。这主要与学习

① 上海交通大学汉字编码组、上海汉语拼音文字研究组《汉字信息字典》，科学出版社，1988 年。

者汉字认知心理加工特点及留学生汉语学习材料中左右结构汉字与上下结构汉字分布频率有关。当代认知心理学认为，汉字学习或习得是一个学习者与客体刺激（汉字）相互作用从而形成有关汉字各种信息的心理表征的过程。① 不同类型汉字结构的频率分布特点就是其中的一种重要信息。同时，在所形成的心理表征中的汉字信息与作为客体刺激的语言材料中的汉字信息具有一定的“同构性”和“等值性”。印尼华裔留学生学习汉字后在每一学习阶段所形成的心理表征中汉字的各种信息应与该学习阶段的汉语语料中汉字信息大体一致。由于低、中、高年级的汉语学习材料中左右结构汉字的出现频率均高于上下结构汉字，为了保持“同构性”和“等值性”，相应地，低、中、高年级印尼华裔留学生所形成的心理表征中左右结构汉字的频率也高于上下结构汉字。左右结构汉字由于出现频率高，学习者较熟悉，反应阈限低，因此拒绝左右结构汉字较困难，表现出反应慢，错误率高，其正字法意识相对较强；上下结构汉字由于出现频率相对较低，学习者相对不熟悉，反应阈限高，因此拒绝上下结构汉字相对来讲较容易，表现出反应快，错误率低，其正字法意识相对较弱。所以，在三个年级中，印尼华裔留学生左右结构汉字的正字法意识均优于上下结构汉字。

（二）结论

低年级的印尼华裔留学生已经具有正字法意识，主要表现为左右结构汉字的正字法意识。

中高年级的印尼华裔留学生具有正字法意识，在左右结构

① 桂诗春《新编心理语言学》，上海外语教育出版社，2002 年；梁宁建《当代认知心理学》，上海教育出版社，2003 年。

和上下结构汉字中均有体现。

印尼华裔留学生正字法意识随着年级逐步发展。

印尼华裔留学生左右结构汉字的正字法意识要优于上下结构汉字,这种优势作用在三个年级中均有体现。

图书在版编目(CIP)数据

华语习得研究/盛继艳主编. —北京:商务印书馆,2016
(华文教学研究丛书)
ISBN 978-7-100-11332-8

Ⅰ.①华…　Ⅱ.①盛…　Ⅲ.①汉语—对外汉语教学—教学研究　Ⅳ.①H195.3

中国版本图书馆 CIP 数据核字(2015)第 127284 号

华语习得研究
主　编　盛继艳
副主编　刘燕君

商　务　印　书　馆　出　版
(北京王府井大街 36 号　邮政编码 100710)
商　务　印　书　馆　发　行
北　京　冠　中　印　刷　厂　印　刷
ISBN 978-7-100-11332-8

2016 年 9 月第 1 版　　开本 880×1230　1/32
2016 年 9 月北京第 1 次印刷　　印张 9⅛
定价:30.00 元